千夜千冊エディション

デザイン知

松岡正剛

造形思考 上
パウル・クレー
造形思考 下
パウル・クレー

佇んでクレー模様の頁《ページ》かな

玄月

撮影　熊谷聖司

千夜千冊
EDITION

松岡正剛

デザイン知

前口上

「デザインする」の前に「喜怒哀楽する」や「知覚する」があった。
「知覚する」の前に「生活する」や「自然する」があった。
それらには、相互につながりあう「しるし」と「かたち」が萌芽した。
デザインはそれらを摑《つか》み取りつつ砕いて新たな「しくみ」を生じさせていく。
そんなデザイナーたちの際立つ思想を凝視してみたい。

目次

第一章　「かたち」が「いのち」

第二章　知覚とデザイン

第三章　技能から表象へ

第四章　デザイナーの意表

第一章　「かたち」が「いのち」

ヴィレム・フルッサー『デザインの小さな哲学』
ランスロット・ロウ・ホワイト『形の冒険』
ジョージ・ドーチ『デザインの自然学』
ルネ・ユイグ『かたちと力』
吉田光邦『文様の博物誌』
ルドルフ・ウィトカウアー『アレゴリーとシンボル』
エルヴィン・パノフスキー『イコノロジー研究』

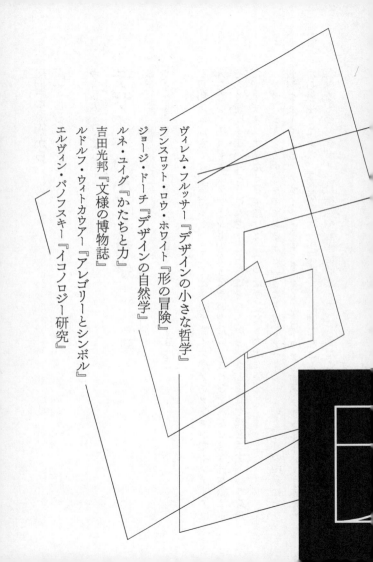

母型と魔術から

「脱・しるし」に向かう

ヴィレム・フルッサー

デザインの小さな哲学

瀧本雅志訳　鹿島出版会　二〇〇九

Vilém Flusser: Vom Stand der Dinge—Eine kleine Philosophie des Design 1993

昭和の半ばまでは図案だった。これでは建築デザインやファッションやインテリアは入らない。工芸も工業デザインも図案とは言いがたい。これらをみんな含む日本語はおそらく意匠や工匠だろうけれど、こちらはどちらかというと装飾をほどこすという意味だ。デザインにあたる日本語には、ぴったりしたものがない。

デザインがどういうものであるかということは、「デザイン」という呼称の由来にヒントがつまっている。デザイン（design）という言葉は、ラテン語のデシグナーレ（designare）から派生していた。「表示する」「指示する」「計画したことを記号にあらわす」といった意味をもつ。デザインは指示や計画に始まるのだ。またこの言葉はその綴《つづ》りの中に「しるし」(signum) を含んでいる。サイン、シーニュ、記号、図標を含んでいる。が、早合点をしてはいけない。

多くが勘違いしているようだが、「しるす」ことがデザインなのではない。そうではなくて、de-signare は語源的には「脱・しるし化する」ということなのである。「しるし」によって何かから脱却していくということだ。この「脱・しるし」に「デザインする」の最も母なるところがあらわれる。

ラテン語の designare で「指示」や「計画」とみなされているものは、けっこう多義にわたる。予定的な計画、意図、狙い、プランニング、陰謀、形にしようとする作業、基本的な構成をする、などなどを含む。そのためこの言葉を動詞的につかうと、つまり「デザインする」というふうにつかうと、下絵を描くとか、何かを考え出すとか、装うとか、スケッチする、策略や詐術を用いる、戦略的に処置するといったニュアンスになる。下絵を描くことと作戦を練ることは、まったくの同義だったのだ。

デザインにはもともとトリック的な策略や詐術を肯定するものが動いていた。ピラミッドや観音菩薩像やトロイの木馬をつくりだして、これによって見る者を視覚作戦的《スペクタクル》に驚かせること、それがデザインだった。孫子も空海も運慶も、ヘロンもミケランジェロもポンパドール夫人もデザイナーなのである。

デザインが策略や詐術にかかわっているなんてひどすぎると感じたり、そんなことは納得がいかないという意見も多いことだろう。気持ちはわかる。気持ちはわかるが、それでは狭すぎる。そのような意見には数学や科学や戦争や機械が入っていないだろうし、「意図」や「意表」が軽視されている。

ピタゴラスが直角三角形の定理を見いだしてこのかた、インド数学が「ゼロ」を導入して以来、数学は自然についての理解の計画を数学記号におきかえるということをしてきた。これはエディティング＝デザインとしての数学的なレトリックであって、トリックである。他方また、赤い皮をつけた甘い果実を「リンゴ」と名付け、それを人類がヘビに唆《そそのか》されて食べ、ニュートンがリンゴを月に見たてて万有引力を発見し、そのリンゴのイメージをニューヨーク市やアップル社のシンボルにしていることも、すべて「意味の作用」のヴァリアントであってデザイン・トリックなのである。

かつてデザインが魔術や呪術であったことを、いまなおそうでありつづけていることを軽視してはならず、曲解してもいけない。文明と文化の歴史はかつてもいまもポイエーシス（制作）の歴史だ。このことはDNAからスマートフォンに至るまで、神仏のイコンからゴジラや初音《はつね》ミクに至るまで、ことごとくあてはまる。それらはずっと「脱・しるし」のための表象的な歴史だった。

万事も万端も「意味の制作」の歴史なのである。こういう事情は、自然の脅威に神々の名と肖像《イコン》を付与したときから始まっていた。世界中の民族が文字という絵柄と字柄を手にしたときから始まっていた。「意味の制作」と「意表の提示」は、人間が自然にかかわって、そこに「ルル三条」（ルール・ロール・ツール）を打ち立てるために必要な本来的な策略《プラン》であり、工夫に満ちたエディティング＝デザインであり、文明文化のコミュニケーションのための創造的行為だったのである。

構成化と意匠化を志してきたデザインには、いくつもの歴史的なルーツがあった。だからこそそれが建築にも家具にも、鉄道車両にもファッションにも、工業製品にも広告デザインにも、ショップやパッケージにもなってきた。

そのルーツも多岐にわたる。生命体がもつ形態や色彩に発するものはおおむねデザインの起源だし、山川草木や水の流れにヒントをもらった意匠や意表は数知れない。アルタミラの洞窟や幾何学に発する輪郭の獲得のプロセスも、道具や機械の機能の力のモデルをあらわす模型たちも、脳の認知運動や身体の動作との関係から生ずる動的プロフィール性も、基本モジュールが組み合わさってデザイン的到達をめざしてきた。われわれが毎日寝起きしている部屋だって、もとはといえば墳墓や家屋や家具の間仕切り感覚がもたらした到達点のひとつなのだ。シャネルやプラダやルイ・ヴィトンの旗艦店がことごとく半透明めくショップビルになっているのだって、もとはといえば擬似生命多様体からの借り物だ。

けれどもこれらにルーツをもつデザインも、二十世紀がたそがれるにしたがってさまざまな変遷を被らざるをえなくなり、しだいに変貌をとげた。

それでどうなったかというと、昨今のデザインは、(一)生産と売行きの曲線のなかで問われ、(二)各種のメディアとの相克のなかで期待され、(三)獰猛なマーケティング理論の跳梁《ちょうりょう》のなかで追われ、(四)アートとポピュリズムの接近と葛藤とのあいだで恰好《かっこう》をつけ、さらには(五)クリエイターぶるデザイナーの自意識のなかで紆余《うよ》曲折をくりかえしながらさまよってきた。

かくしていまや、多くのデザインは商品に接する消費者の欲情を触発することにめっぽう熱心になってしまった。それなのに時代社会はソーシャル・ネットワークの網目に覆われてきてしまったので、消費者の欲情すら複雑な物語回路を通過しながらしか意思決定できなくなって、ついにはアクセスランキングによるリコメンデーションに頼らないと購買衝動すらおこらなくなっている。大枚かけた広告デザインの美と説得力などには目もくれなくなったのである。

けれども、ここで迷ってはいけない。どんなデザインにも、そのデザインをデザインたらしめてきた母型たちが関与したはずなのである。この母型はデザインの歴史のなかで何度も出入りをくりかえし、その時代社会ごとの表現者のイメージングにかかわってきたはずだった。

母型というのは、デザインの起源にひそむマザータイプあるいはマザーコードというものだ。デザインを生み出してきた「母なるものたち」である。歴史・民族・社会・衣食住・心理などの奥にうごめくデザイン原郷のようなものだ。

どんなデザインにも、このデザイン原郷としてのデザインマザーともいうべきものがあった。海、樹木、太陽、顔、家、机、椅子、ベッド、食器、紐、みのり、果実、花、流れ……。これらはどんなデザイナーたちもどこかで自分のデザインワークに借りてきたデザイン母型というものだ。土偶、古代文字、土器文様、埴輪にも、どんな民族のテキスタイルにも、それらは刻印されている。

デザインは、このようなデザインマザーにひそむタイプやコードをもとに、そこからスタイルやモードを誕生させていった。コードをモードに変えていった。「しるし」の束を「脱・しるし」の様式にしていった。そんなことはデザインと文様の歴史を見れば如実にあきらかだ。問題は、この母型が何をもたらしてきたかということである。そこを読み違えていくと、いつしかデザインは消費者の欲情すら刺激できないものになっていく。

母型にもとづいて、そこに何らかの意匠を与えていくイメージングやデザイニングの方法は、一方では太陽や波や顔の形象を保存するように母型のマザーコードをそのまま継承するのだが、他方では母型を骨法だけのこしながら、きわめてマジカルで、かつまたトリッキーな造形に転じた。花の形態や色付け、魚類の大胆なフォーム、昆虫の擬態、神々に異形が多いこと、結びの意匠……。母型を生かしたデザインはすこぶるトリッキーで、そこそこマジカルにならざるをえなかった。なぜそうなのか。「目立つ」必要があったからである。あるいは「隠す」必要があったからだった。

ふりかえって、生物の世界にはその特質があらわれるにあたって、二つの継承と発現の方法があった。遺伝型と表現型である。ジェノタイプとフェノタイプという。遺伝子が組み上げる遺伝型のプロセッシングに対して、表現型は環境や他生物との相互作用がつくる特徴の決定的な表出になる。遺伝型が失われるのではない。ゲノムコードの継承はそのままに、そのうえで表現型が生物の〝見た目〟のモードをエピジェネティックに特徴づけていく。ニッチをめざしていく。エピジェネティックというのは「後成的に」という意味だ。自然界や生物界では、このエピジェネティックな表現型において形態決定の最大のもくろみが発揮されてきた。

ほぼ同様のことが、母型から「脱・しるし」をおこしていったデザインの歴史においてもおこってきた。いくらでも例がある。

古代ギリシア様式はいったんヘレニックな転換をうけて古代ローマ様式がまざったあとにグレコローマン・モードになっていったわけだし、インド発祥の仏教がシルクロードを進んで敦煌《とんこう》あたりに達したときに浄土教モードが発現したのもそうだった。キリスト教がアフリカに届いたときに開花したコプト・モード、真名《まな》（漢字）から仮名が生じたのちの左右非対称の和風表現モード、ジンギスカン型イスラムが十六世紀にアクバル大帝を得て発現させた突然のムガール様式、ヴェネツィアやジェノヴァの遠洋貿易がアントワープをへてロンドンに転換されたときの市場カンパニー様式、光の粒子説の再沸騰による点描法や印象派の勃興《ぼっこう》、ロシア革命の噂がなだれこんで以来の日本のアナーキーな浪漫主義様式……。

このような例は、それこそ何度も何度も品《しな》を替え形《かたち》を変えてあらわれたことだった。それは何かを目立たせ、何かを隠してきた様式の歴史だった。

フランスとブラジルを背景にしながら、主としてドイツ語で思考するヴィレム・フルッサーの著書については、そのちょっと風変わりな思想風土も興味深く、「情報」や「コード」の扱い方にもたんなるコミュニケーション屋ではない視点もあったので、二十年ほど前からときどき目を通してきた。

翻訳されている主著はドイツ法学に強い村上淳一による『サブジェクトからプロジェ

クトへ』『テクノコードの誕生』（東京大学出版会）、意外な視点からの『写真哲学のために』（勁草書房）、および本書『デザインの小さな哲学』である。

フルッサーは、プロジェクトを「知性が状況を変えるためにそこへ投じる網」というふうにみなした。網とは知的ネットワークのことをさす。プロジェクトというのは、知的ネットワークを投げ網ふうに投じておいて、その糸の結び目ごとに、計画を前に（pro-）進めていくことをいう。プロ・ジェクトする。そうすることが、紙の上で静止的になりがちなサブジェクトを次々に動的なプロジェクトに変えていく。そういう見方だ。フルッサーは、世の中の「計画」がサブジェクトで埋められすぎて身動きできなくなり、その後にデザインの場面が後発的に登場していることに懸念を表明したのだった。

こういう見方は特別に新しいものではない。グランドデザインへの当初からの参画を強調しているにすぎないし、あるいは「世界・内・存在」のありかたを考究したハイデガーが重視したドイツ語の「投企」を、一般英米語の「プロジェクト」に発展させたにすぎないともいえる。それにあたってサブジェクトを「主題」から「従属者」に読み替えたにすぎないともいえる。

そうではあるのだが、このようにプロジェクトをとらえることが「デザインする」ことだと頑強に言い張ってきたのは、そこそこ頼もしい。『サブジェクトからプロジェクトへ』では、「都市をデザインする」「身体をデザインする」「技術をデザインする」というふうに、都市・家・家庭・身体・性・子供・技術・労働という八つの領域をプロジェクトすることを、すべて「デザインする」とみなしていた。性も労働もデザインなのだ。フルッサーは、プロジェクトにおける仕事上のコミュニケーションの成立は、何らかのデザインフレームがネットワーク状の網目を通過するときに、やっと本物になると言っているわけなのである。

フルッサーはカフカ同様プラハのユダヤ人の家に育ち、カレル大学で哲学を専攻していたのだが、一九三九年三月、チェコスロバキアがナチスによって解体されたため、最初はロンドンに逃れ、その後はブラジルに亡命した。親族のほとんどはユダヤ人収容所で死んだ。

サンパウロ大学で写真・アート・メディアをめぐるジャーナル活動と教授活動をしながら、フルッサーは表現の歴史のなかで「世界」がどのように表示されていたのか、考えた。「世界」が文字や言語やテクストによって多くをあらわしてきたことは言うまでもないが、絵柄や服装やアクセサリーやコンポジションなどにも「世界」はあらわれてきた。とくにカメラ・オブスクラや写真が誕生してからは、のちのニュース写真がそうであるように、画像が「世界」を表示するようになった。新聞や雑誌の出現によって、メディアも「世界」をあらわすようになった。

写真や雑誌のメディア、その後の映画やテレビなどのメディアには技術《テクノロジー》が組みこまれている。フルッサーは、これらには従来にない「テクノコード」や「テクノ画像」が動いていると見た。また「テクノ・イマジネーション」が動いていると見た。世界のあらわしかたを議論するには、このようなメディアに乗った画像たちの力についても考えなければならない。母型は文字や言葉のテクストによっても進捗《しんちょく》していったのだが、画像やメディアによっても変化していったのである。

それだけではない。フルッサーはテクノ画像は言語テキストに影響を与えてきたのではないかと考えた。テクノ画像は言語テキストが確立しようとしてきたサブジェクトを、新たなプロジェクトにしていく作用になったはずなのだ。

フルッサーはこうした見方を何冊かの本に著していったのだが、あまり話題にならない。亡命後、数十年ぶりに戻ったヨーロッパでも、話題にならない。画像哲学など、哲学の領域ではわかりにくく、デザインや写真の領域では難しすぎたのだ。

一九八九年、東西冷戦が終結し、ベルリンの壁が取っ払われることになった。二つのドイツが歩みより、プラハにも「春」が来た。一九九一年十一月、やっと故郷のプラハに戻ったフルッサーは不慮の自動車事故で亡くなった。

それからのことだった。まるで記憶時計のゼンマイが逆転するかのように、フルッサーのドイツ語著作群が読まれはじめ、一躍、注目を浴びるようになったのである。知識人たちも議論するようになった。

フルッサーが読まれるようになったことと、ベルリンの壁が崩壊したことがほぼ同時であったということは、何かの大事な符牒《ふちょう》を感じさせる。フルッサーは人間が洞窟に絵を描いたり、ある光景を写真に撮ったりすることは、そこで画像が「異境化」され、魔術的《マジカル》な力をもつことだとみなしていた。その画像のそれぞれが「世界」と対向しうるものになったとみなしたのだ。いいかえれば、世界の母型が画像によって解読可能になるのである。このことがベルリンの壁の崩壊という「異境化」によって、きっと多くの知識人の目をフルッサーの解読に向かわせたのではないか。ぼくはそんな感想をもったものである。

ぼくの仕事は編集である。エディティングである。そこにはフレーズやテキストが渦巻くが、それとともにデザインも写真も図像も躍如する。そこではエディターにとってもデザイナーにとっても、文明文化の母型は一緒である。エディティングワークが古代ギリシアこのかた「アナロギア（類推）、ミメーシス（模倣）、パロディア（諧謔）」を主要な技法としてきたことは、すっかりデザインワークにもあてはまる。

とはいえ、やがてエディティングワークはその母型のなかに独自に内包していた言語性を全面的なエンジンとするようになり、もっぱらリテラルな構成と表現を担当した。一方のデザインワークのほうはヴィジュアルな構成と表現に向かうようになった。これは編集とデザインが同じ母型をルーツとしながらも、その表現型《フェノタイプ》においてはそれぞれ独特の構成表出力をもっていったということだ。

このとき、編集は歌や物語というモードとそのための韻や反対語や比喩などのレトリックを発揚し、デザインはその技法に輪郭検出、明暗描法、トロンプ・ルイユ、遠近法などのトリックを用いるようになったのである。編集もデザインも、母型をそのまま後代で援用するのではなく、そこにリテラル・レトリックやヴィジュアル・トリックをくっつけることに、すこぶる長《た》けていったのだ。「もどき」の活躍である。それはどちらもきわめてマジカルな方法の発現だった。こうして、神話・説話・文学が言葉による呪能を発揮したように、デザインもはなはだ呪能的になっていったのである。

それにしても、多くのデザイナーは、自分がしていることが感覚や直観のおかげだなどと思っているのだろうか。デザインは個人のセンスを磨けば事足りるものだ、それなりのアピール力が増すものだと思っているのだろうか。そうだとしたら、ずいぶんおめでたい。仮にそういうところがあったとしても、すぐれたデザインは昔も今も文明と文化にかかわる魔術や呪術の発揚だと思うべきなのだ。

すでにメキシコのとびぬけた遊学詩人オクタヴィオ・パスが断言していた。「インスピレーションとは歴史的物語の起爆をうながす一撃のことであり、民族や歴史や社会の記憶にもとづかない表現なんてありっこないものなのだ」というふうに。どんな思いつきであれ、そのエディティング＝デザインはその時代ごとのテクノコードにもとづいていたのである。

第一五二〇夜　二〇一三年九月二五日

参照千夜

七五〇夜：空海『三教指帰・性霊集』　九一六夜：ハイデガー『存在と時間』　六四夜：カフカ『城』　九五七夜：オクタヴィオ・パス『弓と竪琴』

形成力《フォーマティブ》と造形力《モーフィック》
その「かたち」と「いのち」の関係

ランスロット・ロウ・ホワイト

形の冒険

幾島幸子訳　工作舎　一九八七

Lancelot Law Whyte: Accent on Form—An Anticipation of the Science of Tomorrow 1954

世界は特異に分裂している。その分裂を資本主義と民主主義の亀裂と見ることができるし、科学と文化の分断と見ることもできる。それをさらに、「過去の伝統」と「現在の経験」と「生産的行動」の三つのバランスが崩れていると見てもよい。そこには知の統合もなく、人間自身に対する適切な洞察も欠けている。

こう、ホワイトは本書の終わり近くに「失望」を書いた。そう書いたのは米ソ対立が深刻になっていた一九五四年であるが、この「失望」はみっともないことながら、今日なおあてはまる。理由はいろいろあろうが、思考そのものが内的秩序を失っているのが大きい。思考が思考を覗《のぞ》けなくなってしまったのだ。なぜわれわれの思考は内的秩序を失ったのか。本書はそのことをめぐって、当時としてはめずらしくも専門領域をまたいだインターディシプリナリー（学際的）で自在な思索と推理を披露した。

結論を先にいうと、われわれは「形」に対する思考を失ったのである。形態が生成されるプロセスに何があるかということに思索を集中しなくなったのだ。

そもそもわれわれは象徴機能という独自の特徴をもつ動物だったはずである。多様で複雑な動向の中から任意のパターンを選び、それを異なるパターンとくらべることができ、それらの作業を通しながら、さらに新たなパターンを創出する能力をもっているはずだった。

そういう能力を、われわれは分類癖や抽象癖をもちすぎてめっきり鈍くしてきた。おかげでどうなったかといえば、物質と生命と精神をまったく別々のものにしてしまった。あげくに、自分たちの「無知」を暴くことばかりに関心をもち、「不満」をのべたてることが理論であり、「非難」をすることが思想であるとおもいこんでしまうようになった。これはおかしなことだ。ホワイトは、このような事態に一石を投じるために、多彩な思索と活動をくりひろげた。

ホワイトはケンブリッジ大学での学生時代はラザフォードに物理学を学び、一九二五年にははやくも「調和的共働」(condinate conditor) というコンセプトを提出し、ロンドンの理論生物学グループ(ニーダム、ウォディントン、バナール、ウッジャーら)に交わって、生命活動にひそむ動的で脈打つ原理の考察に向かっていった。こうした思索や研究をへて、ホワイトが到達したのは「形態にひそむ関係力」というものだった。

本書には宇宙の話から脳の話まで、およそ科学にかかわる重大問題のいくつかがかいつまんで語られている。宇宙科学・生命科学・脳科学の成果が乏しかった時期に、よくもこれだけの推理ができたものかと驚くほど、素材としては貧しい知識にもとづいた推理が披露されている。

その推理はいま見てもほぼ当たっている。今日から見れば本書に紹介されている科学知識は役に立たないものが多いのに、それらを素材にしてホワイトが将来を見通す見方はいまなお説得力をもっている。これはホワイトが既存の科学が見忘れてきた「プロセス」や「関係」という現象に着目し、それがたんに流れ去って見えなくなってしまうようなものではなく、実は生命体をはじめとする「形態」に創発しているのだということに焦点をおいたからだった。

ホワイトが「形態」や「形」こそが自然と人間の間をつなげるすべての仮説の鍵を握っているとみなすまでには、多少の紆余曲折があった。当初、ホワイトは対称性と非対称性の問題にとりくんで、その思索の成果を『生物学と物理学の統一原理』にまとめていた。一九四九年のことだ。ホワイトヘッドやヘルマン・ワイルやウォディントンやベルタランフィの影響があった。

その主張は急ぎすぎていた。そこで、物理学と生物学にまたがる「調和的共働」というものに焦点を絞っていった。自然と物質と生命の各段階を特徴づけている全域的可変量に対するに、それを促しているとみられる局所的可変量のふるまいをひとつひとつとりあげ、その両者にコーディネーションがあるのではないかと見たのである。

ここからホワイトは自在な展開をする。対称性の破れ目から自然界の全体を眺めわたすという視点が出てきた。とくにダーシー・トムソンの業績を記念してホワイトが仕切ったシンポジウムが圧巻だった。これは工作舎から『形の全自然学』として翻訳出版されたが、ぼく自身がこの刊行にかかわっておおいに影響をうけたものでもあった。トムソンは名著『生物のかたち』(東大出版会)によってホワイトやルネ・ユイグらに先鞭《せんべん》をつけた形態学者の泰斗である。

こうしてホワイトは晩年を、その言葉づかいで説明するなら「形成的なるもの《フォーマティブ》」から「造形的なるもの《モーフイック》」のほうへと広げていった。それは、かつてゲーテが自身で探求した形態学によって見たヴィジョンに近づいたとも見えた。ダーウィンの登場によって失権したような扱いをうけつづけてきたラマルクが重視した形成力《プラスチック・フォース》を、忘却の彼方《かなた》から引き戻しているとも見えた。それならホワイトの精神を、若きデザイナーたちとともに継承しなければならないのである。

本書はぼくが興した工作舎の書籍である。懐かしい。それなのに本書が刊行されるときは、みんなから文句を言われながらすでに工作舎を去っていた。翻訳をした幾島幸子さんは「スクールらくだ」の平井雷太君の旧夫人で、ぼくが「遊」をやっているころにいっとき工作舎に入っていた。ウォディントンの『エチカル・アニマル』を訳してもらったのも彼女だった。

編集には米沢敬君があたった。米沢君は北大で鉱物学をやっていた青年で、ぼくが札幌で田中泯《みん》と企《たくら》んで「遊撃展」をやったときの札幌側の主宰者の一人だった。その後に工作舎に入ってきた。たいへん編集がうまい青年で、それは本書の見出しの立てかたにもあらわれている。目次だけでも本書が読めるようになっているのは、さすがである。その米沢敬も結婚をし、工作舎の古株になっている。

それにしてもホワイトが一九二〇年代すでに、資本主義と民主主義の分裂を指摘していること、そこに知の分裂がおこっていること、そのようになったのは「形をめぐる思考」が貧弱になっているせいだとみなしていたことには感服する。

一般には、「形」の問題はデザインやセンスや技術の問題にはなったとしても、知の本質にかかわるとは考えられていないし、まして資本主義や民主主義にかかわるとは想定されていない。しかし、そうではない。「形」の選択は生命の本質的な、しかも決定的な動向なのである。「形」がなければ「命」はない。「命」のあるところ、それが「形」なのである。

第三〇八夜　二〇〇一年六月六日

参照千夜

九九五夜：ホワイトヘッド『過程と実在』　五二一夜：ベルタランフィ『一般システム理論』　一四〇夜：ルネ・ユイグ『かたちと力』　九七〇夜：ゲーテ『ヴィルヘルム・マイスター』　五四八夜：ラマルク『動物哲学』

相補性を発見するための
ディナジーという力

ジョージ・ドーチ

デザインの自然学

多木浩二訳　青土社　一九九四

György Doczi: The Power of Limits—Proportional Harmonies in Nature, Art & Architecture 1981

子供たちはヒマワリの花のどでかい中央部に、いったいどうしてあんなふうに黒いタネが並んでいるのかを聞きたがる。子供たちは一匹ずつの魚のウロコがあまりにきれいに並んでいるのはなぜかと聞きたがる。そして子供たちは無数の星たちがひしめく銀河の写真を見せられて、どうして銀河が渦巻いているのかを聞きたがる。

いつしか大人たちはそういう問いをしなくなってきた。答えを知っても、それがどのような問いによってそういう答えになっていったかを想像しなくなっている。Q&A、Q↓A、Q↓Aばかり。ここにはA↓Qがない。一つのAから多くのQを作り出す力が欠けている。とりわけ最近の検索社会では、どこにもAばかりが転がっていて、それで世の中が埋められてしまうので、たくさんのQがすっかり思いつかないでいる。

ぼくはこのところ、「A↓Q」に関心を寄せている。できれば新たな「A↓Q」を作ろうと思っている。それを周囲にも勧めている。世の中の「結論の充満」に飽きてきたからだ。だからありきたりな結論たちに、新たなQを加えたくなっている。

そもそも歴史の基層には、そういう「A↓Q」が躍如するはずだ。はいはい、歴史はかくかくしかじか、こういうふうになりました。戦国時代に信長が出て、秀吉がそれを攫《さら》って、家康になりました。そこへ黒船がやってきて明治維新です、それの連続でした。で、どうして？　その前はどうだったのか。どうして戦国時代になったのか。その戦国時代の前の足利将軍たちは、どうして北条氏の覇権や南北朝の対立を抜け出たの？　で、その前の前は？　武家が出た？　ではその前から武家以外に弓や刀を使っていなかったのか。このように歴史を戻していけば、その奥にはいくつもの「？」が成り立つはずなのである。

そういう「A↓Q」を突きつめていくと、そこにはAではなくて「始原のQ」が控えていることになる。スティーブン・ホーキングやリサ・ランドールも、その「始原のQ」の上に立つ。

先だって長岡に行って火焔《かえん》土器と花火を見てきた。火焔土器のほうは二日にわたってかなりいろいろ見たのだが、一日目の小林達雄さんの絶妙な「縄文姿勢方針」の解説の飛礫《つぶて》のなかで見た鶏冠型と王冠型の火焔土器が、二日目にも唸《うな》りをあげていた。

夜の九時。小林さんとスタッフはいささか趣向を凝らして、この大ぶりで格別な二体の土器を別室の座敷の中央にこれみよがしに飾っておいた。もとは千石原遺跡と道尻手遺跡の出土品だ。そこへ未詳倶楽部の参加者が三三五五入ってきて、一メートル半ほど離れて左右源平《げんぺい》に分かれるように並んで坐《すわ》って眺めた。さすがに正座まではしなかったけれど、一時間半におよぶ小林さんの縄文文化論の話を聞きながら二体の土器をちらちら眺めている時間が、ことのほかよかった。何かがこみあげてきた。

やがてみんなが立ち上がって土器に近づき、半分ほどは膝を折り、間近かに土器を見る。小林さんの縄文飛沫がすでに体のあちこちに滲《し》みている。その浴びたばかりのほやほやの「縄文姿勢方針」でじろじろ土器を見る。接写するように目と心をムーブする。そしておそるおそるQをする。そこへこれまた絶妙な小林さんの応答が入る。Aが入るのではなく、応答が入れ子《ネステッド》になっていく。小林さんは質問者に聞き返すのだ。新たなQを立てるのだ。

実は二体の土器は「二つでひとつ」なのである。縄文人たちはおおむね「二項対比」の観念をもっていて、一つの土器を作ると、その片割れも作る。縄文人も「A↓Q」なのだ。こうしていくつかの縄文土器のQが関連しあっていった。飾りおいた二つの鶏冠型と王冠型の火焔土器は、その「二項対比」の最も雄弁な典型だったのである。

火焔土器はいったい何をあらわしているのか。岡本太郎このかた多くの空想がめぐらされてきた。確たるものは何もない。しかし小林仮説は明快だ。一体ずつのあらゆる部分がそのままで「Q言語」になっている。その文法や語彙はいまだ詳しくは解かれてはいないけれど、縄文土器はすべからく「縄文言語Q」というものになっている。そう、見たほうがいいと結論づけた。土器は土器それ自体でヴィジュアル・リテラシーだったのである。「縄文Qの体系」なのである。そう思うべきだ。

また一つの土器は、その土器一つずつが「物語」になっている。「Qという語りもの」になっている。物語の場面のつながりがQ系になっている。一体ずつがぺちゃくちゃと話をしつづけ、別の一体とQを求める会話をしているはずだ。

よく知られるように、縄文土器はほとんどがシンメトリーを破っている。非対称だ。とくに火焔土器はすさまじい。まるで捩《ねじ》れきって炎上しているようにも見える。フロンタリティ（正面性）もはっきりしない。

なぜ、そうなのだろうか。こう、考えればよろしい。これは縄文人が対称とか非対称とか正面性という観念をもってはいないからなのだ。そのかわり、むしろ縄文土器そのものが〝縄文称〟とでもいうものなのだ。Q対称なのである。対称性ならぬ〝縄文称性〟なのである。

二体の火焔土器を前に、そんな愉快な想像が高速でかけめぐっていた。そう、そう、始原は未詳でいいじゃないか。どこかで「おおもとのQ」がつながったとみればいいじゃないか。ぼくは小林さんの言葉と土器の形姿と未詳倶楽部の会員の気持ちがしだいに一万年の時空を飛んで、未詳未萌《みぼう》なままに一緒に溶けていくのを感じて、なんともいえぬ「方法日本」の凱歌《がいか》を感じていた。

翌日、火焔土器が最初に発見された馬高遺跡を眺望して（縄文のクニの上に立って）、そのあと全員で新潟県立博物館へ行った。主任研究員宮尾亨さんの詳細な解説付きだ。

その夜、今度は一転して日本一の呼び声が高い長生橋《ちょうせい》の花火を見た。新潟県は火焔土器の国であって、また有数の花火の国なのだ。ただし当夜は雨が降ったりやんだりしていた。それでも河原にはぞくぞくと人が集まっている。翌日の新聞によると二〇万人以上が押し寄せたらしい。われわれはその河原に面する近藤産業ビルの広い屋上に陣取った（小林さんの配慮サシガネによるもので、近藤社長は長岡の大立者）。その屋上から見ていると、突然に降る雨で群衆がそのたびに右往左往する。

いったいなぜわれわれは打ち上げ花火を見たくなるのだろうか。夜空に何を見たいのか。幻想の爆発？　イカロスの墜落？　擬似天体のスペクタクル？　軍事なき火薬術の競演？　それにしても花火は最初からあんな形だったのだろうか。ひょっとしたら煙だけだったのではないか。そうだとしたら、花火もまたQ極のQコミュニケーションだったはずなのだ。

かくて開煙。次々に小雨のなかを花火が打ち上げられていくのだが、風と雨雲のせいで、打ち上がった花火を雲が邪魔をする。そのため花火の形姿が少々雲隠れしながら重なっていく。むろん花火の大半は球対称でできているのだが、それが異様な気象のなかで不思議な綴り模様を見せはじめた。花火は打ち上がってしまえば数秒後ははらはらと落ちていくだけになる。その消えゆく間際の光跡が十重二十重に重なると、みごとなQ状模様に変わっていく。

こうして焦《じ》らしに焦らしたあげく、長岡が誇る三尺玉が打ち上げられた。これは凄《すさ》まじい。まさにQ対称。しかも当夜は一発目のときは雨が落ち、二発目のときは雷が鳴った。雷雨になった。体が揺さぶられ、ビルが鳴動した。まさに、ばかでかい縄文煙火となったのである。

今夜の「千夜千冊」はジョージ・ドーチの『デザインの自然学』にした。ドーチは北欧・東欧・中東の建築デザインを手がけ、その後はシアトルを皮切りに斬新な建築展を見せてきた。そのドーチの仕事を多木浩二が訳出した。かつて一世を風靡《ふうび》した一冊だ。戸田ツトムと岡孝治の名コンビによるブックデザインとレイアウトがあいかわらず心地よい。戸田君は桑沢デザイン学校のグラフィック科三年生のときに、ぼくが工作舎に連れてきた青年だった。たいへん勘がよく、手が動いた。

本書が提案している概念は「ディナージー」(dinergy) である。訳者の多木さんがディナージーと綴ったのでそう書いたが、きっと「ディナジー」とするほうがわかりやすいだろうとおもうので、以下、ディナジーと表記するけれど、いったいこれは何を意味するかというと、ギリシア語の dia (越える・通り抜ける・対比する) と energy (エナジー・エネルギー) を合成させた造語で、この言葉にはドーチの深くて編集力に富んだ発想が躍如する。とてもいい用語だ。Q用のコンセプトだ。

たとえば布を織る。たとえば籠《かご》を編む。ここにはディナジーがある。土器の模様や陶器の文様にもディナジーがある。ポリネシアやアフリカの未開部族の入れ墨の模様は、単純な渦巻きや二重螺旋《らせん》が互いに出会って捩れあう。ここにもディナジーがある。ディナジーのデザインは隣接する相補性を発見する。そしてQ形を生む。ディナジーとは、互いに相補する曲線動向が生み出したQ的デザインの動向のことなのである。

そのようなディナジーは、自然界にもゴマンと動いている。蓮《はす》もヒナギクもヒマワリも一様な同心円などではできていない。いくつかの動向が相補的にQ的ディナジーをつ

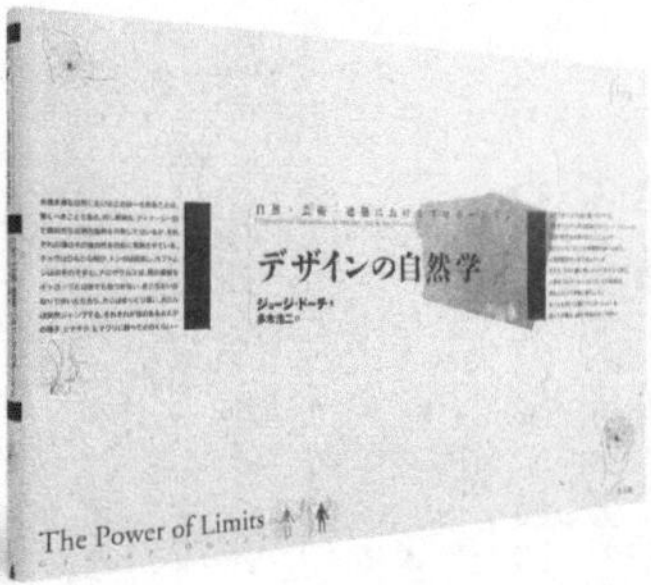

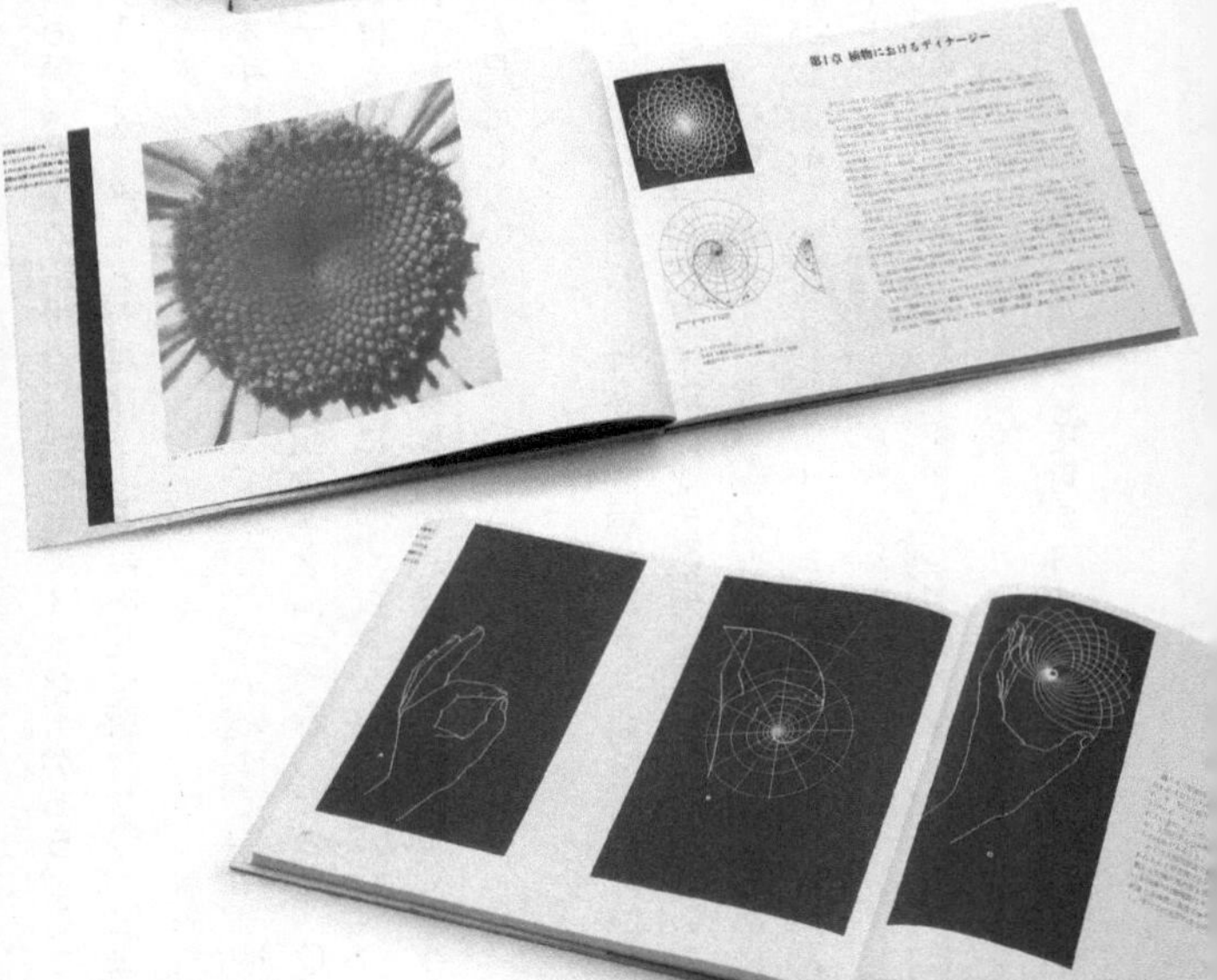

本書の原題は 'The Power of Limits'。ジョージ・ドーチは、自然界のもたらす限界の力から、ヒナギクにもブッダの「拈華微笑」にも共通する宇宙的な調和の秘密、「ディナジー」を引き出した。限界はまた「A→Q」の秘密でもある。

くっている。魚の鱗《うろこ》の模様や蝶の鱗粉《りんぷん》の模様にもディナジーがある。そこにはメジャーのオーダーとマイナーのオーダーとが重なり、その中間に新たなQが去来して、さらに響きあい、ときに捩れあう。

ブッダは一輪の蓮を手にしてちょっと拈《ひね》ってみせた。いわゆる「拈華微笑《ねんげみしょう》」であるけれど、ブッダはディナジーのありうべき相貌《そうぼう》を蓮を拈って示したのだ。Qを示したのだ。しかしながら現代人はそういうディナジーにしょっちゅう接していても、一目でそれがどのようになっているかは、なかなか読みとれない。火焔土器に溜息《ためいき》をつくばかりであるように、次々にQを見逃していく。

ジョージ・ドーチが本書に列挙し、丹念に図示したディナジーはたいそう多種多様にわたっている。最初こそ黄金分割やフィボナッチ数列を下敷きにしているが、花弁の形状、リラやカエデの葉っぱの形から、古代の編み籠や壺文様へ、さらにはストーンサークルの比例配分に話がおよんでいくうちに、リズムや振動数の問題に深入りすると、音楽におけるオーバートーン（倍音）・パーシャル（部分音）・ハーモニック（協和音）にも、転調にも手をのばす。最後はなんと、遠州《えんしゅう》の茶室「忘筌《ぼうせん》」（大徳寺）の間取りにあらわれるディナジーである。

やや総花的にさえ感じるが、この世にひそむディナジーを「A↓Q」をもって強調するには、このくらい列挙したほうがよかったのだろう。ドーチの徹底追求の気持ちはよくわかる。しかしぼくからすると、ディナジーを安売りしないほうがいいようにもおもわれる。QはQ（急）に立ち上がってくるものなのだ。

縄文土器にディナジーの意味を絞ってほしいというのではない。古代の編み籠ならたいていは多様な捻りや捩れのディナジーが響きあっている。これは古代不変のQ編みというものだ。絞り染めだって、まことに微妙な皺ぐあい色ぐあいでありながらも、れっきとしたディナジーの産物なのだ。Q染めなのだ。だいたい糸や紐を縒《よ》るということがディナジーなのである。Qなのである。

縄文ディナジーは、これらのなかでも格別のQなのではあるまいか。これに匹敵するのは甲骨文か、殷周《いんしゅう》青銅器にあらわになった饕餮《とうてつ》たちのQ々文様だ。

では花火はどうかといえば、おおざっぱには球対称に見えていて、実はその細部はおびただしいディナジーでできあがっている。QがQ々に詰まっている。なぜなら、花火の中身は無数の「紙縒《こよ》り」でできあがっているからだ。まして打ち上がった花火が重なって、さらにはそこに雲がかかれば、煙火の飛び散った跡の残像に複雑多岐のディナジー光跡がQ激にあからさまになる。

総じてドーチは、ディナジーが「調和」に達している形態だと見たようだ。たしかに調和の美も感じるが、一方そこには不飽和や予測不可能性が汲《く》み出されたとも言うべきである。

エナジーからシナジーへ。シナジーからディナジーへ。いまやぼくはQに及んで究をなし、Qを求めて急になり、Qを興して穹《きゅう》へ行く。いやいや、とてもQ的きわまりない話になりました。

第一三一一夜　二〇〇九年八月六日

参照千夜

一九二夜：ホーキング『ホーキング、宇宙を語る』　一二八三夜：小林達雄『縄文人の文化力』　二一五夜：岡本太郎『日本の伝統』

力の発現のプロセスに
形が生まれていく

ルネ・ユイグ

かたちと力

西野嘉章・寺田光徳訳　潮出版社　一九八八
René Huyghe: Formes et forces de l'atome à Rembrandt 1971

弁解したくなることがときどきある。そんなことをしないほうが潔いけれど、つい一言加えたくなる。余計なことをしたときや、その逆に余計を加えなかったときだ。そういうときは残念だ、念が残るのだ。もっと早く気が付けばよかったと感じたときも、しまったとおもう。本との出会いにもそうしたことがある。

本書については、本を見たとたんにハッとした。「そうか、やはりこういう本はあったのだ」という敬意と感嘆と焦燥である。過日、フランセス・イエイツにヴァールブルク研究所の図書館システムを聞いたときと同様のものだった。それとともに、この本を知っていたらぼくも少しは加速していただろうということ、また、力は及ばなかったものの、ぼくも似たような試みに夢中になっていたのだということを弁解的に付け加えたくなった。

なぜというに、本書はぼくが一九七八年につくった「遊」の「相似律」特集号にかなり近いものだったのだ。ただし、ぼくは視覚的な相似感覚による遊びを重視したのだが、ルネ・ユイグは多様な現象間によこたわる「本性の同一性」(connaturalite) について本格的な議論を展開していた。ユイグはさまざまな実在の奥底にあるひとつの世界性 (Unus Mundus) を確信し、この大著を構想して叙述した。ぼくも似たようなことを考えて「相似律」を展開したが、そこには理屈はなかったのである。それに、なんといってもユイグの試みは七年ほど早い！


ユイグが本書を構想したとき、そこには「物質の現象学」がいつしか「生命の現象学」になっていくというマグナ・カルタのような図式があった。

これはかつてマルクスが「物質の経験の学」をいかに「意識の経験の学」につなげるかという構想に賭けたように、ダーウィンの進化論が出現して以来というもの、かなり多くの研究者たちの計画の下敷きとなった図式であった（マルクスとダーウィンは同時代人）。ぼくはこの図式を安易につかうことには躊躇《ちゅうちょ》があるのだが、他方、そうした試みが世の中に出現したと聞くと、たいていはそれを取り寄せたり、それを眺めたり、それを読みこんだりしてきた。

こうした試みは気宇壮大であるだけに、どこかに綻《ほころ》びが生じて失敗してしまうことが多い。あるいは言いすぎたり、独りよがりになることが少なくない。その代表がダーウィニズムを世界に広げたのはこの人だといわれているハーバート・スペンサーの社会進化論である。それに対してフランシス・クリックやクリスチャン・ド・デューブの反撃と成功はかなりめずらしい。

そこで、こうした試みに挑戦するには、物質と意識の両方にまたがる連続的時空を見るための覗き窓をつけることになる。その窓はたとえばDNAでもよいし、たとえば時間というものでもよい。あるいはエーテルの風といったものや脳の歴史といったものでもよい。しかし、覗き窓の設定のしかたによっては叙述はすぐに暗礁にのりあげ、主旨はズタズタになる。あまり歩留まりのいい仕事ではないわけだ。

ところがルネ・ユイグが設定した覗き窓は抜群だった。「かたち」と「ちから」の両方をオペラグラスのような双眼の覗き窓にしてみせた。結果はご覧のとおり、日本語版でも六〇〇ページをこえるすばらしい一冊になっている。おそらくユイグが大成功した理由は次の点にある。

[1] まず、ユイグは芸術から入った。そのほうが「かたち」が見えやすいからだ。芸

術家たちはたいていが「かたち」をもっている。その「かたち」の中からあらわれてくるものは、もっと深いところからやってきたものである。

[2] ついで、そのような「かたち」の性質を刻印するために、さまざまな現象、土地や大河や都市を空から眺めて見くらべるという方法をとった。これはなかなか賢明な方法で、ぼくも世の中が上から見られた写真によっていかに酷似していくかということに注目していた。それをユイグは方法論的にちゃんと提示した。

[3] その次に、ここが大事なところなのだが、「かたち」は心理を通過すると歪《ゆが》みうるという点にカメラを寄せた。たとえば印象主義の絵画は「かたち」よりも「うごき」をつくっている。あるいは精神疾患をもつ患者の絵には「かたち」の変形がおこっている。そのような「かたち」もまた「かたち」なのである。そのためここにトロンプ・ルイユや錯視図形やゲシュタルト心理学の成果を挿入することを忘れていない。

[4] ここまで準備しておいて、ユイグはそもそも「かたち」というものが自然の中でどのように発生し、決定されてきたかを旅をしてみることを勧める。なぜ地球は楕円軌道を動くのか。なぜ直角三角形は三辺の比率をもっているのか、なぜ流体は渦巻をもっているのか、といったふうに。そして、これはぼくも「相似律」でやったことだが、たとえば雪の結晶の六角形と亀の甲羅の六角形とミツバチの巣

の六角形をつなげていく。だいたいこのあたりでユイグの勝利は見えているのだが、ここでユイグは手を緩めなかった。

[5] 鉱物の結晶構造や放散虫の形態のように、「かたち」の行き着く先の構造を並べて、そこにひそむ動向に問題の目を移していった。つまりダーシー・トムソンの研究がそうであったように、「かたちの成長」と「成長のかたち」の区別に介入していったのだ。そしてそれを、たとえばドラクロアやセザンヌやピカソが芸術表現を変えていった例と比較して、いよいよ読者を科学と芸術の虚実皮膜の「あわい」に連れ去っていくのである。

[6] こうなれば、いよいよ建築家たちの仕事も勘定に入れられる。かれらは「かたち」を生き物のように扱ってきたからだ。ガウディやザハ・ハディドがそういう例だ。また、アラビアやペルシアやケルトの文様を扱える。文様はけっしてじっとしていないからだ。ぼくも「相似律」では文様の動向を入れていたが、ユイグはそのような建築や文様を扱いつつも、そこにウィリアム・ターナーやモーリス・ルイスまで、クロード・モネからサム・フランシスまでというふうに、つねにアート・イメージの変容を挿入するのを忘れなかった。用意周到なところだった。

[7] 仕上げは「かたち」の奥の「ちから」の話で、すべての現象をリンキングしていくという芸当になる。この仕上げは必ずしも充実しているとはいいがたかったけ

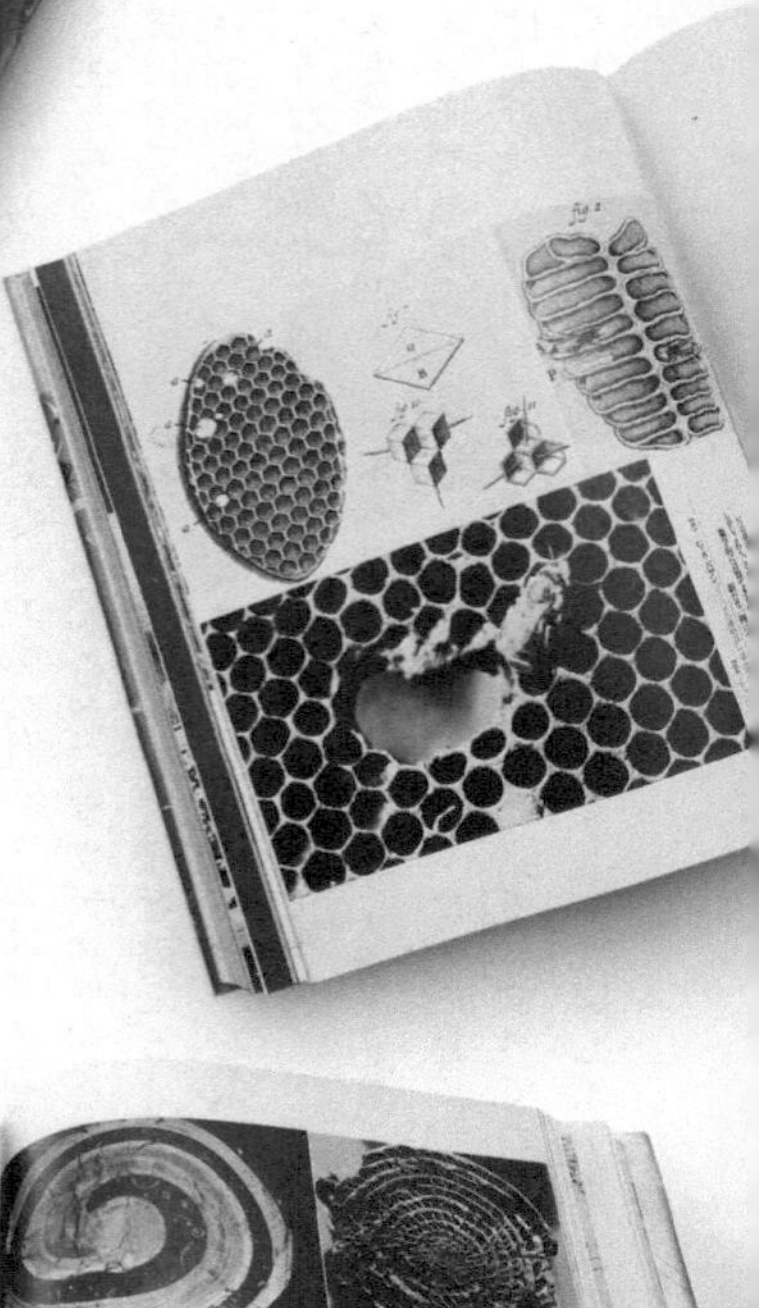

ミツバチの巣と放散虫の骨格に共通する六角形には、数学的な経済法則がひそんでいる。オウム貝の対数的らせん構造は、教会の天井画、フランク・ロイド・ライトの建築にまで取り入れられて「成長のかたち」を決定づける。

れど（なぜなら図版ではどうしても「かたち」が見えてしまうからだが）、それでもロジックとしてはかなり抑えこんでいて、読ませる。つまりは、「本性の同一性」で森羅万象の婚姻関係が結ばれるのだ。

ざっとこういうカラクリになっていて、本書は四七〇点に及ぶ図版を見ているだけでも、大いに参考になる。その選択の妙、並べかた、キャプションの付けぐあい、図版のサイズ。いずれもほぼ上出来だ。

日本語版は鈴木一誌のエディトリアル・デザインによるもので、これは原書とはちがうが、それだけにいろいろの工夫が見られて力強い。ちなみに原書のサブタイトルは「原子からレンブラントへ」というもの。これもなかなか憎い。ぼくも「相似律」に「エデンの園からきつねうどんへ」とでも付けておくのだった。

ユイグは一九三七年にルーブル美術館の絵画部長になった。《モナ・リザ》をナチスから守ったのはユイグだった。その後、美術史にのめりこみ、一九五一年にコレージュ・ド・フランスの造形芸術心理学の教授となり、大著『見えるものとの対話』全三巻（美術出版社）をものした。

ぼくはこの大著も、そのあとの『イメージの力』（美術出版社）もざっと読んでみたのだが、それほど感心しなかった。イメージについての議論は美術史やデザイン史を出入りするだけでは、深まらない。知覚や脳科学や表現技法に関する見地が出入りしないと、迫ってこない。ユイグにはそこが欠けていた。それが『かたちと力』で「かたち」の発生と変化に踏みこんで、見方のサイエンスが出てきた。「かたち」と「ちから」がコレスポンデンス（照応）した。

自然界における形状は鉱物でも植物でも動物でも、必ずや力の関与によって生まれている。そこには対称性と平衡力の成立と破れがおこり、熱力学や空気力学や水力学が出入りする。このこと自体はアートでもデザインでもないが、そこに色をともなって形成された花や魚類や鳥たちは、詩となり写真となり映像となってアートに変相し、印刷されたりVRとなってデザインに直結する。

おそらく『かたちと力』はユイグのパーソナルワークではなくて、時間をかけたスタッフワークによって究まったのだとおもう。四七〇点の図版はそうした複合的な選別とフィルターによって配当されたのだろう。

その按配《あんばい》は後半になって劇的な説得力をもった。たとえば、第八章の液体から微小な表現力があらわれるところ、第九章の均衡と不均衡の二拍子のリズムが人の目を欺く不動性を見せるところ、第十章の矛盾をかかえこんだエントロピーがコンティンジェント（偶発的な）な根底的な偶有性をもつところ、最終章の自然や生命はちっともサスティナブルなどをめざしていないことを告知するところ、すなわち、アートとデザインは「本来の矛盾の体現」に向かっているのにちがいないと表明するところなどだ。
それにしても、こういう本、やっぱりぼくとスタッフで作ってみたかった。余計なことにこそ、たじろいではならなかったのである。

第一四〇夜　二〇〇〇年九月二九日

参照千夜

四一七夜：イエイツ『世界劇場』　七八九夜：マルクス『経済学・哲学草稿』　二〇〇夜：ド・デューブ『生命の塵』　一五七五夜：鈴木一誌『ページと力』

今日の社会には
マジカルデザインが欠けている

吉田光邦

文様の博物誌

同朋舎出版　一九八五

吉田さんと話すとキリがない。どんな話の細部からも興味がぬるぬると触手をのばしてそこに肥大する表象界を搦めとり、そこからまたたくさんの細部が芽生えて、新たな話題の触手がめらめらとのびていく。だから話していると終点がない。

吉田さんの本にはいろいろ触発されてきた。本の中にたくさんの豆本がつまっている。その豆本を少しでも覗いてしまうと、またつらつら触発される。そのうちその豆本は新たな立派な一冊の本として書店に並ぶ。だから、触手と触発は吉田さんの知の世界のキーワードなのである。ぬるぬるしてめらめらしていて、かつ、つらつらである。そう、吉田光邦の「知」はだれもがどのようにも触《さわ》れるようになっている。

本書は、そんな吉田さんの触手触発研究の一端が文様に及んだもので、数ある吉田本のなかで特異な位置を示しているというのではないが、渡辺素舟《そしゅう》の『東洋文様史』（冨山房）にどっぷり浸《つ》かり、その後に日本人で本格的に文様を問題にする研究者が出ないことに業を煮やしていた者としては、「そうか、やっぱり吉田さんがそこを継げる人なんだ」と快哉《かいさい》を叫んだ一冊だったので、ここに選ぶことにした。それにこの本は、ご本人から署名をもらって手ずから渡されたきらきらした一冊だった。

トルコの植物文様の染織品から話が始まる。吉田さんはそれらを見ながら、なぜ、あれほど華麗なイスラムの文様が生物の表現を規制したかを考える。

イスラム文様には植物文様が多様多彩なのに、バリ島のような動物文様はほとんど出てこない。そもそもマホメットは偶像をつくることを禁止した。それに対してキリスト教は自由に偶像をつくり、植物も動物もなにもかもを文様にした。なぜキリスト教ではそうなったのか。キリスト教では、キリストが神の子でありながら人間としての肉体をもって昇天していったことがクローズアップされる。だからキリストを描く芸術はいくらでも発達できた。

これに対して小アジアやシリアに広まった東方キリスト教では、キリストは神性のみしかもたないと考えられた。人間味をもたない超越的な存在なのである。そこでこうした地域を背景としてマホメット（ムハンマド）が登場し、アラーの神を戴《いただ》いた。だからアラーはどんな表現も届かない存在とされた。アラーは完全であり、人間が不完全なのだ。その不完全な者たちが完全を表現することはできない。偶像化することはできないし、神とともにこの世に出現したであろう生物たちを安易に表現することも慎まなければならなかったのである。吉田さんはそのように推理した。

文様とは装飾的なものではありながら、その地域の風土や文化や宗教の本質を根こそぎ反映するものでもあるはずだ。それなら、風土や文化や宗教を反映するのが文様だとすると、同様に芸術だってそれらを反映していると見えるのに、芸術のほうは何でも自由に表現してきたかに見える。どうして、そうなれるのか。どこが文様と芸術のちがいなのか。吉田さんは、このことについてこれまで答えがなかったことに気がついた。

そこで、芸術がそれぞれ独立した真の存在を主張するのに対して、文様は普遍的な真の存在を認めようとしたものではないかというふうに考えた。文様のほうが芸術より普遍的なのだ。もうひとつ気がつくことがあった。それは文様は叙事に徹したのではないかということだ。アッシリアの文様、古代ギリシアの文様、中国の饕餮文《とうてつもん》、これらはすべて叙事である。そこには芸術がもっている叙情性がない。

そうだとすると、これからの文様はどうなっていくと考えたらいいのか。文様もイメージの叙事からイメージの叙情に向かうのか。吉田さんはそこからまためらめらと考える。これからの文様とは、いわゆるデザインの問題と関係がある。だからデザインのなかの文様性がどのように発達してきて、いまどこへ向かっているかを見れば、文様の未来が見えるかもしれない。

吉田さんが見るに、デザインとは一種の「しきたり」をつくることでもある。かつて中国には儒教的な膨大な儀礼というものがあったが、それらをひとつひとつ礼服や幔幕《まんまく》や髪形にしていった。それがデザインだ。そうだとすれば、デザインにはもともと制度を表現するための力がひそんでいたと見るべきなのである。

こうして吉田さんはだんだんデザインのことを考える。いったいデザインは何をしてきたのだろうか。何をすることがデザインだったのか。たとえば軍服、たとえば紋章、そのほかいろいろな飾りをつくってきた。これらはいずれもが、それぞれの歴史のなかのデザイナーたちの創作力によって生まれたものだった。あるいは有名無名の職人たちがつくったものだ。そういう行為は何をしたということになるのだろうか。文様とはちがうものなのか。

世界中に制服というものがあるが、そこにはボタンとか肩章とかモールとかがちゃかちゃかついている。また、さまざまな色や模様がちらちら、あるいはべったりついている。これは何なのか。ボタンやマークは何なのか。制服はデザインの産物で、ボタンやマークは何なのか。どうも文様そのものではないらしい。吉田さんはさらに考える。ぼくも一緒に考える。

デザインはまず制度を視覚化したはずだ。王家の冠位や衣裳、宮殿や玉座がそうやってできた。そこまではいい。そして、その視覚化された制度にボタンやマークや織り模様をつけた。それはひょっとして、制度がかつての文様を別のかたちで取り込んだということではなかったのか。

仮にそう考えてみると、そもそもアッシリアや古代中国に発した文様は、ここで別の機能をもったものに変化したというふうに見られる。文様が「地」を離れて「図」として認識されたというふうに見ることができる。すなわち、デザインは文様に自由を与えるものであったということなのである。そうだとしたら、文様が先にあり、そしてデザインがあとからこれを加工していったのだ。このこと、意外にもだれも言及してこなかったのではないか。

まあ、こんなぐあいに、吉田さんは推理をし、ぼくもその推理から次の推理を読んでいく。それが吉田本を読むということの醍醐味《だいごみ》なのだ。

すでにおわかりのように、たったこれだけの読み筋だけでも、これまでほとんど語られてこなかった「文様と芸術とデザインの相違性」という重要な問題を解きほぐしていくヒントがさまざまに走査されている。ここではこのくらいにして、残りの興味深い推理の翼がどんなものであるのかは紹介しないけれど、あとも推して知るべし、まさに触手触発に満ちている。

ひとつだけ加えておけば、吉田さんは文様とデザインの力にはいまなおマジカルな工夫があるはずで、それを今日のデザイナーたちがいささか見失っているのではないかという心配をしている。デザインが「しきたり」をつくれなくなっていることに、大いに失望をしているわけなのだ。


ところで、吉田さんは京都大学の人文科学研究所時代に、ポスターやデザイナーのアーティファクト（制作物）の収集を決断した人だった。それで人文研に行くたびに「どうですか、コレクションは？」と尋ねると、「うん、この前ね」と言って、新たに入手した作品のことを嬉《うれ》しそうに話してくれたものだ。当時、日本の大学でデザインポスターに目をつけているところがなかった時期である。

ひるがえって、吉田さんは京大では宇宙物理学を修め、桑原武夫時代の一九四九年に人文研の助手となり、科学技術史の研究に従事していた人だった。著書も一九五五年には『日本科学史』（朝倉書店→講談社学術文庫）を、一九六一年に『日本技術史研究』（学術出版社）をまとめていた。それが一転、六〇年代末に『日本美の探究』（NHKブックス）や『日本の職人』（角川選書）で日本文化の探求に向かっていった。ぼくが吉田さんを知ったのもこれらの本を読んでからだ。

とくに思い出深かったのは、写真家の横須賀《よこすか》功光《のりあき》さんから「今度、吉田さんの仕事で京都を撮ることになったよ」と言われ、その「京都をつくる」シリーズ全四冊の一部始終に出会ったことである。デザイナーには石岡瑛子さんが立った。横須賀さんは京都の家屋や職人の現場を濃淡の強いモノクローム仕上げ、石岡さんがこれを切れのあるレイアウトで説得させていた。いまは懐かしい思い出だ。

第四〇一夜　二〇〇一年十月十八日

参照千夜

二七二夜：桑原武夫編『日本の名著・近代の思想』　一一五九夜：石岡瑛子『I DESIGN』

象徴《シンボル》と寓意《アレゴリー》を
墜落させてはいけない

ルドルフ・ウィトカウアー

アレゴリーとシンボル

大野芳材・西野嘉章訳　平凡社　一九九一
Rudolf Wittkower: Allegory and the Migration of Symbols 1977

ヴァールブルク・コレクションの一冊である。このシリーズをよくぞ平凡社は発刊に踏み切った。

ヴァールブルク・コレクションとは、ハンブルクの富裕な銀行家の長男であって特異な美術史家であったアビ・ヴァールブルクの構想のもとに集まったヴァールブルク研究所の数十年にわたる成果をさすのだが、いずれも目をみはる成果の凄列だ。ぼくが永年にわたってヴィジュアル・コミュニケーションの課題として浮き上がらせたかったことの多くが、この研究所でえんえんと取り組まれ、いずれもとびきりの成果となっていた。いずれ何かの書物を通してこの研究所について説明したい。

本書はその豊富なヴァールブルクの成果のひとつにすぎないが、ぼくとしてはシンボル（象徴）よりもアレゴリー（寓意）の解明のための踏み台となった。

もともとウィトカウアーには夫人とともに著した『数奇な芸術家たち——土星のもとに生まれて』（岩崎美術社）という大著があった。

いったいこんな凄い本をだれがちゃんと読んでいるのだろうかとおもうほどの分厚い本で、ぼくはこれを一九六九年に入手して（入手するまでも何度も書店でちらちら目配りしていたのだが）、そこに登場するルネサンス前後の孤独な沈思黙考が好きだったので、社会から見離されることを厭《いと》わない土星的宿命を負った数々の芸術家に出会わされて、ほとんど失神しそうになったものだった。

ブルネッレスキについても、「憂鬱」とは何かということも、マルシリオ・フィチーノがプラトン・アカデミーで何を企てたかということも、パルミジャニーノが錬金術にとりつかれた理由も、ティツィアーノの打算も、みんなこの分厚い一冊が教えてくれた。飢餓と名声、嫉妬と浪費がこのころすでに結びついていたことも、ウィトカウアーが教えてくれた。

それから二十年あまりたって、ぼくにもそれなりの美術史の読み方というものができ、『アレゴリーとシンボル』もそこそこの大著ではあるのだが、失神どころか、手薄いところが気になるほどに速射しながら読めるようになっていた。

第一章から第六章までが、どちらかといえばシンボルの問題である。蛇を食らう鷲《わし》、複合的な組み合わせによって形成された東方的な怪物、オランダ版画にひそむ怪鳥ロックの世界的分布、こうしたシンボルが東西の交流によってどのように変移してきたかを追っている。バルトルシャイティスの〝飛んだ解釈〟に比べればうんと地味ではあるけれど、これはこれで参考になる。

興味をそそられたのは第六章の「好機・時・美徳」に始まるアレゴリーについての研究だった。世の中では、平和といえば鳩、民衆蜂起といえば握りこぶし、学業といえば二本のペンの交差、クリスマスといえばイルミネーションというような、倦《あ》きあきする組み合わせがアレゴリーの光をだいなしにしてきた。明るい食卓と幸福な家族、戦士の休息と翼を休めた天使、たいしてうまくない日本料理屋と琴の音、受験指導とふくろう博士、日本のプロレスなのにチャンピオンベルトにはライオンか鷲。こういうアレゴリーも大手を振ってきた。その一方で、花札の松に鶴、花見に幔幕、月見にススキ、あるいは夕波と千鳥、牡丹《ぼたん》と蝶と獅子《しし》、日輪と三本足のカラスも君臨する。

流行しようが、知られなかろうが、すべてはアレゴリーの系譜なのである。それなのに、なぜ一部のアレゴリーは生活と結びつき、市場にはびこり、ポップになっていったのか。なぜ卑俗なアレゴリーはクリシェやキッチュになったのか。もともとアレゴリーには民族と歴史の記憶の襞《ひだ》が刻まれていたはずだ。それがデザインの洗礼を受けないままポップアイコン化したものが、きっと多すぎるのである。それは大室幹雄の言い草ではないが「アレゴリーの墜落」なのだ。

アレゴリーは単純に見えて、その奥には複雑な襞々をもっている。その襞々から何かが民族の胸に向かって飛んでくる。その飛行ぐあいにつまらぬ墜落がないのが本来のアレゴリーの愉快というものなのである。寓意《ぐうい》の悠然というものなのだ。

西洋では、当初にキケロがいた。一〇二〇夜の『レトリック』にも案内したが、アレゴリーとレトリックの天才だった。そのキケロはたとえば「時間」（カイロス＝クロノス＝テンプス）と「好機」（エウカイリア＝オカシオ）を分別してみせた。

この「時間」と「好機」とを芸術家たちはどのようにヴィジュアルな寓意に描いたのかというと、まずは運命の女神たちを割りふる必要があった。そのうちボッカチオの『異教の神々の系譜』では「好機」が女神フォルトゥナと結びつけられていった。ルーベンスはもうすこし物語的に考えた。「時間」と「好機」の親子関係を割り出して、好機を時の子というふうに見立てた。けれども子供がアイコン一つだけではものたりない。ルーベンスは「時間」の子に「真理」という娘をあてがった。これで突如として機会の寓意は物語性を帯びてきた。

ルーベンスを見て、ダヴィッド・マルシャンは次の物語を考えた。時が好機を連れ去ってしまうという発想で、せっかくの好機が活用されなかったという性質を描こうとした。象牙《ぞうげ》作品《失われた好機》はそこを彫っている。ジョヴァンニ・ベルニーニはもっと深かった。有名な《プロセルピナの掠奪《りゃくだつ》》では「好機」ではなく「真理」のほうが連れ去られたとみなしたのだ。たしかにこのほうがアレゴリーの翼に連続感がある。好機がいなくなってしまうのはあたりまえすぎるのだ。その好機に真理がまにあわなかったというほうが、ずっと物語がもたらすイメージ残響の度合いが深い。

まさにバロックである。バロックとは、このベルニーニに象徴されているように二つのシンボルが物語に関与して、そこにあってもいいはずのもうひとつのアレゴリーが暗示力を発揮していくという芸術なのである。

どんな解釈も時代や表現者によって変化する。それが文芸にも美術にも建築にも衣裳にもあらわれる。そういった異なるジャンルを綾取《あやと》りの赤い糸でつないでいるのがアレゴリーの見立ての力だ。だからアレゴリーはもっと活躍したほうがいい。アレゴリーが身辺にない文化は貧弱なのだ。アレゴリーを軽視する社会はイメージが渋滞する。

アレゴリー（allegory）とは寓意のことである。何を寓意するかといえば、歴史や伝承や現象に立ち会って人間たちの観念を疼《うず》かせているものを、何かのアイコンやアイテムによって表現する。古代中世のヨーロッパでは「公正」「純潔」「機会」などが頻《しき》りにとりあげられて、薔薇《ばら》や水仙などの植物、狐や狼などの動物、貝や魚や気象や建造物などがあてがわれた。ときに擬人的にもなった。

比喩的なのである。アナロジカルなのだ。もともとギリシア語のアレーゴリアが「別の話し方」という意味だから当然だが、アレゴリーは文芸手法としていちはやく発達して、昔話や伝説などの寓話やメルヘンとして多くの作品を飾ってきた。とはいっても、アレゴリーは技巧表現に寄与するだけではなかった。アンガス・フレッチャーが『アレゴリー』(白水社)で説明していたが、アレゴリーは思考の媒介力や仲介力そのものでもあったのだ。

このことはアレゴリーが絵画や彫刻などの美術作品にあてはめられると、さらにめざましい放散力をもった。ボッティチェリの《春》、シモン・ヴーエの《富》、フランケン二世の《運命》、コレッジョの《美徳》などは絵のすべてがアレゴリーの組み立てと爆発になっている。ヴィジュアル・アレゴリーはわかりやすかったので、説得力にも長けたのである。

その後、アレゴリーは模倣《ミメーシス》を重ね、メタファーの家族をふやし、近代になるにしたがって商品をとりこんだ。なかでも広告表現はアレゴリーの寄席になっていく。ところが、これがしだいに倦きられた。アレゴリーは欲望喚起の下僕のようになってしまったのである。こうして、アートはコンセプチュアルに向かい、アレゴリーは墜落していったのだ。

それでよかったのかといえば、あきらかに何かが痩《や》せていった。ぼくは八〇年代くらいからアレゴリーの復活に挑むアーティストを待望するようになっていた。

アレゴリーは見立てをふやし、アナロジーの幅を広げ、自身のイマジネーションにいくつもの隙間をつくるはずのものである。デザイナーにとっても、表現スペースのどこかに一個や二個のアレゴリー・アイテムを上手に放てるかどうかは勝負どころであるはずだ。それなのに、このようなアレゴリーの力が西洋社会のなかでばかり研究され、東洋や日本のイマジネーションの歴史にあまり適用されてこなかったのは、なんとも残念だ。いますぐ山東京伝《さんとうきょうでん》の才能がほしいとはいわないが、せめて草森紳一ほどの知の遊びが日本のそこかしこで小さな翼をもって飛び立ってほしい。

もうひとつ加えておきたい。東洋や日本のアレゴリーはコンピュータ・ソフトウェアにこそはけっこう相性がいいはずだということだ。漢詩・和歌・元曲・水墨画・俳諧《はいかい》・能楽・京劇・歌舞伎・着物・日本料理・マンガ・アニメなどがもともとマルチメディアライクであるからだ。

これは表意文字をもった文化圏として自慢したほうがいい。しかもこれらはすべからく寓意的なのである。マンガやアニメ、ロボットやアンドロイドがアレゴリーの力をもつのは、きっと東洋の片隅からの発信になるだろう。

第六八五夜　二〇〇二年十二月二十日

参照千夜

二二九夜：ジュリオ・カルロ・アルガン『ブルネッレスキ』　一三夜：バルトルシャイティス『幻想の中世』　四二五夜：大室幹雄『正名と狂言』　一一八九夜：ボッカチオ『デカメロン』　一四八六夜：草森紳一『本が崩れる』

盲目のクピドが
何かを告知している

エルヴィン・パノフスキー

イコノロジー研究

浅野徹ほか訳　美術出版社　一九七一　ちくま学芸文庫　二〇〇二
Erwin Panofsky: Studies in Iconology 1939

図像のことをイコン(icon)という。コンピュータ世代にはアイコンだ。偶像のことをイドラ(idola)という。ポップカルチャー世代にはアイドルだ。イコンもイドラも古代文明とともにあらわれていたが、その解義や解釈には長らく手間どっていた。

パノフスキーはイコンやイドラに出入りするイメージが発生と変容の現場をもつものだということを説いた。それとともに学問というのはこんなふうに紆余曲折するものだということも見せつけた。それはケネス・クラークの美術史学やカール・ケレーニイの神話学でも同じことで、とくにイコンとイドラをめぐるための方法が提示されようとしているときは、その方法は個別の領域に向かっているのではなく、たいていはイメージ解釈の拡張を試みているということなのである。

イコノロジーがいつのまにか確立したかのように認められる数十年後になると、踏襲者たちやエピゴーネンが大学や民間のアカデミーの一角に巣くっていて、この創始された方法が適用できる範囲を、創設者の意図をまるで無視するかのようにすっかり狭めてしまった。それればかりか、ほれ、方法が乱用されたとか、あれ、まちがって適用されたとかということばかりを問題にして、その方法が世界の解釈や認識の解放につながるという可能性の大半を奪っていった。よくあることである。

したがって、こういうことがまだおこっていない時期の「方法の揺籃《ようらん》」を感じられるものに出会うと、ぼくは気分がよくなる。そういう感慨が去来するのは、パノフスキー自身が生涯にわたってイコノロジーを固めないで、その方法を模索していたからだった。

パノフスキーのイコノロジーという方法が生まれたところ、そこは大学やアカデミーではなかった。公的な機関でもない。企業でもない。そこには、一九〇三年にはわずか五一六冊だった書籍の個人コレクションがあったにすぎない。ヴァールブルク研究所という民間の場だ。

イコノロジーという方法的概念を提案したのはアビ・ヴァールブルクである。ルネサンス・バロック期の図像《イコン》を論理《ロゴス》として読み解こうという最初の意図は、すでに十七世紀に「イコノロギア」として芽生えていたのだが、いわゆる図像学《イコノグラフィ》としてはまだ方法的な萌芽《ほうが》にはなっていなかった。それをヴァールブルクが、様式心理学からイコノグラフィへ、イコノグラフィからイコノロジー（図像解釈学）へと、一挙に引き上げた。驚くべき方法意識によるものだった。

銀行家であって資産家でもあったヴァールブルクは、一九二六年にハンブルクに借財と私財を投じて「ヴァールブルク文化科学図書館」をつくった。ゲルハルト・ラングマークとフリッツ・シューマッハーの設計だ。玄関には記憶の女神ムネモシュネの名が刻まれた。いわゆるヴァールブルク文庫の登場だ。

一階が楕円のホールや閲覧室である。ヴァールブルクはずっと「楕円による円の克服」を、すなわちバロックの知を主張していたから、なんとしてでも円を超える楕円にこだわった。書架書棚の構成も楕円になっている。二階が「イメージ」、三階が「コンフィギュレーション」、四階が「ワード」、五階が「アクティビティ」にあてられた。これらはフロアをまたいでアドレスを照応しあうようになっている。かつてフランセス・イエイツがぼくに教えてくれた構想だ。

ヴァールブルクの書物配列によるプログラムには、すでにそこから導かれうる方法の予知が告示されていた。そういう意味では、パノフスキーよりもヴァールブルクを読むほうがもっと方法の揺籃を感じさせるのだけれど、最初の発想者にはよくあるように、彼はあまりその経緯のわかる文章を残さなかった。そのため、いま、ヴァールブルクの方法的思索のあとを辿《たど》るには、ちょっと無理がある。やむなくぼくも、老練ゴンブリッチによる『アビ・ヴァールブルク伝――ある知的生涯』（晶文社）や、精鋭田中純の『アビ・ヴァールブルク――記憶の迷宮』（青土社）の助けを借りて、この先駆者の構想の穴を埋めてきた。

イコノロジーという試みを継承発展させたのがパノフスキーだった。だからパノフスキーを読むのは、イコノロジーがいよいよ揺籃期から確立期に向かっていることを、今日の図像思想の側から覗き読むことなのだ。しかしパノフスキーもこの確立を完成させなかった。その方法はいまなお動いたままにある。

パノフスキーのイコノロジーは、ルネサンスの研究から開花した。成果はボッティチェリの《春》を解読してみせた『ルネサンスの春』にまとまっている。それは図像《イコン》における「型」の発見と、「型」の変移に対する注目から始まった。

たとえば十四世紀から十五世紀に向かって、聖母マリアが寝台や寝椅子に横たわる降誕図の型は、一世紀もたたないうちに、マリアが幼児キリストの前に跪《ひざまず》いて礼拝する型に移行する。これは構図から見れば、長方形的なるものから三角形的なるものへの移行であり、イコノグラフィックには、偽ボナヴェントゥーラや聖ブリギッタらの著作が明文化した新たな降誕をめぐる解釈が、しだいに視覚表現の変化を促していったのだろうという予想がつく。

こうして、小刀をもった男性像は聖バルトロマイであり、桃を手にした女性像は「誠実」の擬人化であり、一定の様式で戦っている二人はたいてい「美徳と悪徳の戦い」であるというような、つまりはモチーフとテーマによる解釈が定着していった。しかし、これだけでは発展がない。そこで、このモチーフとテーマの組み合わせからどんなイメージを引き出すかに挑むようになっていく。

パノフスキーは、視覚表現というものは、第一段階は自然的な主題が選ばれ、第二段階でそれが伝習的な主題としてさまざまに組み合わせや組み替えをおこしていくのだろうと考えた。これはルネサンスでは「インヴェンツィオーニ」と名付けられた組み替えで、その後はそれこそが「イメージ」と名付けられたものである。パノフスキーは、ここまでの段階をイコノグラフィックな段階だとみなした。

イコノグラフィックな伝習は、画家や彫刻家たちを寓意の表現力の持ち主として習熟させていった。また、組み替えを進めた伝習は、いずれのうちにか一人の画家や彫刻家の意図を超え、国家や時代や階級や文化の表現になっていった。エルンスト・カッシーラーの言葉でいえば、それらはいつのまにか同時代全体の「象徴的価値」をもつようになったのである。パノフスキーは、そのような段階に達した表現を、第三段階の「内的意味の発露」の段階ととらえ、ここからの解釈のためにつかえる方法こそイコノロジックな発展になると考えたのだった。

イコノロジーがどういうものかを知るには、本書では「時の翁《おきな》」の図像をめぐる推理と、「盲目のクピド」をめぐる示唆を見てみるのがいいだろう。

古代ギリシア以来、「時の翁」は時間「カイロス」をあらわすための形象だった。禿頭白髯の老人が大きな翼をはやして大鎌をもっているばあいが多い。松葉杖や砂時計を携えていることもある。この翁は機会と運命にかかわっている。そのようにずっと考えられてきた。ところが、パノフスキーは古代中世のレリーフなどに、有翼の青年が砂時計や大鎌や松葉杖をもっている図像があることに注目して、こちらは時間「アイオーン」をあらわしているのだと見た。もしもアイオーンならそれはイラン系の時間観念から出所したもので、そこにはミトラス信仰の波及があるはずである。

そうだとすると、禿頭白髪の「時の翁」は青年アイオーンに対する老化したカイロスだろうということになりそうなのであるが、実はそうでもない。ここからパノフスキーが対角線的でナナメな方法意識をもって、この当たり前な推理をくつがえしていく。詳しいことは省略するが、「時の翁」の正体は「クロノス」であり、しかもそれはクロノス＝サトゥルヌスともいうべき宇宙時間の流出者であったのである。いままではカイロスは機会、クロノスは時点、アイオーンは永遠であったことがわかっている。それぞれが時の形象のイコンではあるが、それが古代中世をへて混乱していたのだった。やや面倒な整理であったけれど、パノフスキーはそれを図像学をもって解明したのだった。

「時の翁」はそれで結着がついたとして、それでは「盲目のクピド」とは何か。古代において「布で自分の目を隠したキューピッド」の図像なんて、一例もない。何かの天使が盲目だったという伝承もない。それがある日突然にベビーギャングのような目隠しキューピッドがあらわれる。

そもそもクピド（キューピッド）が裸の子供の姿をとるのが、ビザンチンあるいはカロリング朝からなのである。

そのクピドに二つの流れがあらわれた。ひとつは愛の神としてのクピド、もうひとつは異教の矮小化《わいしょうか》されたクピドだ。愛の神のほうのクピドが担う愛にひそむもともとの観念は、カリタス（善意）とクピディタス（悪意）が競い合って勝ったものという意味をもっていた。勝ったほうの愛の観念は、時代によってアムール、アモーレ、ミンネなどと呼ばれた。ダンテがベアトリーチェに捧《ささ》げたか捧げられた愛は、このカリタスとクピディタスの「方法的和解による至上性」をあらわしている。

至上性を獲得した愛の神の観念は、その内側にカリタスとクピディタスとの競争を孕《はら》んでいたがゆえに、その形象を異教のイコンから借りてきて、あえて幼児化された弓矢をもつ姿にしていった。これを受けて、数々の詩篇が愛の観念や形象を謳《うた》うようになった。ダンテもその一人、ペトラルカもその一人、プロペルティウスもその一人である。これらの詩篇で強調されたのは、クピドは愛を見抜く力があるという説明だった。こうして、いつのまにかクピドの眼と、クピドの射貫《いぬ》く力が重視されていったのだ。

ここで、劇的な「反対の一致」が動く。大胆な対角線がナナメに走る。クピドが慧眼《けいがん》であるのなら、その慧眼を失ったクピドの本性は、盲目なのであろう。そう解釈する者があらわれた。たとえばアレグザンダー・ネッカムやトマス・フォン・ツェルクラエレである。こういう詩人がしきりに「目がよく見えるクピド」と「目が見えないクピド」を比較した。

こうしてボッカチオの時代、ついにクピドの一群に「目隠しさせられたクピドがいる」というイメージが出回りはじめたのだった。

パノフスキーは「盲目のクピド」のイメージを本来からの逸脱だとはとらえなかった。むしろ、どんな図像にもこのような変換の時期があり、その時期のイメージが編集されるプロセスに注目することが、イコノロジーを充実させることになると考えた。そして、この移行期のイメージを継承する図像群を「擬形態」（プシュード・モルフォシス）とよび、それらが必ず人間のイメージの歴史の移行期のプロセスにあらわれることをあきらかにし

パノフスキーは、「時の翁」については30点以上もの、「盲目のクピド」については40点近くもの図像資料を引用して、イメージが変換されながら移行していくプロセスを推理し、そこに発現する「擬形態」をあきらかにした。

た。「盲目のクピド」にヨーロッパを貫く「もどき」の曲型を見出《みいだ》したのだ。日本ならさしずめ「翁」の発見にあたる成果だったろう。

トレチェント（一三〇〇年代）とクワトロチェント（一四〇〇年代）のあいだ、こうした擬形態は顕著にあらわれる。しかもいったん目隠しをしたクピドが絵画や彫刻になれば、そこからまたいくつもの「反対のほうに向かう物語」が描かれた。言い換えも着替えも、頻繁におこったのだ。ジョットの盲目のクピドが鎌をもったり骸骨に近くなったりするのは、そのせいだ。パノフスキーはこうしたことを指摘しつつ、最後にルーカス・クラナッハのすばらしい作品を掲示する。それは「自分で目隠しをとったクピド」の図像だった。


いま、イコノロジーはさまざまな多様性のなかで遊弋《ゆうよく》している。視覚表現の領域で、イコノロジーが適用できない領域なんてないほどだ。視覚表現だけではない。その方法はコンピュータ図像にも応用されつつある。

方法の錬磨や拡張もおこっている。パノフスキー自身が大著『イコノロジー研究』（上下・ちくま学芸文庫）を書いているし、日本では若桑みどりさんが早くからイコン研究をフェミニズムにまで広げていた。W・J・T・ミッチェルの『イコノロジー』（勁草書房）などもそのひとつで、超図像《ハイパーイコン》といった概念も登場している。しかし、これらはすべてパノフスキーの揺籃から生まれたものだった。パノフスキーの『ルネサンスの春』から咲き乱れたのだ。そして、その「春」はアビ・ヴァールブルクの五一六冊のコレクションから始まったのである。

今日の日本の現代美術や現代デザインには、森村泰昌、山口晃、ミヤケマイ、天明屋《てんみょうや》尚《ひさし》などをべつにすると、この「イコンの春」がない。

第九二八夜　二〇〇四年二月二日

参照千夜

四一七夜：イエイツ『世界劇場』　九一三夜：ダンテ『神曲』　一一八九夜：ボッカチオ『デカメロン』　二九九夜：若桑みどり『イメージの歴史』　八九〇夜：森村泰昌『芸術家Mのできるまで』

第二章　知覚とデザイン

ヤーコプ・フォン・ユクスキュル『生物から見た世界』
パウル・クレー『造形思考』
モーリス・メルロ＝ポンティ『知覚の現象学』
クルト・コフカ『ゲシュタルト心理学の原理』
ヴィクトール・フォン・ヴァイツゼッカー『ゲシュタルトクライス』
佐々木正人『アフォーダンス』
ドナルド・A・ノーマン『エモーショナル・デザイン』

抜き型とトーンが環世界《ウムウェルト》をつくっている

ヤーコプ・フォン・ユクスキュル　ゲオルク・クリサート

生物から見た世界

日高敏隆・野田保之訳　思索社　一九七三

Jakob von Uexküll & Georg Kriszat: Streifzüge durch die Umwelten von Tieren und Menschen 1934

フォン・ユクスキュルとダーシー・トムソン。この二人の名。若き日のぼくが聞き耳を立てたアーティストたち、たとえば杉浦康平、磯崎新、河原温、ナム・ジュン・パイク、奈良原一高、川田喜久治、武満徹、大辻清司、北代省三……たちが、この二人の名をしばしば口にしていた。「やっぱりユクスキュルの環境世界という見方が必要なんだよ。ダーシー・トムソンの生物から見たデザインだよね」。

一九七〇年前後の話だが、そのころアーティストやデザイナーや写真家や作曲家は自分が世界を切り取っているのか、世界が自分を切り取っているのか、そんな問題を口角泡をとばすように交わしあっていた。人間は自然にフィルターをかけて歪曲《わいきょく》して再生しているのか、それとも自分の心象を世界だととりちがえているのか、そんなことをよくよく考えていた。そのころ二七歳か二八歳だったぼくは、そうか、そこまで考えているものなのかと感心した。さっそく読んでみた。とくにユクスキュルだ。なるほど、断然にすばらしい。以来このかた三五年ほどがたったけれど、この本はいまなおぼくの大事な大事なアンチョコになっている。

　ユクスキュルが提起した問題は明快だ。一言でいえば、われわれは自然界の本来の情報を変形して知覚しているのであって、加工した自然像しか見ていないのだということにある。では、何によってどのように自然界を加工しているのか、ということだ。

　われわれは視覚では周波数の限定をうけ、聴覚でもまたヘルツ周波数の限定をうけ、空中高度や海中深度では気圧や水圧の限定をうけている。そのようなわれわれが「ありのままの自然」なんて知覚しているはずはない。つねに知覚メガネをもって自然と接している。この知覚メガネはメガネだけをはずせない。内属しているメカニズムとしての知覚なので、はずすには知覚器官と内臓ごと抉《えぐ》られる。

　したがって、このような「知覚によって対象化された世界」はズブの自然ではない。ナマ自然じゃない。われわれの目や耳や触覚が入りこんでいる。われわれだけではなく、そこには微生物から動物までもが組み込まれている。そのような変形された自然世界を何とよべばいいのか。俄《にわ》かには答えが出ないだろうが、ユクスキュルはそれこそをUmweltすなわち「環世界」と名付けたのである。

Umweltは知覚世界（Merkwelt）と作用世界（Wirkwelt）が共同でつくりあげている半自然＝半人工の世界像のことである。

作用というのは、犬の嗅覚やトンボの目やメガネや望遠鏡や写真機などの知覚的な道具と、サメの尾鰭やタカの爪や旋盤や炉や窯や工場全体のような作業的な道具とによって知覚器官にもたらされた相互作用のことをいう。この限定された知覚作用と特化された道具作用の組み合わせかたによって、さまざまな動物のUmweltの像はそうとうに異なってくる。

モグラにとっての環境世界はモグラが突き進む作用能力そのものと一致し、ハエの環境世界は明度空間と匂いの分布を重ねたようなUmweltをもっている。一本のカシワの大樹は、われわれには空に聳《そび》える一本の大樹に見えているものの、キツネにとっては刳り貫《ぬ》かれた穴の世界であり、フクロウにとっては危険から遠ざかるための保護世界であり、カミキリムシにとっては巨大な食物市場そのものである。

自然はひとつではありえず、自然像もひとつではありえない。すべての動物それぞれが異なる知覚と作用のメカニズムによって、それぞれ個別の自然観を具体的に携えて生きているものなのだ。そのようなUmweltを、総じて自然とか世界と一まとめによぶのはまったくおかしなことなのだ。

ユクスキュルが Umwelt という見方を最初に発表したのは、一八九二年から一九〇五年にかけておこなった調査をまとめた『動物の環境と内的世界』(Umwelt und Innenwelt der Tiere) だった。その後も探求と推理はやむことなくつづき、研究生活の後半では「トーン」(Ton) という概念を駆使するにいたっている。これがいい。

トーンというのは、動物たちがその世界像をもつための特定フィルターのようなものだ。たとえばミミズを捕食するカエルにとってのトーンは数センチの棒状のものとの出会いがつくっているトーンである。だからカエルはミミズとゴム屑をまちがえる。ムクドリにとってはハエの飛びぐあいのトーンがムクドリの世界像をつくるフィルターになっている。だからムクドリはハチとハエをまちがえる。カラスは十数センチのトーンをもっている。そこで小枝とハンガーを同一視する。

われわれもこのようなトーンをつかって外界を見ている。デパートやブティックで特定の洋服をさがしているときは、このトーンをフィルターにつかっている。お目当ての洋服をさがすとき、アタマのなかでそのお目当てにあたる適当な〝像フィルター〟を用意しているはずである(これがユクスキュルの言う「作用」だ)。デパートの売場責任者にとっては洋服売場のすべての商品はみかけも実質もディスプレイ通りではあるが、そこから特定のお目当てを見いだしたい客にとっては、その見いだしたいトーンによってしかその売場は見えてはいない。

音楽用語にもなっているトーンとは、知覚と世界の「あいだ」を占めている調子、フィルターのようなものである。いまならトーンといわずに、「志向姿勢」とか「統合的クオリア」とかいってもいいだろう。ユクスキュルはこのトーンとしての調子フィルターを「意味」ともよんでいる（この指摘もすばらしい）。

犬に向かって男が石を投げたとすると、それ以降、犬は石をぶつけられることに抵抗するようになる。しかし、その抵抗は犬の意志によって抵抗しているわけではなく、石的なるもののトーンを見分け、そういうものが自分に投げつけられるときの相手の動作のトーンを観察して反応するだけなのだ。人間にとっても、石のトーンはさまざまな複合性をもって成立する。たとえば道で石につまずいて恥ずかしくなるほど転んだ者は、その後は石のトーンのみならず道のトーンや坂道のトーンを注意深く知覚するようになる。ということは、その人間にとっては、道は新たなフィルターを通した道像あるいは像道になったということなのだ。

われわれは羹《あつもの》に懲りてナマスを吹く動物であるが、それを自嘲するべきではなかった。すべての動物は羹をフィルターにして自然界のナマスを知覚できるようにしただけなのだ。これはギブソンが提唱した「アフォーダンス」にも似ているところがあるが、ユクスキュルにおいてはその見方がより生命生活的であり、知覚生物学的だった。

かくしてユクスキュルは、知覚の世界の只中にその「意味を利用するもの」というキャリアー（担い手）あるいはインターフェースの視点をもちこんだ最初の生物学者となったのである。「知覚標識の担い手」(Merkmatrager)という概念や「補体」(Komplement)という概念も早々とつくった。そういう概念想定にはつねに勇気をもってあたった生物学者だった。

たとえば花の色は少女にとっては乙女チックな視覚標識だが、アリにとっては筋のついた葉の裏だけが触覚標識であり、ミツバチにとっては花弁の温度が補体なのである。これらのことを前提にし、ユクスキュルは次のような興味深い仮定問題を提供もした。

われわれはたくさんの鏡とともに暮らしている。そしてその鏡に見えている「私」をそのつど確認している。だが、もしその鏡に映った自分の姿の大きさ（すなわち自分と鏡との距離）が、その鏡を見るたびに鏡から発する音によって告知されるようになっていたとしたら、われわれはその音の違いをこそ自己像としていただろうというのである。

ドイツ語では、小さな鏡をたくさん並べて合わせ鏡とする子供の遊びのことをグロッケンシュピールというので（音楽ではカリヨンやオーケストラベルなどをグロッケンシュピールという）、ユクスキュルはこのような見方で世界との関係を眺めることを「グロッケンシュピールの問題」というふうに名付けた。たいへんにおもしろい。

さらにユクスキュルが天才的に提示してみせたことがある。動物や人間は、自分が自分の周囲と適合するために少しずつ世界を広げて生きているように見える。そして、自然(都市でも家でもいいが)を征服するか、自然と共生するか、もしくは自然の一部をとりこんで、自然世界を自分たちのものにしているとおもいこんでいる。けれども事実はその逆であって、動物の知覚も人間の知覚も、自然世界が押し付けて型抜きしたものなのではないか。そう見るべきではないかと言い出したのである。われわれの知覚が世界を認識したのではなくて、環境世界が「知覚標識の担い手」をわれわれに送りこんで、動物や人間の知覚フィルターをつくったのではないか。それによって型抜きがおこったのではないか。そのようにユクスキュルは見方を逆転させたのだ。この見方は画期的だった。

そうだとすると、いろいろ大胆な仮定が次々に提出できる。たとえば、仮に「動物的自分」だとか「本能的自分」だとか「無意識的自分」などというものがあるとしても、それは環境世界によって「負の型」として形成されたものだということになるわけなのである。「私」というトーンは Umwelt がつくっているということなのである。ユクスキュルはこの「負の型」のことを「抜き型」(Hohlform) とよんでいる。これまたなかなかうまい言いかただ。

ようするに Umwelt はすべての動物たちの仕立て屋さんなのである。その仕立て屋によって「抜き型」されたものが、われわれ生物の知覚装置なのである。それだけではない。動物たちがつくりだすデザイン世界にも、その「抜き型」は及んでいる。

クモにとってはハエは最大の食料である。そのためクモが何をしているかというと、クモの巣にハエの抜き型をつくっている。ハエはたいへん雑な目の持ち主なので、クモの巣のうちのどこかに仕込まれたごく細い抜き型が目に入らない。そこでハエはそこをめざして飛んできて、ハイ、一巻の終わりということになる。ひるがえって、生物たちの形態そのもの、文様そのものが、大きな意味での「抜き型」であり「負の型」だったのである。

ユクスキュルは、世界や現象を語るにあたっては「巨大な装置を持ち出すな」と言いつづけた生物学者だった。人工環境がつくれるなどと思うな、そういう恥ずかしいことを考えるなとも言ってきた。

世界や現象に因果関係があるとすれば、それは「ある部分に原因と結果が同時的におこっていること」で説明できるはずなのである。それがドングリの形やヒマワリの運動が示しているものであり、ハイエナの鼻の作用や人間の赤ん坊の作用が示していることなのだ。だったら自然と人間を融和させるという題目で、巨大な装置を作ろうなどと言い出さないほうがいい、そう言ったのだ。

残念ながら、世の中はユクスキュルが亡くなると（一九四四年に亡くなった）すぐに、巨大装置ばかりを作るようになった。原発装置がその象徴だ。しかし、原発は自然界とも人間界とも抜き合わせができないものだった。われわれはいまこそ「環世界」のための技術を考えなければならなくなっている。

第七三五夜　二〇〇三年三月十八日

参照千夜

九八一夜：杉浦康平『かたち誕生』　八九八夜：磯崎新『建築における「日本的なもの」』　一一〇三夜：ナム・ジュン・パイク『バイ・バイ・キップリング』　一〇三三夜：武満徹『音、沈黙と測りあえるほどに』

空間を
分節力で構成する

パウル・クレー

造形思考

土方定一・菊盛英夫・坂崎乙郎訳　新潮社　全二巻　一九七三

Paul Klee: Das bildnerische Denken 1956

ロラン・バルトは「芸術作品は歴史がみずからの満たすべき時間をすごしている様式である」と言った。ウンベルト・エーコは「芸術作品は歴史と心理が異なる情報を受信した者が描いたテクストである」と『記号論』（講談社学術文庫）に書いた。どちらも当たっている。どちらも当たっているが、この二つの定義にともに適《かな》う作品を描き、かつそのことを自身で言葉によって論証し、さらにそのことを後世の青年青女たちに「方法」として送信したアーティストはというと、そんなにいない。ぼくはパウル・クレーがその稀《まれ》な一人だったと思っている。それなのに、クレーについてはろくな見方をされてこなかった。その絵はみんなから愛されてはいるが、その瞠目すべき方法の提示が受けとめられていない。

そこで何かを気づいてもらうために、ごくごくプロフィール的なことから先に言っておくが、クレーはル・コルビュジエと同じくスイス人なのである。時代もまったく同時代、クレーのほうが八歳ほど年上だった。しかし、この二人のことはめったにくらべられてこなかった。

コルビュジエが最初にベルリンの建築家ペーター・ベーレンスのところで学んだことに比していえば、クレーはミュンヘンの画家フランツ・フォン・シュトゥックのところで絵を学んだ。二人ともスイスからドイツに赴いて理性と方法を磨いたのだ。シュトゥックはベーレンス同様の斯界《しかい》の大立者だったが、その画風は神話的であり官能に富み、装飾性に溢れるものをもっていた。コルビュジエが装飾を学ぶためにベーレンスのところに来て、逆に装飾からの自立を意図できたように、クレーもまた師のシュトゥックのところで装飾を学んだがゆえに、装飾からの自立をはたした。

ついでに言っておけば、ベーレンスのところには若きヴァルター・グロピウスとミース・ファン・デル・ローエがいたように、シュトゥックのところには若きカンディンスキーがいた。カンディンスキーとクレーがのちに「ブラウエ・ライター」(青騎士)に集う絆《きずな》は最初から決まっていたようなものだったのだ。芸術家とはかくも縫合的で宿命的なのである。

もうひとつ付け加えると、パリに移ったコルビュジエがアメデエ・オザンファンの「ピュリスム」（純粋主義）に共鳴したように、クレーはパリに入ってすぐにロベール・ドローネーを訪れて「オルフィスム」（Orphisme）に共感した。オルフィスムはアポリネールが竪琴《たてごと》の名手オルフェウスに因《ちな》んで名付けた感覚的な表現動向のことだが、いわば「絵画的テクストは歌えるものだ」ということを告げていた。クレーとともに、レジェ、ピカビア、デュシャンがこの歌を奏でた。

こうしたことを偶然の暗合と片付けるのは、よくない。もしこれが偶然ならグロピウスがのちにクレーをバウハウスに招き、グロピウス没後はミース・ファン・デル・ローエが所長に就任した出来事の説明がつかないことになる。すぐれた芸術家たちは、かくも縫合的なのである。

と、まあ、ここまでは枕の話だが、話の佳境はクレーが一九一四年にチュニジアに旅行して、とくにカイルアンで「色」の躍動を実感し、一九二〇年にワイマールのバウハウスに招かれて「方法の提示」に向かう覚悟をしたときの、その内実をどう見るかというところからである。

このプロセスで何が起動したかは、『クレーの日記』（新潮社）を読むとわかる。この日記は一八八九年から第一次世界大戦をはさんだ一九一八年までのもので、驚くほど克明に思索のあとが綴られている。ぼくがそれをちらちら拾い読みしていたのは二四、五歳のころだったけれど、ゴッホの日記にいささか失望していたことを補ってあまりあった。また余談になるけれど、小林秀雄がゴッホを書いてクレーを書かなかったのがあきらかにミスであったことも、そのとき感じた。

一言でいうのなら、クレーには「スペーシャル・オーガニズム」があったのである。日記にはそのことをクレーが十全に検討していたことが綴られている。空間的有機体への確信だ。また、クレーは「インディビデュアル」ということを突きとめていた。これも日記を読んでいて、得心がいった。

少しだけ、説明しておく。いま、英語でインディビデュアリティ（individuality）というとだれもがみんな「個性」をさしているような気になっているようだが、そうではない。individualとは、もともとはdividual（分割できるもの）に対する「非分割的なもの」を意味している。すなわち「分割できない有機性」がインディビデュアリティなのである。クレー自身も日記にこう書いている、「無理にでも分割しようとすると、その引き離された部分は死滅してしまうのだ。分割できなくて融合していることが、本来のインディビデュアリティなのだ」というふうに。

これ以上の説明などいらないほど、明確だ。クレーは分割できるものと分割できないものの、その両方をバウハウスの授業で「構成」および「動向」の分節思考法として提供したのである。スペーシャル・オーガニズムとはそのことだ。そのスペーシャル・オーガニズムの方法についての講義ノートとなったのが『造形思考』である。方法の核はただひとつ、分節とは何か——。

バウハウスについてはいくらでも書きたいことがあるが、今夜は禁欲しておく。クレーがモホリ＝ナギやオスカー・シュレンマーやリオネル・ファイニンガーやヨハネス・イッテンとバウハウスの教員室で数年間にわたって一緒になって青年青女のために努力と精力を傾注していたことは、いくらその現代デザイン史上の僥倖《ぎょうこう》を強調しても、強調しきれない。これも日記に書いてあるのだが、クレーはもともと「形態の学校」を想像していたのだった！

ということでバウハウスについては省くことにして、それでは核心のところに入っていくが、クレーがそのバウハウスで方法の魂を懸けたことは何だったかというと、造形《フォルム》にとって最も重要なことはなによりも「分節」だということなのである。アーティキュレーションだ。

一〇三二夜の古楽のところにのべておいたように、アーティキュレーションとはバロック期までの声楽および器楽のための音楽用語でもある。むろん言語学用語でもあって、かつて言葉と音楽が蜜月的照応関係をもっていたころ、アーティキュレーションはすべての表現の鍵を担っていた。クレーはそれを持ち出した。

クレーが「分節」に照準をあわせたことの背景に、クレーの父親が音楽の教師で、母親がオペラ歌手であったことを言っておく必要があるだろうか。むろん、あるに決まっている。クレーはまさしく「色の画家」であって、生涯を通しての「音の画家」でもあったのだ。もうひとつ念のために言っておくが、クレーがチュニジアに旅行してカイルアンで色彩に目覚めたと書いておいたが、このカイルアンはイスラムの町だった。クレーはそこでイスラムの色彩と、その分節の綾なる世界と、そしてイスラムのボーカリゼーションが連動していることを体験して、色に目覚めた。

その最初の感動は一九一四年の《モスクのあるハマメット風景》という絵に、ボーカリゼーションへの感動は一九二二年の《ローザ・シルバーあるいは声の織物》にあらわれている。

こうしてクレーは音楽と言語と色彩に関心を寄せながら「分節」を凝視するのだが、それを造形思考に持ちこむにあたっては、そうとう多くの例示と闘った。ここで例示というのは、人類が積み重ねてきたあらゆる「線」をトレースしてみるということだ。詳しいことはクレー自身の厖大《ぼうだい》な「線」のスケッチを見るのが一番早いのだけれど、ここでは言葉しか使えないので、次の例示にとどめて説明をする。

クレーの言葉として有名なものに、「芸術とは目に見えるものを再現することではない」がある。この言葉が入っている『創造の信条告白』というエッセイのタイトルからして、クレーの重要な信条としてしばしば引用される。『造形思考』にも収録された。ぼくは、この言葉がクレーの「分節」の本質と「線」のスケッチの集積を一言であらわしているのではないかとおもう。どのようにあらわしているのか。きっとこれだけでは、「だから自由に描きなさい」と言われているようにも感じるであろうが、クレーはまったくそんな指示をしたのではなかった。クレーの指示は「芸術の本質は、見えるものをそのまま再現するのではなく、見えるようにすることである」というメッセージだったのである。

見ているだけでは何も生まれない、それを見えるものにする、そのために芸術や表現がある、そう言ったのだ。

が、そう言われたとしても、まだ何も重大なことを告げられている気がしないのではないだろうか。見えるようにするためには、技術を磨きなさいといわれているようにも感じよう。クレーはそんなことを言っているのではない。「目に見えるもの」と「目に見えるようにする」とのあいだに行きなさいと言ったのだ。

バウハウスの初日の授業のとき、クレーは冒頭にあらゆる情熱をこめて木炭を手にすると、画架にかけた油紙に全神経をこめた二本の線を引いたという。その場にいた学生によって「電気のようだった」という記録がのこっている。

次に同様の線を学生に画用紙に描かせ、その木炭の持ちかた、姿勢、一人一人の線の描きかたに注文をつけた。それからしばらくしてある線をスライドで見せ、これをスケッチさせてから、その線が実はマチスの絵の線であることを見せた。そこでクレーはカーテンを引き、なんと電灯を消したのだ。そのうえであらためてカーテンを開けて頭に残ったマチスを描かせたのだ。学生たちは愕然とした。

これが、クレーが示した「見えるもの」と「見えるようにすること」のあいだにある出来事なのである。この見えたマチスの線と、暗闇になったあとの頭の中のマチスの線とのあいだに、クレーの分節論がすべて凝結していたのである。

イメージはもちろん頭の中に浮かぶ。そんなことはだれもがわかっている。けれども、いつまでもそのまま頭の中に浮かんではいない。それならどこでそれが消えたのだろうか。それなのに、突然にそれが蘇る（リコールされる）こともある。これらのことについてはいまだに脳科学もあきらかにしえないでいる。一方、まだ頭の中にそのイメージがあるとして、それを取り出そうとしたらどうなるのか。おそらくはそれを取り出そうとしたとたん、そのイメージに何かがおこるはずである。何がおこったのか。クレーはそれ

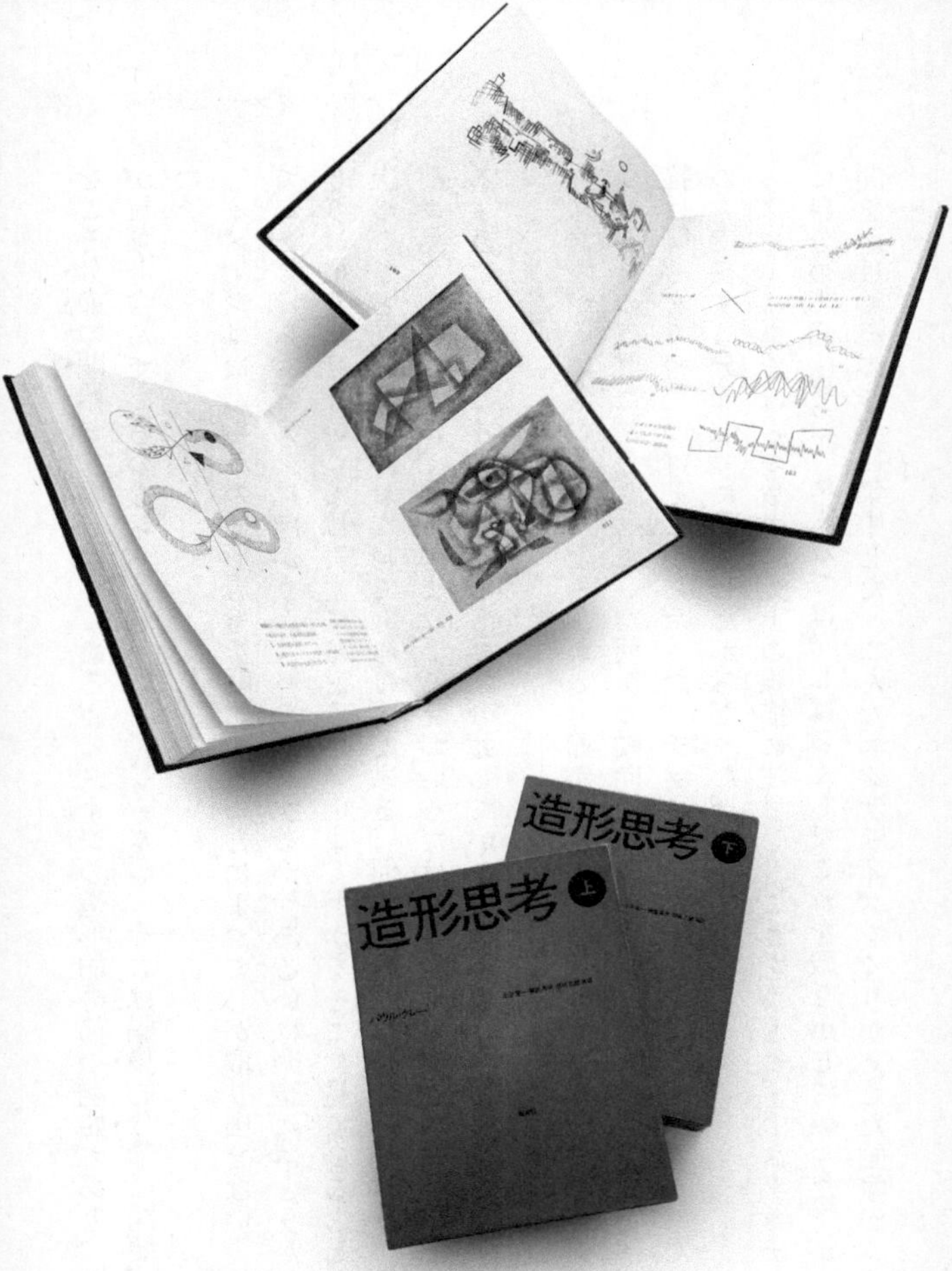

「線は散歩に出かける。いわば、あてどなく散歩そのものを楽しむのである」。「高次な発達をとげた有機体はすべて、相異なるものの綜合である」。クレーの描く線はスペーシャル・オーガニズムとしての分節的造形思考の軌跡だ。

をこそ分節の開始とみなしたのである。イメージの造形的分節の開始であり、もしそれが言葉も含んでいるのなら（たいていは含んでいるのだが）、それは編集的分節の開始でもあった。

イメージはなんらかの造形思考を開始することによってしか取り出せない。それが音であるのなら、ピアノに向かうか、ハミングするか、あるいは楽譜に落とすかしないかぎりは取り出せない。では美術ではどうか。いま、何かをそこに見ているとしても、以上のことと同じことがおこっているはずである。何かを取り出さないかぎり、その目の前に見ていることは、何も進まない。見ているだけでは、何もおこらない。それを見えるようにするにはイメージそのものを分節していかなければならない。

イメージそのものには、なんらかの分節が内在していたのである。その分節は、イメージがその内側に潜在させていた何かの動向である。クレーが人類の原始時代からの線描に関心をもったのはそこからだった。チュニジアに旅行をして衝撃をうけたのは、この「内在する分節性」に直面したからだった。

クレーは驚くほどの数の歴史上の線描に注目し、これをひとつずつスケッチし、さらに自分の内面（頭の中）に入れては、しばらくしてこれを取り出していった。かなりの時間をかけてその作業に集中した。こんなエクササイズをくりかえした画家が、かつていのである。クレーの線は、人類の原型的な分節思考がとどめた記憶を引きずり出したのだ。ウィリアム・ブレイクが霊感から導き出した線でもなかったのである。それはアンリ・ミショーがメスカリンを飲んで衝動をもってドローイングした線ではなかったのである。

〔続〕

そうした作業には、つねにクレー自身の身体と脳と手とがかかわっていた。線を描くこととその線を描く自身とは分離されることなく、分節的造形思考に向かっていったのである。これはまさにスペーシャル・オーガニズムとしての線であり、分節である。有機的に部分と全体を分離しないで、なおそこに分節が生まれる瞬間だけを引きずり出した試みだった。

分節の方法は造形思考の根本に発芽しているものだった。『造形思考』とユルグ・シュピラーが編集した『無限の造形』（新潮社）には、そのことがあますところなく記録されている。

いまでいうなら情報理論の根本にかかわる思想の出立《いでた》ちだということに気がつかされる。また、この造形思考が歴史や心理を眺めようとした者が、その根底において試みようとする感想や記述の発端にあたる事情を言い当てているものだということもわかってくる。きっとインタラクティビティとは何かということも、クレーは喝破していたにちがいない。

今夜の冒頭に、ぼくはロラン・バルトとウンベルト・エーコを引いたけれど、まさにパウル・クレーこそは、この二人の指摘に耐えうる稀なアーティストだったのである。いや、もっと褒めたい気分もある。クレーは言語と音楽と色彩の本質を初めてつなげる「分節の法則」に気がつきかかっていたのではあるまいか。ここにデザインの底辺がある。そんな気がする。

第一〇三五夜　二〇〇五年五月十三日

参照千夜

七一四夜：バルト『テクストの快楽』 二四一夜：エーコ『薔薇の名前』 一〇三〇夜：ル・コルビュジエ『伽藍が白かったとき』 五七夜：デュシャン『デュシャンは語る』 九九二夜：小林秀雄『本居宣長』 一二一七夜：モホリ＝ナギ『絵画・写真・映画』 九七七夜：アンリ・ミショー『砕け散るものの中の平和』 七四二夜：ブレイク『無心の歌・有心の歌』

関係をデザインする
知覚身体と間身体

モーリス・メルロ＝ポンティ

知覚の現象学

中島盛夫訳　法政大学出版局　一九八二
Maurice Merleau-Ponty: Phénoménologie de la Perception 1945

アルベール・カミュはメルロ＝ポンティの『ヒューマニズムとテロル』に激しい怒りをおぼえ、ボリス・ヴィアンの家で大論争をくりひろげると、絶交状態までのぼりつめた。カミュは、いつまでも甘いコミュニズムにすがっているメルロ＝ポンティの姿勢が気にいらなかったのである。これは親友サルトルやニザンとの奇妙な関係にもつねにあらわれていた衝突だった。

戦後まもなくのフランス思想界の論争といったら、まさに一冊ずつの書物をめぐっての絶交を辞さないほど激しいものだった。日本にもそういう時代の、そういう日々があったけれど、それはぼくがおもうにおおむね一九六五年くらいまでで、かの「政治と文学論争」と「スターリン批判」とともに終わっていた。

メルロ＝ポンティはベル・エポックの時代を南仏ロシュフォールの陽光のなかで育った。ピエール・ロティと同じ故郷である。よく読んでみると『知覚の現象学』にもちょっとした回想部分があって、南仏にいたころの「当時の至福な想い」は環境のみならずひとつひとつの事物を輝かせていたと書いている。

ところが、めずらしい例なのだが、子供のころの故郷であまりに充《み》たされたせいか、長じてのメルロ＝ポンティは環境的な思考にはかえって関心がなくなっていた。三歳で父親を亡くしもしたので、そのためかもしれないが、むしろ知覚の設計回路に入りこむ(もしくは迷い込む)ほうを好むようになった。「上空飛行的思考」(pensée du survol)を避けるようになったのだ。それゆえ、「知覚の上空を飛行するのではなく、その中に沈潜することを自らに課すような哲学」、すなわちベルクソンの哲学、ありていにいえば『物質と記憶』の解読が青年メルロ＝ポンティの最初の課題になったのである。

時代の思想は第一次大戦以降はナチズムの台頭とコミュニズムの拡張に席巻《せっけん》されていた。メルロ＝ポンティも沈潜ばかりしていられず、やむなく現実や現象に対応するようになっていく。こうした若々しいジグザグを好む探索を見ていると、そこにはその後の哲学思考の原型があらわれているのがわかる。ベルクソン哲学にフッサール現象学とゲシュタルト心理学がくっつき、そこにマルクス主義が接ぎ木されたのだ。

接ぎ木は接ぎ木ではおわらなかった。それはやがて「知覚」と「身体」と「行動」、あるいはそれらの相互の「関係」というかっこうをもって独得に思想化されていった。そうした着想の苗床《なえどこ》になるべき体験があったのである。二つの講義を聞いたことによる体験だ。

ひとつは一九二九年にパリ大学で年老いたエドムント・フッサールの講義だった。この体験で得たものはのちに『デカルト的省察』としてまとめられている。もうひとつはアレクサンドル・コジェーブがパリ高等研究院で五年にわたってひらいたヘーゲル『精神現象学』の講義だった（この講義は日本についての言及もあったため、その後、フランスのジャパノロジストの注目するところとなった）。この二つの講義の衝撃がメルロ＝ポンティの思索の内奥にこびりつき、関係の存在学を花開かせるトリガーになった。コジェーブの講義の会場にはレイモン・アロン、ジャック・ラカン、ジョルジュ・バタイユらがしょっちゅう顔を見せていた。

一九三八年にはそうした苗床に芽が吹いて『行動の構造』がまとまった。この年はフッサールが死んだ年でもあって、その四万ページにおよぶ速記原稿や多様な原稿がナチスの侵害や戦争によって失われることが危惧された。厖大な遺稿はフライブルクからベルギーのルーヴァン大学に移され、哲学研究所のヴァン・ブレダ神父が管理した。メルロ＝ポンティはその研究所を最初に訪ね、フッサールの弟子のオイゲン・フィンクと交わり、未完の草稿を閲覧した。

このルーヴァンに移されたフッサールの遺稿のことを「後期フッサール」というのだが、この「後期フッサール」の批判的研究を糧として論述されはじめたのが、今夜とりあげた『知覚の現象学』である。

メルロ＝ポンティの前半期の思想は一九四二年の『行動の構造』（みすず書房）に結実している。大きくは二つある。

第一には、身体の自覚がない哲学は人間についての言及をもたらさないという見方を確立したことだ。実存哲学者のガブリエル・マルセルが『存在と所有』という本で「自分の身体」を持ち出したことにヒントをうけて、人間は自分の身体をつかって何を知覚しているのか、何を身体にあずけ、何を意識がひきとっているのかという問題に突き進んでいったことがきっかけだった。マルセルは「自分の意のままにならない身体感覚」がありうることを不随性（indisponibilite）とよんだのだが、そこにメルロ＝ポンティは関心をもったのである。

第二には、知覚と行動のあいだは相互射影的な関係をもっているだろうという見方の確立だ。これについてはゲシュタルト心理学からの影響が大きかった。それまで、生体の行動は一定の要素的な刺戟《しげき》に対する一定の要素的な反応のことだとみなされていた。複雑な行動もこれらの組み合わせによっていると考えられた。要素還元主義である。

ゲシュタルト心理学はこの見方をまっこうから否定して、同じ刺戟がしばしば異なった反応になることもあれば、要素的に異なった刺戟が同じ反応をひきおこすこともありうることを例にあげ、生体というものは刺戟の個々の要素的内容に対応しているのではなく、個々の要素的な刺戟がかたちづくる形態的で全体的な特性に対応しているという仮説をぶちあげた。この形態的な特性のことをゲシュタルトという。

ゲシュタルトという見方はメルロ＝ポンティに大きなヒントをもたらした。たとえば神経系のどこかの部分が損傷をうけたとすると、それによって一定の行動が不可能になるのではなくて、むしろ生体の構造のなかでこれを知ってこれを補う水準めいたものがあらわれてくる。何か「補うもの」が動いていたのだ。これは見捨ててはおけない。知覚と行動のあいだ、また意識と身体のあいだには形態変換をともなう〝補いのパースペクティブ〟のようなものがはたらいているのではないか。メルロ＝ポンティはそのことに気づいたのである。それらはどこか相互互換的であり、関係的で、射影（profil）的だった。それをとりもっているのがゲシュタルト的なるものだった。

このような見方はデカルト的な心身二元論を決定的に打破するものとおもわれた。それとともに、ゲシュタルト心理学者たちがゲシュタルトを自然界や対象界にあるものとみなしたことにこだわらず、ゲシュタルトの正体が知覚や意識の内側にもあるはずだということを予感させた。

のちに、この意識にとってのゲシュタルトこそが言語というものを生み出すパターンなのではないかということも、メルロ＝ポンティによって提案される。こうしてメルロ＝ポンティは「後期フッサール」を読み替えたのである。

現象学の狙いは、われわれの意識や思索や反省、あるいは科学による研究や哲学による熟考が始まる以前に、すでにそこにあったであろう〝見なれた世界〟にたちかえるということにある。

メルロ＝ポンティは、それならば、「現象学的世界とは、先行しているはずのある特定の存在の顕在化ではなくて、存在そのものの創設なのではないか」というふうに読み替えた。これはフッサールですら現象学的還元ということの目標をさだめそこなったことを暗示した。

ここから『知覚の現象学』はしだいに大胆な知覚論や身体論に分け入っていく。たとえば、「私の身体」は私によって意識されるとされないとにかかわらず、おそらくある種の「身体図式」（schema corporel）のようなものをもっていて、これがいろいろな知覚や体験の変換や翻訳をおこなっているとみなしたのだ。いわば身体の中に〝哲学の編集部〟をおいたのだ。ついでこの身体図式がもたらすものからは、しばしば「風景の形態」や「芸術の様式」に似たようなものが、身体の「地」に対する「図」のように立ち上がっていると考えた。

そして、これらのゲシュタルトのようなもの、あるいはスタイルのようなものを媒介にして、「私の習慣的な世界内存在」がつくられているのではないかとみなしたのだ。これがいわゆる「間身体性」(intercorporéité) とよばれるものである。自分と他人は自己や他者の個々によって成立しているのではなく、その「あいだ」に媒介する「間身体」ともいうべきものによって、相互同時に意図されるのだという考え方だった。

きっと言語もそのようなものなのではないか。おそらく言語は、身体が「身体図式」を用いて外部の世界に向けておこなっているのではないか。言語が意味をもつのもそういうゲシュタルトっぽいものが支えているためだろうと、そんなふうにも考えた。言語は何かの「地」に対して浮き上がってきた何かの「図」をつなぎとめるしくみであったろうというのだ。

もっとも、このあたりの考察は『知覚の現象学』ではまだぶよぶよしていた。いくぶんの深化はのちの『シーニュ』などを待たなければならない。

本書には、序文がついている。そこには、「哲学とはおのれ自身の端緒がたえず更新されていく経験である」というすばらしい一文が書きつけられている。まさにメルロ＝ポンティは「更新されつづける関係化」を考えつづけた哲学者だったのである。この関係は、底辺と端緒との両方で更新しつづける両義的な関係だ。根っこと葉っぱの両方にまたがる関係だ。

知覚と身体をめぐるエディティングとデザイニングには、この根っこと葉っぱの両方が必要なのである。

第一二三夜　二〇〇〇年九月五日

参照千夜

五〇九夜：カミュ『異邦人』　二一夜：ボリス・ヴィアン『日々の泡』　八六〇夜：サルトル『方法の問題』　一二一二夜：ベルクソン『時間と自由』　九一一夜：ラカン『テレヴィジオン』　一四五夜：バタイユ『マダム・エドワルダ』

心のどこに「かたち」が見えてくるのか

クルト・コフカ

ゲシュタルト心理学の原理

鈴木正彌訳 福村出版 一九八八

Kurt Koffka: Principles of Gestalt Psychology 1935

いまは認知科学として大きく一括《ひとくく》りにされている知覚の科学について、ぼくはたしか高田馬場の古本屋でグレゴリーの『インテリジェント・アイ』(みすず書房)を手にしたときから、舞い散る小雪を遊びながら追いかける犬のように、ちらちら追ってきたようにおもう。

このちらちらは、その後も続いた。フロイトやユングやラカンに関心が傾いたときもあれば、ジョージ・バークリーの『視覚新論』やメルロ＝ポンティの『知覚の現象学』やウジェーヌ・ミンコフスキーの『生きられる時間』に入りこんだりもした。また、天才デヴィッド・マーの視覚モデル仮説『ビジョン』に執心したときもあり、またサイモンからミンスキーにおよんだ初期の人工知能論を堪能したときもあった。

こんなふうに認知科学からはいろいろ影響もうけてきたのだが、そのわりに心理学の教科書ではなかなか納得できないことが多かった。患者の「心」を病理とみなして治療をしようとする臨床心理の自信ありげな姿勢に、なんだか疑問があったのだ。

そもそも「心の片寄り」や「苛《さいな》まれる不安」なら、原始にも古代にも中世にもべらぼうにあったはずで、キリスト教・仏教から大半の宗教にいたるまで、宗教はまさにそういう心理を問題にしてきたわけだ。

哲学だって古代から近代にいたるまで、たいていは心や意識や精神や幻想や憂鬱を相手にしてきた。そうであるなら、心の問題を病理にとりくむ心理学として特定してしまうのは、何かが抜け落ちていくはずだった。いろいろ抜け落ちるだろうけれど、とりわけほったらかしになってはまずいのは、認識の核や知覚の枠組みだ。これがなければ「心」はおぼつかない。なかでも二十代のぼくが気になっていたのは「感情」ではなくて「形状」のことだった。

そんなときに出会ったのがヘルマン・フォン・ヘルムホルツと、エルンスト・マッハである。熱力学や電気力学を先駆していたヘルムホルツが認識や知覚の問題にとりくんでいったことを知ってちょっとホッとした。力学の基礎や慣性の法則を研究していたマッハが知覚現象に分け入らないかぎりは、われわれが想定している世界や自己のことなど何もわかりっこないと言っているのを知ったときは、ようやく嬉しくなった。

ゲシュタルト心理学の一派のことを知ったのは、このヘルムホルツやマッハの〝追っかけ〟をしているうちに、その近傍で進行している動向に気がついてからのことだった。この一派ははなっから「感情」など問題にしていなかった。まさに知覚や認識を出入りする「形状」を相手にしていた。だから当時のぼくは、この一派の研究が心理学の範疇に入っていることを訝《いぶか》しくおもったほどだった。

ゲシュタルト（Gestalt）とは「形づくられたもの」とか「形態」とか「形態素」といった意味のドイツ語である。もともとはエーレンフェルスらのグラーツ学派が「ゲシュタルト質」（形態質）という言い方をしたのに端を発した。

当初は音楽における「メロディ」のようなものがゲシュタルトだと考えられた。メロディは音の一つ一つによって成り立ってはいるが、そのように要素を分解したのでは取り出せない。全体に醸し出されているのがメロディだ。だからメロディは、移調や転調をしても保存されている。そういうものがゲシュタルトだとみなされた。いわば「面影」や「様相」である。モダリティである。ただエーレンフェルスらは、このようなものは「きっと要素に何かが加わっているからだろう」と解釈した。

これに対して、いや、メロディに象徴されるモダリティは、要素に付加されているせいで生じているのではないと言ったのが、ゲシュタルト学の泰斗となったマックス・ヴェルトハイマーだった。ヴェルトハイマーはエーレンフェルスを受け継ぎつつも、できるかぎり要素還元的な分析から飛び出そうとしていった。「全体にあらわれる特性は、部分の総和ではあらわせない」というふうに仕切り直した。全体は全体、部分は部分の役割があるというのだ。ぼくはこの見方に惹かれた。

ヴェルトハイマーが要素還元的な分析を飛び出す論文を書いたのは一九一二年だ。すでに流行しつつあった「キネマ」がヒントになった。映画は一コマ一コマの要素を任意に取り出しても、その総和が何をあらわしているかはわからない。連続的で一定のスピードでコマ送りが映写されたとき、動く映像が知覚される。

ここから「仮現運動」という見方が切り出された。われわれの知覚には、対象物の運動や回転によって生じる「見かけ」を感知するしくみがひそんでいるというものだ。「ファイ現象」(Phi Phenomenon) ともいう。仮現運動はすでにマッハが気がついていたことだったのだが、この論文をきっかけにベルリン・ゲシュタルト学派が結成された。ベルリン学派ともよばれる。

ヴェルトハイマーについては、ぼくは本多修郎さんの『魔術から科学への道』(未來社)

の付録に訳出されていた『自然民族の数現象』から入った。これがおもしろく、数はそれ自体で成り立っているのではなくて、「数形象」(数ゲシュタルト)を背後にもっているという見方があることを知った。そこで、「遊」一〇号の「存在と精神の系譜」にヴェルトハイマーをとりあげ、これを当時のスタッフだった戸田ツトム君に主著『生産的思考』を含めて解説文章を書くように勧めた。その後の戸田君がいかにヴェルトハイマー主義者になったかは、彼のさまざまなコメントを読めば一目瞭然だ。ぼくのヴェルトハイマーについての早書きの文章は『遊学Ⅱ』(中公文庫)に入っている。

感覚や知覚は、さまざまなモダリティ(知覚様相)とともにある。知覚と知覚像とが切り離されることはない。

眼の機能と視覚像は分かちがたく結びつき、耳の機能そのものが音響像を支えている。だからそこに、さまざまなモダリティが生じてくるのだが、そのモダリティが一番わかりやすく特色されるのは、刺激が視覚にきたのか、聴覚にきたのか、それとも触覚にきたのかという受容器官の差異ができるときである。それによって四角形を感じたり、メロディに惹かれたり、縫いぐるみの感触が忘れられなくなる。

それはそうなのだが、もっと大事なモダリティが、あと二つあった。ひとつは、同じ視知覚刺激が得た視覚像がどのようなものかによって、知覚の経験に意外な効果がフィフィードバックされていくということだ。もうひとつは、今夜はふれないが「共感覚」(シネスシージア)ともいわれる複合知覚がもたらすモダリティで、その一部についてはシトーウィックの本を千夜千冊して紹介しておいた。視覚と聴覚、触覚と音感と言語感覚がまざりあってっている知覚現象だ。

一般的な任意の図形というものは、図形だけで成立しているのではない。多くは「地」(グラウンド)と「図」(フィギュア)の関係をもっている。「図」が「地」からとびだしてくる。そうであるからこそ、そこには知覚行為にともなう「意味」が自立する。しかし、お婆さんに見えたり若い娘に見えたりする曖昧図形がその好個な例であるが、「地」と「図」がいりくんで相互的になっているような図形に対しては、視覚像をつくるにあたって知覚がたいへんな努力をする。フィードバックとフィードフォワードとを交互に強引におこす。そこでは「意味」も行ったり来たりして動くのだ。お婆さんになったり、若い娘になったりする。

それでは、その知覚の努力には何がおこっているのだろうか。あるいは何がおこっていると想定すればいいのだろうか。これがゲシュタルト学が長期にわたって課題にしたことだった。

モダリティとゲシュタルトの関係はいまなお興味深い靄《もや》の中にある。その靄の中に重大な秘密がひそんでいることをなんとか指摘した者たちもいた。靄そのものにとりくんだ本もある。今夜のクルト・コフカの『ゲシュタルト心理学の原理』（福村出版）や、またヴォルフガング・ケーラーの『ゲシタルト心理学入門』（東京大学出版会）やクルト・レヴィンの『社会科学における場の理論』（誠信書房）だ。

本書は邦訳書で八〇〇ページをこえる大著だ。大著であるうえに文章がまわりくどいか、あるいはヘタなので（それとも翻訳文がよくないので）、論旨はとてもわかりにくい。それでも、そこに予言されたかのような視点には、フロイト心理学からＡＩをへて認知心理学におよんだその後の成果がずらりと目白押しになっていて、それらの隙間になおひそみつづける課題を言い当てて、あいかわらずかなり光るものがある。

ごくごく要約していえば、本書でコフカが立ち向かったのは、第一には、生命と心と自然のあいだに分割線を引くような哲学や科学には、決然と反論したいということである。これはデカルト批判といっていい。そうだとすると、哲学史上最初のデカルト批判はゲシュタルト学がもたらしたのだ。

第二に、自然に「見えない力」を想定して、それが心や意識に何かのいちじるしい効果をもたらしているという、いわゆる「生気論」にも反意を示した。ここには「病理分析による心理学」になんとか決別して、新たな心理学を打ち立てようとする姿勢があった。第三には、デカルトとはちょうど反対に、生命と心と自然をすべてごちゃまぜにして、そこに統一的能動原理を発見しようとするような科学もありうるのだが、そのような見方からも離別しようとした。

コフカはなぜここまで踏み切れたのか。ゲシュタルト知覚にいくつかの仮説的な法則があると見えていたからだ。

わかりやすい順に並べると、ひとつは「近接の法則」(law of proximity)が想定された。プロキシミティとよばれる。適当にビー玉をばらまくと、そこには必ず疎密があらわれるけれど、知覚はそこにたいてい特別の〝かたまりぐあい〟を発見する。それが様相としてのプロキシミティだ。

ひとつは、「類同の法則」(law of similarity)だ。知覚には似たものを発見しようとする努力がおこる。自動車のフロントやコンセントの形に「顔」を発見したり、雲の形を何かに見立ててしまう知覚のことをいう。あるいはまた、多様な現象や図形や言葉のなかから似たものを括っていくことをいう。いまさら説明する必要もないとおもうけれど、このことはまさに「アナロジー」のすべてに適用できることで、それをいいかえれば、ゲシュタルト学にはそもそも「アブダクション」(仮説形成力)についての予想があったということになる。

もうひとつ、ゲシュタルト学は視覚システムの解明に長けていたのだが、その長所にあたるものとして、「知覚は何かを囲みたがっている」という見方をしたことがあげられる。これをゲシュタルト知覚としての「囲みの要因」(factor of surroundness) という。境界をつくる知覚傾向というものだ。この「囲み知覚」説のおもしろいところは、知覚がランダムな現象や形状に何かの囲みをつくろうとしているということと、その一方で、われわれはどんな環境や体制にいても「何に囲まれているか」ということをたえず知覚しようとしているということ、この二つに注意を向けたことにある。

前者の「囲み知覚」は、われわれが境界を認知することによって文明と文化をつくってきたというような、壮大な認知パースペクティブにいたるものをいう。後者の「囲み知覚」はまさにアフォーダンス仮説ともつながっていく。

このことを実感するのはかんたんだ。窓や床が傾いた部屋に被験者を入れてみれば、被験者は既存の「囲み知覚」を継続させるため態勢を変えるはずなのだ。名付けて誘導知覚運動 (induced motion) がおこる。人間の運動知覚はもともと「体制化」という傾向をもっていて、知覚者がどこかの新たな環境に入っても、しばらく自分が体験してきた体制のうちの最も親しんできた体制を選択するという傾向をもつからだ。これを「プレグナンツの原理」(principle of pragnanz) とも言ってきた。体制選好度のようなものだ。

ところで、今夜の時点でもう一点、付け加えたいことがある。それは本書にも縷々《るる》述べられてはいるけれど、もっと劇的にはレヴィンの『社会科学における場の理論』が提案している見方についてのことだ。

レヴィンは知覚行為には欲望や欲求が関与していて、そのためその知覚によって侵犯性や代償性や解消性がいちじるしくおこりうることについての研究、また、そこにはトポロジー心理あるいはベクトル心理とでもいうべき「変換の作用心理」がはたらいているということなどを研究していたのだが、やがてこれらを「場の理論」に求めようとしていた。

レヴィンの関心はぶっちゃけていえば知覚や行動の奥でうごいている「意志」にあった。その意志は「欲望」や「欲求」をトリガーとする。そこには、そうした意志がほしがる「場」というものが出入りしていると考えたのだ。

ふつう、人間の知覚や行動はその場にはたらく合成力 (resulting force) のようなもので判断と行儀をはこんでいる。横断歩道を渡るとき、レストランで食事をするとき、会議に出席しているとき、われわれはたいていこの合成力のお世話になっている。それらの知覚行為がすすむプロセスで何がおこっているのかといえば、一般的には運動要素の結合がおこっていると判断されてきた。たとえばロボットに作業をさせるときは、そのような運動要素の結合をめざして設計がすすみ、実験がすすむ。

しかしレヴィンは、知覚と行動には「場」が関与していることのほうが重要で、もっというなら、場と行為は安易に分けられないのではないかというふうに考えた。そして、その「場」を最初は「生活空間《ライフ・スペース》」というふうに呼んだ。われわれはどんな知覚行為をしているときもライブ・スペースとともにあり、したがって、そこに生ずるゲシュタルトも「場と知覚の相互関数」になっているはずだとみなしたのである。そのうえで、知覚と行為におけるリアリズムの高揚や低下を、またアクチュアリティの吸収と弛緩を、法則として取り出せないかと考えていった。

その後、一九五〇年代になってからのことであるが、レヴィンはここにはたんなるライブ・スペースとしての「場」があるのではなくて、「場」を好ましい場に変えていくような心理と行動が同時に絡まっているはずで、したがってそのようなダイナミックな場は、つねに「誘発場」としてとらえられるべきであって、そうだとすればゲシュタルト心理学が求める場は、いわば「もっともらしい場」(plausible space) を心理と結びつけるようなものとして、さらに研究されるべきだと考えたのだ。

この指摘には少々あやしいところはあるものの、たいへんにおもしろい。「場の心理学」としての可能性がある。ただ、レヴィンの研究はここで終わってしまった。正当に継承している者も少ないようにおもう。その理由は、レヴィンの著述にラフなところがありすぎるからであろうが、ぼくはこれを見捨てないほうがいいのではないかとおもってきた。そこには芽吹きにすぎないのではあるけれど、スカラー解析やベクトル解析の応用まで進捗しているところもあった。

いったい心を「感情」でまぶすのか「形状」の発現体とみなすのか、この感情と形状がからみあう難問はほっとけない。どこかのだれかが〝ハイパーゲシュタルト〟などを仮説してくれるといいのだが……。

第一二七三夜　二〇〇八年十二月五日

参照千夜

八九五夜：フロイト『モーセと一神教』　八三〇夜：ユング『心理学と錬金術』　九一一夜：ラカン『テレヴィジオン』　一一三夜：メルロ＝ポンティ『知覚の現象学』　八五四夜：サイモン『システムの科学』　四五二夜：ミンスキー『心の社会』　一五七夜：マッハ『マッハ力学』　五四一夜：シトーウィック『共感覚者の驚くべき日常』

猫と「つかみ」と
からみあい

ヴィクトール・フォン・ヴァイツゼッカー
ゲシュタルトクライス

木村敏・濱中淑彦訳　みすず書房　一九七五
Viktor von Weizsäcker: Der Gestaltkreis—Theorie der Einheit von Wahrnehmen und Bewegen 1950

数年前まで、ぼくの仕事場にはオモチャとリボンという犬が二匹と、駒《こま》と桂馬《けいま》という猫が二匹いた。仕事をしていようと、打ち合わせをしていようと来客が訪れようと、かれらは自由気儘《きまま》に動きまわっていた。ペットを飼うなどいまでは当たり前になりすぎているが、さてそれが勝手に四匹も動きまわっている仕事場となると、ぼくが知るかぎりはそんなにない。困るのは来客と動物が苦手なスタッフだ。半ばあきらめた表情の来客からよく訊かれた。「お好きなんですか」。

嫌いでこんなことしているわけがないだろうに、そう訊くしかないようだ。そこでこちらも忖度《そんたく》して、「動物が動いていると、ほら、こちらの視線も動くでしょう。それがいいんですね」と答える。客は「はあ、目が休まりますからね」と精いっぱいの返答をしてくれる。

その四匹は次々に死んでしまって、いまは自宅の親猫が生んだ新たな四匹の仔猫のうちのハク(白)とセン(千)という猫が仕事場にコンバートされ、君臨している。飼育担当は仁科哲君という本好きの哲猫である。ちなみにわが自宅にはその親猫ミーコと、仔猫の佐助とナカグロと小麦がいて、これを書いているのを邪魔している。

客に答えた「視線が動くといいんですね」は、もうすこし正確にいうと、何かを書いているときなど、その脇をナカグロたちが動いていて、その動きをときどき目に入れていると当方の思考がうまく活動できるということである。「目が休まりますからね」ではなく、その逆なのだ。アタマの中の何か思考しようとしていることと、目の前を動いているものとの関係をなんとなく相互追走していることが、うまいぐあいにかみあってくるのだ。

このかみあいぐあいのことを、もともとは生理学を専門にしていたフォン・ヴァイツゼッカーは「からみあい」(Verschrankung)と言った(以降はたんにヴァイツゼッカーと綴る)。

じっとしていないかぎり、人間はつねに動いている。眠っていないかぎり、眼球もつねに動いている(睡眠中も動いているが)。そういう人間の生理にとって、知覚するということは運動している何かを知覚の中に現出させて、それをサッとつかむことなのである。このつかみは「相即」(Koharenz) とよばれる。

ヴァイツゼッカーは目の前に動いているものとそのときの同時知覚の関係を説明したのだが、その後ぼくは、そこをいろいろ自分で実験的に発展させて、何かを思考しているときに別のものが目の脇を動いているときにも応用するようになった。アリストテレスを読んでいるときにナカグロが動き、ソンタグを考えているときに小麦が動く。この具合がいいのだ。

なぜそんなことがいいのかというと、そこではナカグロはすでにぼくの思考の中でときどき重大な役割を演じるパラメーター(変動子)あるいはイヴォケーター(励起子)になっているからで、べつだんナカグロや小麦のかれらの色や形のままでぼくの脳のスペースを動いてくれなくてもいいわけなのである。かれらはぼくのエージェント(代理人)になってくれなくて、いい。そういう動きのきっかけを、机のそばの猫たちが励起させてくれればいいわけなのだ。とくに尻尾《しっぽ》のゆらゆらなど、とても思索の深まりにいい。

だいたい哲学や思索のメカニズムというものは、目の前のコップを手にとろうとした瞬間の全生理的プロセスを説明し尽くすことができるなら、それですべてのことがわかるはずなのである。

ところが、これがなかなか尽くせない。そこで研究者たちはアブダクション（推感編集）とかアフォーダンス（捕捉編集）とかインテンショナリティ（志向編集）とかの、たいそう難解な作業仮説をつくってそのメカニズムの解明に入っていくのだが、これらはいま総じて認知心理学とは言われているものの、なかなかその成果を実践的に応用して、自分の思索活動や表現活動にいかされているとは見えない。

ぼくはたまたまそういう推感や捕捉をめぐる自己編集プロセスを見る実験がやたらに好きで（下條信輔君の影響が大きいのだが）、それで自分で自分の思考プロセスをかなり正確にトレースできるようになったけれど（それで猫たちも動員されたのだが）、そういうことをしてみると、認知心理学のさまざまな仮説やモデルがどの程度のデキなのかということも（何の役にも立たないことも）、あらかた判定できてくる。そんなことを遊べるようになったのも、もとはといえば認知心理学の果敢な挑戦の歴史に刺激されたことが多かったからである。

今夜とりあげたヴァイツゼッカーは、そういう挑戦の歴史の原点の時代に骨格となるべき輪郭をつくりあげた生理哲学的人間学の王者だった。

ヴァイツゼッカーはもともとは内科学の専門家だった。その後に心理学から宗教学までを、ライプニッツからベルクソンまでを横断して、しだいに総合的で共感覚的な人間学の完成をめざすようになった。その晩年近くに満を持して発表したのが「ゲシュタルトクライス」という変わった仮説である。

ゲシュタルトクライスなんて、なんとも訳しにくい言葉だが、人間の知覚には形態的な構造円環めいたものがビルトインされているということをいう。知覚に円環の構造が用意されているのではなくて、そこに形態あるいは形態の運動性が照射されると動き出すダイナミックな円環性がひそんでいるということである。だからゲシュタルトクライスは「知覚＋α」で動き出すかたちなのである。ヴァイツゼッカーはこの「＋α」に独自の見解を加えていった。

われわれは、目の前のコップを見て、そのコップに手をのばそうとしてからコップの新たな特徴を知っていくことが多い。遠くに見えている家に近づくにしたがってその特徴が見えてくるように、目の前のコップを前にしただけでも、そのような知覚活動がせっせとおこっている。手を近づけてから、それが予想したよりスベスベしていそうだと感じたり、以前にそれを触ったときのザラッとした感触が急に蘇ったりとか（プルーストのプチット・マドレーヌのように）、そういう知覚活動が頻繁におきている。

このように、そこに〝注意のカーソル〟が動いたときに作動するものが「＋α」にある。このときそのカーソルはフィックス（停止）するのではなく、動態認知のままになっている。

このわずかな時間の動態認知がおこっているあいだ、われわれのなかではいろいろ重大なことがおこる。閾値《いきち》と負荷の関係がバランスをとり、過剰と不足の関係がくるくるまわり、さらには刺激と訂正の、説明と無知の、空間と時間の、事物と場所の関係などが、すばやく計算されている。しかもそれらの関係は互いに入れ替わるかのようにおこっているにちがいない。また、これらにはつねに「持ち込み」や「書き換え」がおこっているにちがいない。ゲシュタルトクライスとは、このような「＋α」を受けたとたんに動き出す述語的な形態円環である。

ゲシュタルトクライスの見方をさぐっていくと、われわれはたえず何らかの「作業の適合性」や「手続きの妥当性」とともに知覚像を手に入れているのであって、作業手続きをともなわない知覚像などはないということになる。何であれただ漫然と見たり聞いたりなどしているわけではなかったのである。

ただし、ここには宿命的なひとつの矛盾が待っている。それは、そうした作業や手続きのほうに注意を向けると、知覚活動がトーンダウンしてしまって自在な知覚や思考が発揮しにくくなり、反対に知覚の対象に夢中になっているときは、そのとき自分がどのような手続きをしているかに注意が向かなくなるという、この矛盾だ。

ヴァイツゼッカーはこれを「相互隠蔽《いんぺい》」ともよんで、そこには「回転扉の原理」のようなものが動いているのではないかと考えた。まことにおもしろい。知覚と方法とは互いにマスキングされていて、そこには回転扉のようなものがくるりと動くわけなのだ。パッと右から入ると左の方法が向こうへ遠ざかり、左から進むと右の知覚が別のほうへ進んでいく。そんなスウィッチのようなものがはたらいていると考えた。

おそらくはそれだけでなく、この回転扉だかスウィッチ機構だかによって、アタマの中の認知システムのほうでも「形式転換」とか「回転反応」などが併動しているのであろう。つまりはアタマの中のフォーマットの変更やスキーマの入れ替えもしているのであろう。そしてきっと、それらがいつしか記憶のなかの「力の場」や「身体の凹凸」となって残存しているとも言うべきだった。

こうしてヴァイツゼッカーは、われわれは何らかの方法の束ねによって知覚しているのであって、単一な知覚をあれこれ寄せ集めて総合知覚をしているのではあるまいと判断し、その方法の束ねのしくみを「構組的手法」(Komponierendes Verfahren) とよんだのだった。つまりは方法そのものに協調や離反や転換のゲシュタルトがあるのではないか、それがあるから方法は束ねられるのではないか、その方法にはそれらを鍵と鍵穴でつなぐゲシュタルトクライスがあるのではないかというところまで仮説してみせたのだった。

方法と実体は切り離してはならなかったのだ。

すでにのべたように、これはぼくがナカグロや小麦で実験済みのことだった。ナカグロが回転扉で、小麦がスウィッチなのである。ついでにいうなら、そのナカグロや小麦の向こうに見え隠れしている本棚の書物の配列などが、ヴァイツゼッカーのいう感覚と知識と場所の根底関係を「背後から投射する機序」というものだった。
知覚はすべからく述語的である。方法はあらかた形態をともなうものである。なんであれ、相似性と相反性とを分割してはならなかったのである。犬は二匹、猫は四匹ほど必要なのである。

第七五六夜　二〇〇三年四月十七日

参照千夜

二九一夜：アリストテレス『形而上学』　六九五夜：ソンタグ『反解釈』　九九四夜：ライプニッツ『ライプニッツ著作集』　一二一二夜：ベルクソン『時間と自由』　九三五夜：プルースト『失われた時を求めて』

知覚と行為はアフォードされている

佐々木正人

アフォーダンス

岩波書店　一九九四

ここに一枚の紙がある。この紙を摘《つま》むには紙のほうに手を伸ばして、親指と人差指のあいだをちょっと狭める。そして摘む。その紙を折ったり引きちぎったりするには、新たな両手が必要だ。片手を前に引き、片手を外へ出す。その紙が不要ならまるめて捨てる。

紙はわれわれに何かを与えているのである。イメージをもたらしているだけではない。われわれになんらかの動作を促しているのだ。その何かを与えているということを「アフォード」(afford)という。「〜ができる」「〜を与える」という意味だ。紙はわれわれにさまざまなアフォードをしているわけである。われわれが何をしなくとも紙はいろいろなアフォードの可能性をもっている。そのようなアフォードの可能性がいろいろあることを、この紙には「アフォーダンス」(affordance)があるという。そういう用語で、対象がもつアフォードの可能性をよぼうと決めたのはジェームズ・ギブソンである。ギブソンのことはあとで話す。

マイクにはそれを握らせるというアフォーダンスがある。椅子にもアフォーダンスがある。座ることを要請している。橋には渡ることのアフォーダンスや重量に耐えるというアフォーダンスがある。万年筆は持たれて紙と出会うことを、電気カミソリは顎《あご》にあてられることを待っている。アフォーダンスはいろいろなものにひそんでいる。冷蔵庫の把手《とって》から砂山の砂まで、書物から五線譜まで。

道具だけがアフォーダンスをもっているのではない。大地は歩くことの、断崖は落ちることのアフォーダンスを、それぞれもっている。ありとあらゆるものにアフォーダンスがあるといっていいだろう。

すべてのものがアフォーダンスをもっているということは、われわれはアフォーダンスのなかで知覚し、アフォーダンスのなかで動作をおこし、アフォーダンスのなかで活動しているということである。

たとえば、どこかの応接間に案内されてソファに座るように促されたとする。われわれは咄嗟《とっさ》にそのソファの高さや柔らかさを目測で判断して、自分の体をソファに対して背を向けつつ、ちょっと腰をかがめながら体をソファにアフォードされるように座る。同時に背中や腰や太股はソファの恰好やソファの柔らかさに対応する。しかも何度かそのような体験をするうちに、目測はしだいに省略されて、ソファのテクスチャーを感じただけで座りかたがわかるようになる。アフォーダンスは、そうした経験によってさまざまに深化する。

そうしたアフォーダンス理論で「マイクロスリップ」とよばれている興味深い動作変更の手続きがある。たとえばサラダを挟む用具を初めて持とうとしたとき、うまくその用具が扱えないと、ただちにそれを指先の動きによって持ち変える。自動販売機にコインを入れようとして入りにくければ、すぐにコインを持つ指先の角度を変える。これがマイクロスリップで、すでに研究者によって「躊躇《ちゅうちょ》タイプ」「軌道変化タイプ」「接触タイプ」「手の変化タイプ」などに分類されている。

アフォーダンスは、われわれの日々の活動のさまざまな場面に介入している。活動だけではない。知覚そのもの、認知そのものにかかわっている。

アフォーダンス理論は知覚や認知や運動をめぐる理論である。もともとはクルト・レヴィンやクルト・コフカのゲシュタルト心理学から派生した。

われわれは音のつながりやまとまりを特定のメロディとして聞ける能力をもっている。

音のつながりやまとまりは移調して要素（音符）が変わっても、メロディは残る。それがゲシュタルトだ。そのゲシュタルトは知覚に残る。乱暴な字や子供の字が読めるのも、また盲人が点字を読めるのも、文字を構成する線や点のつながりやまとまりが知覚的なゲシュタルトになっているからだった。

レヴィンらは環境世界が知覚者にもたらしている意味のゲシュタルトや価値のゲシュタルトに関心をもって、これを「要求特性」(Aufforderungscharakter) というふうに抽出しようとした。エーレンフェルスはそれを「ゲシュタルト質」と名付けた。このような特性や質は要素そのものがもっているものではない。知覚があらかじめもっているものでもない。要素と知覚の関係の「あいだ」に発生したものだ。

たとえば、二つの豆電球が適当な間隔で点滅をくりかえし、その速度がある程度の速さになると、われわれはそこに「光の移動」というゲシュタルトを感じる。電光ニュースがわかりやすい例だろう。電光ニュースでは格子状の電球が特定の位置で次々に点滅しているだけなのだが、それが一定の速度になっているために、われわれはそこに実在していないはずの「光の文字の流れ」を感じる。仮現運動と名付けられている。

ジェームズ・ギブソンがプリンストン大学の哲学科に入ったとき、そこではドイツからアメリカにわたったゲシュタルト心理学が一挙に開花しつつあった。ハーバート・ラングフェルトやレオナルド・カーマイケルがいた。かれらはドイツでヴェルトハイマーやケーラーやマッハの知覚理論の強い影響をうけていた。ギブソンがプリンストンを出てスミスカレッジの職に就くと、今度はそこにクルト・コフカがいた。ギブソンはゲシュタルト心理学の最前線にひとかたならぬ関心をもった。そこへ空軍の知覚研究プロジェクトに参加するように要請された。フライト・シミュレータによるパイロット訓練などで、どんなプログラムが必要かを調査研究する。ギブソンはそれらに従事するうちに、運動する知覚が感覚刺激だけで成立しているのではないことに気がついた。刺激のデータを集積しても、運動知覚の秘密は解けなかったのである。

それよりも、パイロットが感知する「地面」のサーフェス感覚(面性)やテクスチャー感覚(きめ)のようなものが、運動知覚を支えているのではないかと思うようになった。また、そのようなサーフェスやテクスチャーが光の当たりぐあいや勾配の持ちかたによって、運動知覚者のコントロール感覚を制御していることを知った。ゲシュタルト学は「像」や「形」が網膜や脳にもたらしている刺激の影響を重視していたのだが、ギブソンは環境のなんらかの特性が知覚者に与えている「姿」や「変化」のほうを徹底して重視したのである。

ギブソンが長年かかって確立した理論は、まとめて「生態学的知覚システム」とよばれた。環境のさまざまな特質がそのなかにいる動物や人間に与えているアフォーダンスを研究する。物が物を囲んでいることと、生きものが物に囲まれていることには、根本的な相違があるという観察と調査を前提にしている理論である。それは「包むもの」や「囲むもの」をめぐる包摂(inclusion)の理論でもあった。

ギブソンの主著の『生態学的知覚システム』(東京大学出版会)や『生態学的視覚論』(サイエンス社)では、生物を包み囲んでいる状態を「ミディアム」と「サブスタンス」と「サーフェス」に分けて、「環境とはミディアムとサブスタンスを分けるサーフェスのレイアウトである」というような解釈をした。

ミディアムは水や大気や草原や森林や都市のようなもので、多くの動物はその中で比較的自在に移動し、そこにいることによって何が離れているか、何が近づいているかが判断できる。サブスタンスはなんらかの硬さや構築があるもので、その中をてっとりばやく移動はできないかわりに、それらがどのような組み合わせでできているかを感じることができる。このミディアムとサブスタンスとの境目がサーフェスになる。動物はこのサーフェスに敏感に対応しているとおもわれた。

多くの動物たちと同様に、空軍のパイロットもこのサーフェスの見極めによって戦闘機の着陸を制御していた。われわれも同じだ。ソファのサーフェスだけで座りかたが決められるし、街の模様によって歩きかたを決められる。そうだとしたら、われわれはミディアムとサブスタンスを区分するサーフェスによって包み囲まれた環境の中にいるとみなせるわけである。

このような理論はやがて「生態光学」をつくりだす。対象における光の当たりぐあいなどが知覚に与える影響を研究した領域だ。ギブソンは照明こそが「包み」と「囲み」をあらわしていると考えたのだ。

アフォーダンス理論は、いま急速な進展を見せている。ゲシュタルト心理学や行動心理学に代わる理論として浮上しているのを筆頭に、景色《ヴィスタ》の認知をあきらかにするための研究分野、制御や訂正や変更をもたらす意識と行動の関係を追究する分野、さらには「知覚と行為の協応システム」に新たな視点を全面的にもたらそうという深度のあるシステム研究の分野もある。

日本では、本書の著者の佐々木正人がそのほとんどの研究領域のすぐれた牽引者になっている。早稲田や東大で教えている。佐々木が「ナビゲーション」を可能にしている情報」の研究に入っていることも見逃せない。何かの動向を時々刻々の情報としてナビゲーションできるということは、その動向と知覚の「あいだ」にもともとナビゲーション・システム（あるいはメタナビゲーション・システム）ともいうべき何かがひそんでいたとも言えるのだが、もしそれを取り出すことができるなら、かなり重要な情報システム理論のモデルがそこに見えてくるだろうからである。

ぼくがアフォーダンス理論に注目したのは、最初はグレゴリー・ベイトソンが、「ギブソンは自分と似たようなことを研究しているようだ」と『精神の生態学』（思索社）に書いていたのが気になってからだった。

ベイトソンはきこりが斧で木を伐っている場面を例示していた。斧の一打ちはその前に木につけた切り目によって制御されている。ベイトソンは、このプロセスの自己修正性こそが精神の生態というものだと断じた。ベイトソンは、主体としての「自己」が対象としての「木」を伐ったという従来の考えかたを捨てなさいと言ったのだ。木を伐る行為にさえシステムのうねりというものがあって、そこでは自己と対象は一緒くたになっているのだし、精神性とシステム性だって切り離せないと言ったのだった。

ギブソンの思想もこの延長にある。しかし、ギブソンはベイトソンのいう「精神」を「環境と知覚の連動性」にまで拡張して、そこに「変化するもの」と「不変なもの」とがあること、そこに測定可能なアフォーダンスがいくつも組み合わさっていることを突きとめ、ベイトソンの先駆的な予見を科学理論にまで引っ張っていった。これによってわれわれは、たとえば、目隠しされて手にもったものの姿や硬さを特定しようとしたり、力を加えるとそれが壊れそうになるかどうかを判断したりするときの感覚を、新たなシステム理論やロボット工学のなかで取り扱えそうになってきたのだった。

これは画期的なことである。われわれはいつもコップに水が溢れそうになるとか、箸が折れそうだとか、自動車がもう少しで自分の前を通りすぎるとか、カステラがひからびつつあるとかということを感知して暮らしているのだけれど、そんなことは科学にもシステムにもとうてい関係がないとおもいこんでいたのだから。

アフォーダンス理論が、いずれ言葉や行動をふくむ「意味」や「文脈」の問題に食い入っていくようになることは、そんなに遠くない先かもしれない。認知言語学にとってアフォーダンスは相性がいいはずだ。

編集工学でもアフォーダンスは活用される。ぼくは情報編集を意味の創成に向かって促進するにはどうしても3Aが肝要になると確信してきたのだが、この3Aとはアナロジー(Analogy)とアフォーダンス(Affordance)とアブダクション(Abduction)をいう。3Aは相互にからみあう方法となって、連想的編集領域を耕していく。

あるいはまた、デザイン理論というものはこの二十年にわたってろくな成果をもてなかったのであるが、それが「アフォーダンスのデザイン」として新たなセオリー・ビルディングに向かうことも充分に予想される。考えてみれば石器時代からバウハウスまで、能装束からTシャツまで、アフォーダンスが関与しなかったデザインというものなど、なかったのである。

もっと大きな収穫があるとすれば、アフォーダンスが「価値」の問題と結びついていったときだろう。すべての理論はわれわれにとって「価値とは何か」をめぐっているものだけれど、これまでは、環境と対象と道具と知覚とを一貫してつなげる価値がどのようにして説明できるのか、その理論を欠いてきた。アフォーダンス理論がそれを充当させるとはいいきれないのだが、そのような相互の価値観をつなげる仮説に有効な橋渡しをすることなら期待できるようにもおもわれる。

第一〇七九夜　二〇〇五年十一月二二日

参照千夜

一二七三夜：クルト・コフカ『ゲシュタルト心理学の原理』　一五七夜：マッハ『マッハ力学』　四四六夜：ベイトソン『精神の生態学』

「もの」と「手」と「心」を
つないでいる正体

ドナルド・A・ノーマン

エモーショナル・デザイン

微笑を誘うモノたちのために

岡本明・安村通晃・伊賀聡一郎・上野晶子訳　新曜社　二〇〇四

Donald A. Norman: Emotional Design—Why We Love (or Hate) Everyday Things 2004

八〇年代のおわりだったか、ドナルド・ノーマンの『誰のためのデザイン？』(新曜社)が出たときは、やっとまともなソフトテクノロジーとしてのデザイン論が登場したと感じた。

その主張は、こうだ。世の中に出まわっているデザインには使いにくいものが多い。テレビのリモコンの幾つものボタンをすぐに機能操作できる者は少ないし、レバー型の蛇口を一目見て、左右にまわすのか上下に動かすのか、どうすればお湯が出るのかがわからない。ドア近くに照明スイッチが四つ並んでいても、そのどれを押せばどの部屋や廊下が明るくなるのか、指示も暗示もされていない。『誰のためのデザイン?』には、こんなことでどうするのかという問題意識が綴られていた。

その通りだ。ノーマンは、デザイナーの多くがユーザーに「概念モデル」を提示しようとしていないこと、ということはデザイナーに「概念モデル」の学習がなされていないことを指摘したのである。その理由もあげた。デザイナーたちは、①制約、②アフォーダンス、③マッピング、④フィードバック、についての自覚が疎《おろそ》かになっているというのだ。これはまずい。なぜなら多くのユーザーたちは道具や器具というものを、次のような四つのアティテュードで使っているからだ。

①物理的、意味的、文化的、論理的に選択できるようになっている（制約のなかで選択できる）

②道具や器具という物体をその色や形や材質から判断するある程度の理解力がある（そういうアフォーダンスをもっている）

③自分のした行為とその結果によって、道具の操作をスキルアップする可能性をもっている（対応関係がマッピングできる）

④行為の結果によって、その行為が満足できたかどうかを判断している（結果のフィードバックをおこなっている）

ユーザーはきっとこういう状態にいるはずだ。だとすれば、このことをデザイナーが把握できていないのは致命的である。

ところがデザイナーは、自分のデザインもそれにまつわる情報も、自分の頭の中のイメージから出てきていると思っている。そんなことはめったにない。ユーザーから見てもデザイナーから見ても、情報は外部にあり、外部から何かのメッセージやテイストがもたらされているはずなのだ。そこに概念モデルも出入りする。この「もたらされてくるもの」のことをデザイナーがわかっていないのはまずい。

すると、どうなるか。デザイナーは頭に浮かんだイメージを頼りに、それを自分の持ち合わせのスキルによってデザインしようとして、スイッチや蛇口がもつべき大事な機能を台なしにしてしまうのだ。台なしではないとしても、極度にシンプルにするか、極度に緻密にしてしまう。こうしてそのデザインは、社会から取り残されて、デザイナーだけがその作品を写真に撮ってデザイン雑誌に載ったのを見てはほくそ笑む。

ノーマンはここに、デザインワークにおける「アフォーダンス」の役割の重要性を提唱して、プロダクトデザイン業界に待ったをかけた。ぼくはよろこんで喝采をおくったものだ。

その後ノーマンは『テクノロジー・ウォッチング』(新曜社)で関心領域を広げたのち、その次の著書『人を賢くする道具』(新曜社)でまたまた興味深い宣言をした。それは、われわれの「知」の大部分は「アーティファクト（もの）をつくる能力」から来ているというものだった。ふつう「知」と「もの」は別物だと判別されてきたか、「知」の一部が「もの」になったとみなされてきた。ノーマンはそうではなくて、「もの」が「知」をつくり、デザインが「知」を触発するとみなした。この「知」はナレッジ（knowledge）というよりノーウィング（knowing）というものだ。

アーティファクトにはいろいろなものがある。大きく分ければ紙・鉛筆・パソコン・自動車・人工衛星のようなハード・アーティファクトと、言葉・算数・音楽・絵画といったソフト・アーティファクトになるだろう。そのいずれにも手続きやルーチンと、情報と知識とが含まれる。情報は感知できるもの、知識は使用あるいは活用して体得できるものだ。

これらのアーティファクトにはたいてい「学習」（learning）がともなっている。そうだとすれば、その学習過程から新しいデザインの様相も、デザイナーの覚悟も出ているはずだった。

ノーマンと僚友のデービッド・ラメルハートは、その学習行為の基本が、①蓄積（accretion）、②調整（tuning）、③再構造化（restructuring）の三つでできているとみなした。「蓄積」には追加や削除が可能である。「調整」は練習・稽古・トレーニング・エクササイズによってスキルを上げることができる。「再構造化」は概念モデルをメンタルモデルにつくりあげていく。これだけのプロセスをもつアーティファクトなのだから、アーティファクトづくりは人類に「知」(knowing) を促進させるはずなのである。

アーティファクトは必ずしも単体でありつづけるわけではない。複合的な道具や機械になったり、コンピュータのようなシステムになったりする。そうすると、そこにパーソナルビューとシステムビューとが二つ発生することになる。また、その二つのビューのためのインターフェースが必要になる。メインフレーム時代はそうなっていた。

パーソナルビューとシステムビューの起源はもともとは別だった。望遠鏡の対物レンズ装置がシステムを、接眼レンズがパーソナライズを分担しているようなものだ。ところがパソコンの発明以降、そのポータブル化が著しく進むにしたがって、二つがしだいに融合していった。蓄積・調整・再構造化と、パーソナルビューとシステムビューとがうんと近くなり、かなり重なってきた。ケータイ以降はもっとそうなっている。

それでどうなったのか。「タスクとアフォーダンスのデザイン」を意図することこそが、「知のデザイン」を担当する可能性が高くなってきたのである。

ノーマンは『人を賢くする道具』の後半で、蓄積・調整・再構造化と、パーソナルビューとシステムビューが重なってきているのなら、次の段階では「文脈」や「物語」を意図したデザインが必要になっていくだろうことを予想した。

この提案も、よくわかる。ユーザーにエラーを犯させないためのデザインをするだけではなく(それではチェックポイントばかりがふえるから)、むしろ文脈や物語によってユーザーが動ける可能性をふやすことに努力すべきだと考えた。そしてこれを、あまりうまい言い方ではなかったが、とりあえず「認知的ヒステリシス」(cognitive hysteresis)の融和のためのデザインと呼ぼうとした。ヒステリシスというのは、磁気学でいったんある方向に磁化させると、反対方向には磁化させにくくなることをいう。デザインやインターフェースはこのヒステリシスを融和しなければならない。

さあ、こうなると「オートメイト」(情報的自動化)することと「インフォメイト」(情報的知識化)することを最初からつなげてみるべきだったのである。デザイナーはそんなことを仕切れるだろうか。ノーマンはこのあたりで息切れして、『人を賢くする道具』をおえている。

一九九八年、ノーマンは次の『インビジブルコンピュータ』(新曜社)でこの息切れを視点と話題を変えて回復させ、今度は「情報アプライアンス」から賢い道具やソフトテクノロジーを見ることにした。

アプライアンスとは、特定の用途のために設計された器具のことだ。情報アプライアンスは知識の活用のために特化して設計したものをいう。本や学習機器やコンピュータがその代表例だ。二一世紀を前にしたノーマンは、そこには、①簡潔性、②融通性、③

快楽性、がもっともっと要求されていくだろうと見た。まだインターネットが広まり始めたばかりの時期だったが、ノーマンはなんとかこの情報アプライアンスによって、次世代のソフトテクノロジーの方向性を読み、デザインの未来を予測しようとした。

これは、パソコンや情報端末機器がはたして従来のように「知」を触発できるものになっていけるのかどうかを問いたいという視点だった。ノーマンはパソコンはよほどの工夫をしなければ、新たな「知の道具」になりきれないのではないかという危惧をもったのである。

こうしてその観点から、新たに『エモーショナル・デザイン』と『未来のモノのデザイン』(新曜社)を書くのだが、またロボットという新たなアーティファクトの領域にも足を踏み入れるのだが、ぼくが見るに、それらは大きな冒険や仮説には至らなかった。パソコン批判になりきれていなかった。あとでそのことにふれるけれど、ノーマンの二一世紀型のデザイン論には何か決定的に足りないものがあったのだ。

ノーマンはデザイナーではない。認知工学者だ。MITで電気工学とコンピュータ科学の学士号をとり、ペンシルヴァニア大学で心理学の博士号をとった。ハーバード大学で教えるときに認知科学センターに所属した。

そのあとカリフォルニア大学サンディエゴ校で心理学部の教授になったとき、先輩格のジョージ・マンドラーに煽られて『記憶の科学』（紀伊國屋書店）を書き、ピーター・リンゼイと『情報処理心理学入門』三冊本（サイエンス社）を出した。Ⅰ「感覚と知覚」、Ⅱ「注意と記憶」、Ⅲ「言語と思考」という構成で、ぼくがけっこうお世話になった本だ。先駆的な内容だった。ついでノーマンは認知心理学の拡張に向かい、当時としては先駆的な『認知科学の展望』（産業図書）などを編集した。AIについても言及していた。

認知心理学の拡張のため、ヒューマンエラーと事故の研究に分け入ったとき、ほとんどのヒューマンエラーが実のところはデザインエラーであることに気が付いた。これは注目すべき気づきだった。この体験が『誰のためのデザイン？』になる。認知科学を探求している者がデザインに着目したところが、ユニークだった。

その当時、カリフォルニア大学には毎年夏期休暇にジェームズ・ギブソンが特別招聘《しょうへい》されていた。ギブソンと親しく交わることになったノーマンは、たちまち「アフォーダンス理論」にぞっこんになる。実際にもノーマンの本を読んでいると、ギブソンの影響がそうとう強く出ているのがわかる。

一九九三年、アップル・コンピュータに引き抜かれて事業部長になった。これで、ノーマンの名声はだいぶん知れわたったようで、続いてヒューレット・パッカードや他のハイテク企業の役員を務めることになった。気をよくしたノーマンは、同僚のヤコブ・ニールセンと「ニールセン・ノーマン・グループ」というヒューマンインターフェースについてのコンサル屋を始めた。こういうところは、実用大好きなアメリカ人らしい。デザイナーたちに仕事の広がりとビジネス感覚を植え付けたのはノーマンだ。
まあ、そんな経歴上のことはともかくとして、それではノーマンの『エモーショナル・デザイン』と『未来のモノのデザイン』のどこが物足りないかということを、以下にかいつまむ。

ジャック・カレルマンらの三つの斬新な紅茶ポットとフィリップ・スタルクのいかにもスタルクらしい奇怪なレモン絞り器から始まる『エモーショナル・デザイン』は、デザインの魅力はどこからくるのか、デザインはどこまで遡れるかという問題を考えるための本だった。

どこまで遡れるのか。アントニオ・ダマシオのソマティック・マーカー仮説にもとづく脳科学やアリス・アイセンの二者択一から脱する多幸感の研究を見ているうちに、ノーマンは自分が感動をおぼえるアーティファクト・デザインは、デザイナーがよく言うような感覚的な発想や仕上げによってできあがっているのではなく、おそらくもう少し深い「情動」(emotion)に接地しているのだと確信した。

すでにジョセフ・ルドゥーが「情動の脳科学」に踏み入っていた。日本でも坂口明や岩田次郎が情動脳の実験研究をしていて、ぼくは松本元さんからそうした研究成果の進

本能的デザインの力を示すジャガーのスポーツカーから、役に立たないことによって内省的な物語を示すカレルマンの紅茶ポットまで。「使いやすいが見てくれの悪いもの」よりも、エモーショナルで魅力的なものの方がいい?

捗を聞いていた。ノーマンもこれら（ルドゥーやダマシオの情動脳仮説）に刺激を受けたのだとおもうけれど、しだいに「エモーショナル・デザイン」という見方をとるようになった。デザインは鉛筆のドローイングやパソコンのカーソルの動きから始まるのではなく、すでに「脳の中」から始まっているという見方だ。「脳の中」と「脳の外」は、言語や記憶だけではなく、情動を形や色にしたいというデザイニング・プロセスによってもつながっているのではないかということだ。そこまで遡りたいというのだ。

ここまではいいだろう。そういうふうに考えなくてどうするかともおもう。しかし、難しいのはここからなのである。

ノーマンは「脳の中」と「脳の外」のあいだを、プロセスの特徴としてではなく、意外にも、脳の中に潜在するだろう三つのデザインレベルとして取り出した。本能（visceral）レベル、行動（behavior）レベル、内省（reflective）レベルだ。

このレベル設定は、ノースウェスタン大学の心理学部の同僚のアンドリュー・オートニーやウィリアム・リヴェールらの研究成果とその意見にもとづいたようなのだが、このようにデザインを内奥の出来事のレベルとして設定したのは、どうだったのか。というのも、ノーマンは本能レベルのデザインを民芸・工芸・子供用品・広告にそのあらわれを認め、行動レベルを使用感覚を訴えるデザインに求め（たとえば車のデザイン）、内省デザインをさまざまなコミュニケーション・ツールの事例にあてはめたのだ。これではまるでスウォッチの時計は本能的で、カシオの時計は行動的で、DCブランドの時計は内省からの内発だと言っているようなものだった。けれどもどう見ても、カシオもスウォッチも本能や行動や内省から出てきたとは思えない。

どこでノーマンはとんちんかんになったのだろうか。あまりに情動脳の仮説をダイレクトにデザインに持ち込みすぎたのだ。

最近の脳科学にはいくつも興味深い仮説や実験結果があるし、その一部にはミラーニューロンのようにかなり説得力をもちそうなものも少なくない。けれども、そのミラーニューロンにして、それを人間の活動一般や意識活動にあてはめるには、そうとうの隔たりがある。「脳の中」にデザインの起源を求めるのなら、すぐに脳科学の仮説を使うのではなく、やはりデザインプロセスがもつ「外部」から「内部」に向かうべきなのである。ノーマンが覗きたがっている大事なことは、必ずやそのあいだにあるはずだ。それには脳ではなく、機械やコンピュータと人間のあいだを見るのが一番なのである。

それかあらぬか、このあとノーマンはロボットを例に、人間と機械のインタラクティビティを議論したくなったようだ。それが二〇〇七年の『未来のモノのデザイン』だった。

この本（The Design of Future Things）の邦訳版には、いささかおおげさな「ロボット時代のデザイン原論」というサブタイトルがついている。ここでロボットというのは、笛吹きヤカン、サーモスタット付きエアコン、工作機械、工業用ロボット、自動航行システム、人工衛星、アイボやアシモ、チェスや将棋の自動機械、お掃除ルンバ、カーナビ、ロボコン参加機械の数々、『ブレードランナー』のレプリカントまで入る。そこにはたいていオートマジカルな世界が待っている。

ロボットはどんなものであれ、人間と機械の掛け算（また足し算・引き算・割り算）によって成り立ち、機械と人間が相互におこすインタラクションのどこかをインターフェースとすることで機能する。そこにはリスク・ホメオスタシスともいうべき安全性と制御性も関与する。

そうだとすると、どんなロボット（robot）も実はコラボレートするロボットなのであって、つまりは「コボット」（cobot）なのである。コボットとしてのロボットはすべからく機械と人間の共生系である。コボットとは、大小や出来の具合はべつとして、なんらかのマンマシーン・インターフェースをもつアーティファクトのことだった。

とすると、ここにちょっとした動議を挟みたくなる。それならカメラも電話も自転車もＦＡＸも、ずっと昔からコボットだったのではないか。そうしたコボットたちと、エンジンやコンピュータをつけたロボットとは、どこがどう違うのか。道具の哲人ヘンリー・ペトロスキーなら、最初からこの問題にとりくんでいただろう。本書には、このあたりの洞察が欠けていた。

　もうひとつ、ノーマンに言及してもらいたかったことがある。それは、こうしたロボット性（コボット性）と、たとえば騎手が手綱を引きながら馬を操ることには、どんな違いがあるのかということだ。

　この二つを行動科学で埋め尽くす必要があるだろうか。AIを駆使して騎手と馬の関係をエキスパートシステムとして再現する必要があるだろうか。それともロボット馬を操縦する装置を設計してみるべきなのだろうか。そういうことも必要だろうけれど、もっと重大な見落としをわれわれはしてきたようにもおもうのだ。

　かつてぼくはこんなことを考えていたことがある。『ブリキの太鼓』や『どですかでん』の少年が、自分は汽車や電車や戦車になりきって動くのだと思っているときの、あるいは谷内六郎が描く「電車やピアノの鍵盤になった少年」の、その心と体の出来事を、もっとつなげて考えたほうがいいのではないかということを。

　われわれは、いまだに絵描きが目の前のものを描くときに何をしているかを解明できていない。そして、そのことのなかにはダマシオが〝as《アズ》 it《イット》 ループ〟と名付けたような再帰的なプロセスがおこっているはずなのだが、そのことをわれわれはほとんど取り出せていないのだ。

というわけで、ノーマンには申し訳なかったけれど、何から何までデザインの調理場に入れようとするのはやめたほうがいい。それをどうしてもしたいというのなら「編集デザイン」(editing design) 議論という、もっと大きな課題でとりくむべきなのだ。エディティングとデザインをくっつけるのだ。ただしそれには、その議論をユクスキュルやヴァイツゼッカーから始めたほうがいい。

ついでに、もうひとつ。先日、サイバードの物語ゲーム「NAZO」のために、ゲームクリエイターのイシイジロウ君と話したのだが、イシイ君が「ゲームデザインをする」というフレーム自体が新たな物語世界像をつくりつつあるんじゃないかと感じているんですよと言っていて、これが興味深かった。ゲームデザインは表面的なデザインではなく、物語とともにデザインをすることなのだが、そういう作業をしていると、デザイニング・プロセスそのものが文学や映画とは異なる物語性を生む可能性があるのではないか、そういう意見だった。「編集デザイン」議論のひとつの突破口として示しておく。

最後になってしまったが、ノーマンの最新の著書『複雑さと共に暮らす』(新曜社) について、二、三のことを評価しておきたい。

ノーマンは当初、この新著のタイトルを『ソーシャブル・デザイン』にするつもりだったようだが、これからのソーシャルデザインがデザイナー、ユーザーともに「複雑系」の渦中に突入せざるをえないだろうという判断から、このタイトルにしたようだ。ただしノーマンの議論は「複雑でも痛快なデザイン」と「簡単でも混乱するデザイン」が比較されるばかりで、複雑さの本質には向かわない。

そのかわり、従来のアフォーダンス重視一辺倒を、サイトとモードとトレイルを重視して「シグニファイアを組み合わせるデザイン」にすることを提案した。シグニファイアとは、社会やコミュニケーションや人工物《アーティファクト》にひそむシグナルのことを言う。デザイナーはそれらをうまく取り出し、デザインに新たな鍵となるシグニファイアを付するべきだというのだ。

こんなことを強調するのは、今後の二一世紀デザインがサービス化社会の渦中にさらに入っていくだろうという読みによる。この読みはもちろんあらかた当たっている。高度なサービスと優れたデザインがますます重なっていくだろうことは、予想するに難くないし、それには「ナッジ」(軽いひと押し)が肝になるというのも、よくわかる。とはいえ、この「ナッジ」は行動経済学が言い出したヒントなのである。ぼくとしては、デザインが経済主義に呑み込まれることには、断乎として抵抗しておきたい。

第一五六四夜　二〇一四年十二月五日

参照千夜

一三〇五夜：ダマシオ『無意識の脳・自己意識の脳』　一一八六夜：ペトロスキー『本棚の歴史』　一五三夜：グラス『ブリキの太鼓』　三二八夜：谷内六郎『北風とぬりえ』　七三五夜：ユクスキュル『生物から見た世界』　七五六夜：ヴァイツゼッカー『ゲシュタルトクライス』

第三章

技能から表象へ

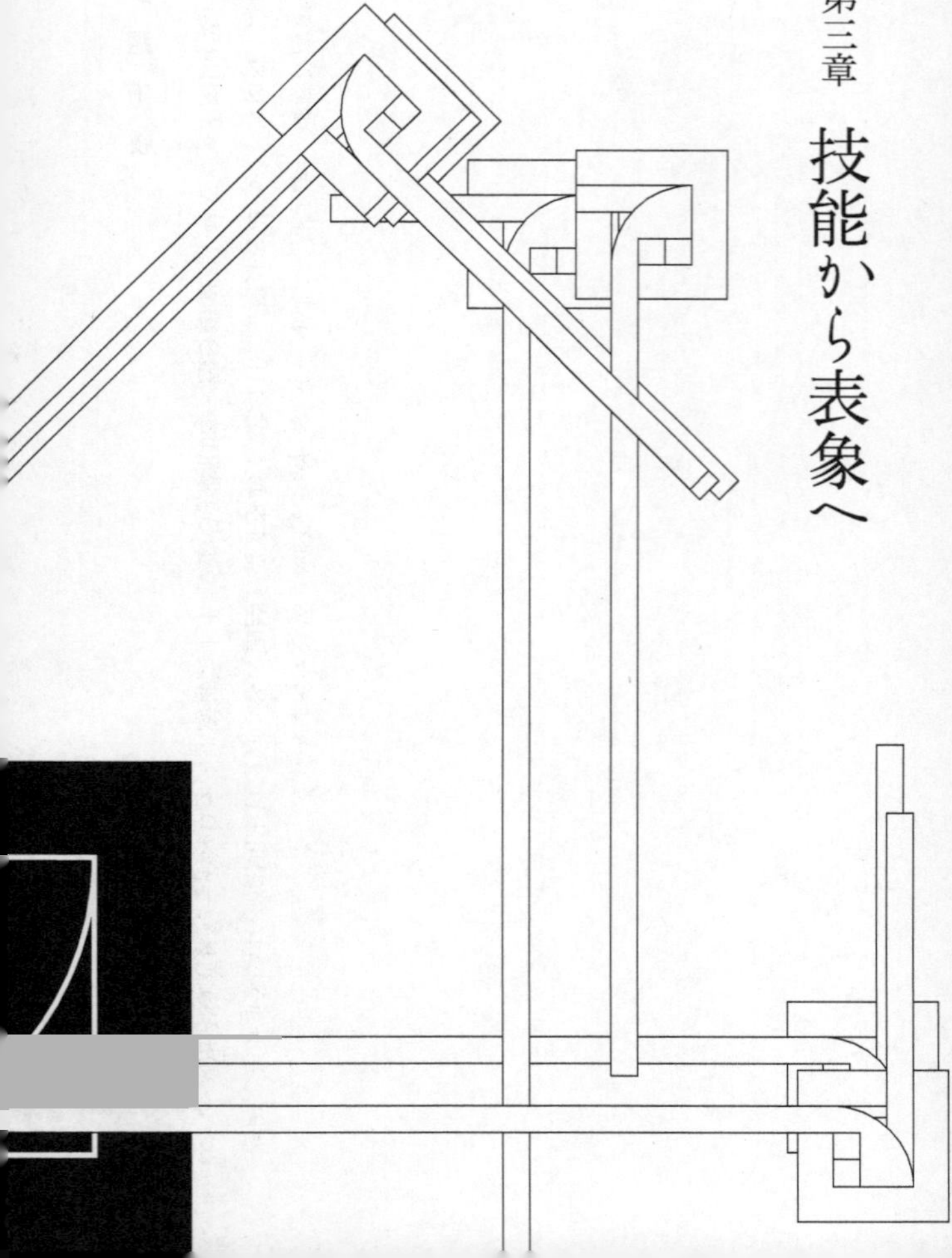

立岩二郎『てりむくり』

ベルナール・パリシー『陶工パリシーのルネサンス博物問答』

貴田庄『レンブラントと和紙』

榧野八束『近代日本のデザイン文化史』

伊東忠太　藤森照信　増田彰久『伊東忠太動物園』

村松貞次郎『大工道具の歴史』

平田雅哉『大工一代』

原弘『デザインの世紀』

モホリ=ナギ『絵画・写真・映画』

「照り」と「起くり」が屋根で出会った

立岩二郎

てりむくり

中公新書　二〇〇〇

著者は「てりむくり」の民間研究者だ。建築設計の出身のようだが、どんな人なのかは知らない。長らく放置されてきた日本独自の曲面デザインの問題に正面きってとりくんだ。ぼくが知るかぎり、類書はない。この一冊が唯一の研究書であって案内書だ。読書の愉《たの》しみはどんな領域であれ、こういう一冊に出会えることにある。どこかの町にいて、その町を知る三本足のカラスに出会ったようなものだ。

表題の「てりむくり」は変わった用語だが、「照り起くり」と綴る。照りは反りのことを、起くりはゆるやかな起き上がりのことをいう。建築用語というより、昔から棟梁たちがつかってきた。「てりむくり」の典型はいまでも風呂屋や和風旅館の正面の唐破風《からはふ》のカーブの線でよく見かける。左右に広がった屋根の端が反った照りの流れを中央に受け、そこからむっくり起き上がった柔らかい起くりが構える。中央がなだらかな山、左右に流れた両端がすこし反る。この二つの曲線がくっついている。これが「てりむくり」である。西本願寺飛雲閣《ひうんかく》や東照宮陽明門や各地の唐門に端的だ。

ぼくはこの唐破風がずっと好きだった。郷愁をすら感じる。五七五七七のリズムを生み出した和歌の完成度に通じるものがある。唐破風にはなんともいえない「絶対矛盾的自己同一」（西田幾多郎）がある。

日本家屋の屋根は直線的で平面的な切妻《きりつま》をベースにして、寄棟《よせむね》屋根や入母屋《いりもや》屋根などのヴァージョンをつくってきた。そのなかにカマボコ形にふくらんだ起くり屋根の曲線と軒先に向かって反っていく照り屋根の曲線とがあった。

起くり屋根と照り屋根の曲線は、相反する関係にある。その凸曲と凹曲との相反する曲線を巧みに接続させ連続させたのが「てりむくり」である。神社建築、神輿《みこし》、唐門などの屋根にはたいていこの「てりむくり」が生きている。

しかし「てりむくり」はたんなる波状曲線ではない。それなら反転曲線にすぎない。たとえばヨーロッパ建築にも、古代ギリシア期にイオニア式の柱頭を飾ったヴォリュートやバロック期の軒先や窓枠を飾ったカルトゥーシュという線がある。流水文様あるいは植物文様のような線で、これが複雑に組み合わさった装飾線はたしかにヨーロッパならではの景観を補助してきた。アールヌーヴォーにもこの線が乱舞した。けれどもこれらはあくまで装飾文様のための線で、それが屋根の表象に出てくることはない。

日本の屋根の「てりむくり」は箕甲《みのこう》という二層構造の厚みが生んだ独得のカーブなのである。屋根の上側の野垂木《のだるき》の曲線と下側の軒裏の化粧垂木《たるき》の曲線の幅がつくるものを箕甲というのだが、その曲面ウェハース型ともいうべき箕甲が、まことに優美で永遠な二重曲線性をつくった。デザインが先行したのではない。工法や技能がつくりだした表象なのである。ぼくが好きなのはこの二重てりむくり曲線なのである。


おそらく「てりむくり」が出現したのは弘仁貞観《こうにんじようがん》以降のことで、最初は密教寺院の軒先か、あるいは神仏習合がすすんだ神宮寺の前面にあらわれた。

奈良時代の寺院は仏を安置する金堂中心の建物で、そこには僧堂や礼拝のための空間はつくられていなかった。それが密教導入後は多様な機能をもつ空間構造が要求されるようになったにちがいない。本書によれば、この多様なニーズにこたえる建築の工夫としては、ひとつには正堂（本堂）の前に礼堂を新たに一棟つくってしまう方法と、もうひとつは正堂の前面の庇《ひさし》を長くのばし、その軒下に生じた空間を拡充していく方法とがあった。後者は元の屋根をそのまま活用する方法なので、別棟を立てるよりもコストがかからない。庇を長くとったぶん孫庇を設ければ、そこに別空間もつくれる。

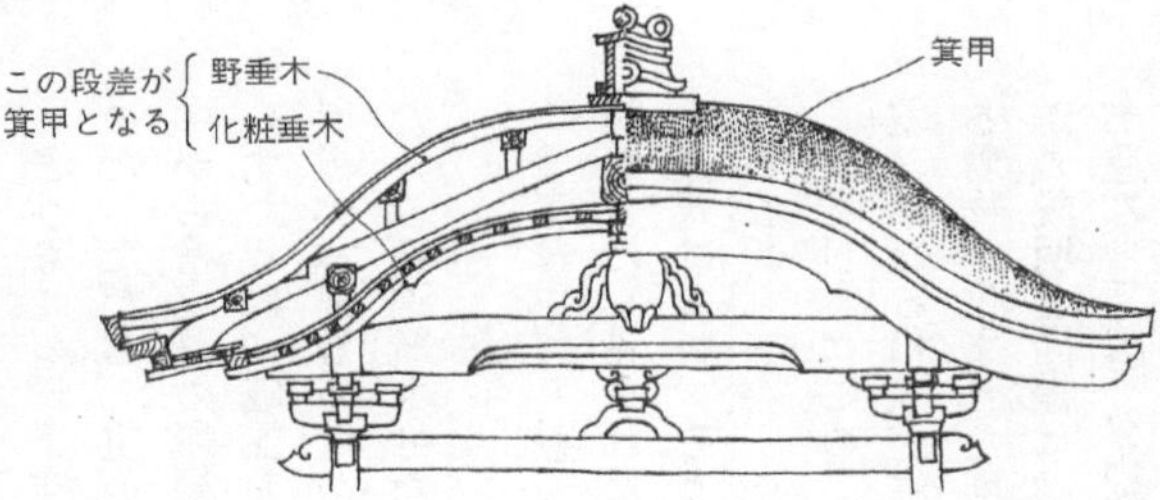

立岩二郎『てりむくり』p.9より、唐破風の断面図。

旧開智小学校（松本市）
明治9年竣工、和洋のシンボルが駆使された擬洋風建築の代表的な作例。

初代新歌舞伎座（大阪市）
村野藤吾設計、昭和33年開館。
36個の「てりむくり」屋根をもつ。

野垂木と化粧垂木の段差ぶんの厚みが生み出す、「てりむくり」の優美な曲線。和漢折衷から生まれたこの曲線は、明治以降は和洋折衷のシンボル意匠として用いられ、その後も日本人建築家の作品のなかで存在感を誇ってきた。

どうもこの軒下空間の拡充の方法から「てりむくり」も生まれたのではないかというのだ。ただし、重い瓦屋根のまま長く延長するのは建築的強度に限界がある。そこで途中から檜皮葺《ひわだぶき》の屋根をくっつける。接合する。そしてその檜皮葺の屋根に正面性をもたらすために、破風という様式を工夫した。そこにさらに和漢折衷の感覚が加わった。瓦屋根が本来もっているソリ（照り）に、檜皮のもっているムクリ（起くり）の曲面加工性をたくみに連続させたのである。

著者は「てりむくり」が中国・韓国にも、インドや東南アジアにも、またイスラム寺院などにも見られないことを点検した。むろんヨーロッパにも装飾文様をのぞいてそんな様式はない。そうした点検のうえで、「てりむくり」は日本独自の〝発明〟だったと断言する。

なぜ日本にこのような独自の曲面あるいは曲線が生まれたかという説明は、朝鮮の郷歌と異なる和歌が生まれた理由や、ステップロードの衣装とも東アジアの衣装とも異なる着物が生まれた理由の説明などと同様に、また茶室の躙口《にじりぐち》がどのように生まれてきたかの説明と同様に、正確に解明することはむつかしい。おそらくは神仏習合と本地垂迹《ほんじすいじゃく》が進み、「寺院の礼堂と同じ役割を担う拝殿が、神のいる本殿の前につくられ」、端的にいうのなら、仏教建築にひそむテリと自然信仰からおこった神祇《じんぎ》建築のムクリとが習合したのであろう。まさに絶対矛盾的自己同一だった。

しかし、いったん生まれた「てりむくり」はその後の日本人の心をとらえた。それだけではなく、明治以降に、国際社会に打って出ることになった日本が日本人の造形感覚の代表的なものとして、これを象徴的にプレゼンテーションしていくことになった。すなわち和漢折衷から生まれた「てりむくり」は、明治を迎えて和洋折衷の象徴にもつかわれたのである。

近代の「てりむくり」は初期には国内各地に出現した「擬洋風建築」にあらわれる。大工棟梁の立石清重の設計による松本開智《かいち》学校はその典型だ。

つづいて海外の万国博の日本館にも「てりむくり」が頻繁に活躍した。とくに一九〇四年のセントルイス博覧会では久留《くる》正道《まさみち》が寝殿造りの釣殿《つりどの》風のパビリオンに唐破風をつけ、日本フェア会場の入口にも日光陽明門を擬した「猫の門」をつくって、そこに千鳥破風と唐破風をくみあわせた。久留は一九三八年のシカゴ博でも平等院鳳凰堂を模した日本館をつくって、まだ若かったフランク・ロイド・ライトに強烈なインパクトを与えた建築家である。

その後も、妻木《つまき》頼黄《よりなか》、伊東忠太、岡田信一郎たちが唐破風の「てりむくり」を記念碑的な建築や東京歌舞伎座のような建物に頻繁に登場させるのだが、やがて日本が満州事変に向かうなか、多くの大日本帝国式の記念建築は「帝冠様式《ていかん》」とよばれる照り屋根だけのものになっていく。

このあたりの事情については、すでに井上章一『アート・キッチュ・ジャパネスク』をとりあげたときにもふれておいた。日本のファシズム建築は、これは強調しておいてよいことだろうが、九段会館(軍人会館)にみられるように、「てりむくり」の矛盾的造形を排除したといってよい。「帝冠様式」が「てりむくり」をかかえこめなかったことは、日本のファシズムが「絶対矛盾的自己同一」を許容しなかったことを暗示する。

戦後、「てりむくり」は現代建築に蘇ってきた。最も多く「てりむくり」を導入したのは村野藤吾《むらのとうご》である。大阪の新歌舞伎座、日比谷の日本生命ビル、宝塚カトリック教会、箱根の樹木園休息所、小諸の小山敬三美術館、新高輪プリンスホテルなどには、大小の「てりむくり」が組み合わされていた。

村野藤吾は、最初は大阪の新歌舞伎座の前面のように、実に三六もの唐破風が連続するという大胆を主張するのだが、その後は、「てりむくり」を建築の基本構造のコンセプトにまで深めていった。それは「建築そのものを地表の皮膜の起くりととらえ、立ち上がった起くりはその根源で照りながら地表に還元されていると見立てている」というようなところにあらわれる。ぼくも何度か訪れた宝塚カトリック教会にはこの思想がよく具現化された。

本書は、村野によって華麗に再生された現代建築における「てりむくり」の表現動向を、その後の世代の建築家の石井和紘、渡辺豊和、葉祥栄《ようしょうえい》、鈴木エドワード、高松伸などの作例のなかにも追っている。その一方で、神輿や風呂屋や霊柩《れいきゅう》車などにみられる唐破風の「てりむくり」の実例もカバーする。ともかく本書一冊がまさに照り起くりそのものとしてうねっている。

このような試みはもっともっとあらわれていい。「てりむくり」だけではない。たとえば躙口と床の間をもった四畳半に代表される茶室は日本にしか見られないものであるが、そこには朝鮮民家からの影響や中国山水画に描かれた点景にヒントを得ているところもありながら、それでもなお類例を見ない空間様式と遊芸様式の統合が確立されたデザインがある。さきほども書いたように、和歌という様式も、よくよく考えてみると不思議なもので、なぜ五七五七七というリズムが確立したのか、そこになぜ枕詞《まくらことば》や縁語や歌枕が加わったのか、実ははっきりしていないのだ。

空間様式や美術様式ばかりではない。空海の密教や山崎闇斎《あんさい》の垂加《すいか》神道《しんとう》や三浦梅園《ばいえん》の反観合一の条理学にも独自なものがある。これらは構法や工法がもたらした思想のようなところがある。

べつだん日本の独自性を探しまわってこれを並べたて、それを誇る必要はないけれど、これまでの研究があまりにもそちらに向いてこなかったということも否めない。また、日本文化の独自性を誇ろうとするあまり、井上章一が建築史の観点からいつもそこを問題にしてきたのだが、勝手な推理や都合のよい応援事象を牽強付会《けんきょうふかい》にくっつけて、独自性の証拠にしてきたというザマが多かったことも否めない。

だからともかくも、もっともっと突っ込んでいくべきなのだ。あまりにも見えないままになっていることが多すぎる。急に唐突な話をするようだが、わかりやすい例でいえば演歌だ。演歌が日本人のなにがしかの心情を象徴しているだろうことは多くが認めるところだが、さて、どのようにしてあのような演歌の特徴が確立していったのかということになると、中山晋平や古賀政男の研究をはじめ、ほとんど手をつけられていない。ぼくが影響をうけた小泉文夫《ふみお》さんはなんとかそこに着手しようとして、途中で急逝してしまった。武満徹さんも演歌を調べるには浄瑠璃《じょうるり》から豊後《ぶんご》節《ぶし》が出てきたところを考えなければいけないよねえと言っていた。

実証だけが研究ではない。豊かな想像力も必要だ。もっと以前のことをいうなら、「日本」が「日本流」をつくりだすプロセスに共通OSのようなもの、プログラミング言語の文法のようなものがあったことも研究するべきである。

ひるがえって、「てり」と「むくり」は音楽でいうなら陽旋律と陰旋律であり、言語でいうなら漢字仮名まじり文であり、衣裳でいうなら片身替りなのである。そこには日本の文法がある。そういう意味で、本書『てりむくり』は記述にやや説明不足があるものの、勇気ある一冊だった。あまり話題になっていないようだが、批評批判を含めて本書がもっと読まれることを期待している。

第四九五夜　二〇〇二年三月十二日

参照千夜

一〇八六夜：西田幾多郎『西田幾多郎哲学論集』　九七八夜：ライト『ライト自伝』　七三〇夜：伊東忠太・藤森照信・増田彰久『伊東忠太動物園』　二五三夜：井上章一『アート・キッチュ・ジャパネスク』　七五〇夜：空海『三教指帰・性霊集』　九九三夜：三浦梅園『玄語』　六〇一夜：小泉文夫『日本の音』　一〇三三夜：武満徹『音、沈黙と測りあえるほどに』

彩陶と装飾と庭と詩を
分けてはいけません

ベルナール・パリシー

陶工パリシーのルネサンス博物問答

佐藤和生訳　晶文社　一九九三

Bernard Palissy: De L'Art de Terre Recepte Véritable 1563

年表がついている。たった七ページだが、いつまで見ていても飽きない。ルネサンスの隠れた歴史が、形をもった土のひび割れの隙間から鮮やかな釉薬《ゆうやく》を窯変させるかのように立ち上がってくる。

ぼくはこの本を読んだとき、すぐに山田脩二に感動を伝えたくなった。脩ちゃんはもともとはモノクロームの風景を撮らせたら天才的な写真家だったのだが、その後、突如として湯布院に移住し、温泉村の日々を撮っているのかとおもったら、いつのまにか淡路島に引っ越して、しばらくして本格的な瓦職人になってしまった。脩ちゃん自身がこう言ってよく周囲を笑わせているのだが、彼は〝カメラマン〟から〝カワラマン〟になったのだ。

パリシーの父親も瓦職人だった。その瓦職人のもとにパリシーの技芸が開花した。一五一〇年だから、レオナルド・ダ・ヴィンチの死の八、九年前に生まれた。やがて焼き絵ガラスの製法に関心をもち、ガラス職人としてブルゴーニュやブルターニュやプロヴァンスなどを遍歴すると、地質、泥灰土、森林などの生きた性質を体でおぼえ、研鑽を究めた。数学や測量法はその前から身につけていた。この時代の修業はのちにゲーテも書いたようにすべからくマイスターになるための遍歴で、つまりは学職の親分になるための遍歴である。

それからニュルンベルクでヒルシュフォーゲル兄弟に弟子入りして、ステンドグラスの下絵師として修業をつんだ。十五歳くらいからステンドグラスの下絵に興味をもっていたようだが、ここで本格的にマスターしようとしたのだろう。もうひとつ、このあたりでプロテスタンティズムにも興味をおぼえたようだ。この時代のドイツはルターやカルヴァンによる新教時代なのである。カルヴァンとは一歳ちがいだった。

ついでパリシーは三十歳ころに、目がさめるような一つの釉陶に出会う。皿である。研究者たちはフェラーラの窯で焼かれたものだと推測している。別の説ではマジョリカ焼ともいう。ともかくこれでパリシーの血と体に革命がおこり、釉陶の研究に没頭していったのだ。陶工パリシーの名が上がるのはまだあとであるが、このときの感動は生涯にわたって共鳴しつづける。エクアンの城館とサントの城壁塔に初期の陶芸工房をつくったときも、その釉陶皿がパリシーの頭の中で鳴り響いていただろう。

パリシーが釉陶に出会ったのは一五四〇年である。これは、日本でいえば千利休が北《きた》向道陳《むきどうちん》の紹介で武野紹鷗《たけのじょうおう》の門下に入った年代にあたる。一方、パリシーが本書を刊行したのは一五六三年である。利休が《圜悟《えんご》の墨跡》を掛けて茶会を開いていた。前年には奈良の松永久秀を訪れて《松屋《まつや》肩衝《かたつき》》などの三名物に出会い、その前年には山上宗二が利休の門下に入っている。

このような符牒《ふちょう》をおもうと、パリシーが陶芸に邁進した時期は、日本で桃山陶器が出現しようとしていた時期とぴったり重なっている。本書が日本の陶芸家や茶道関係者に読まれるべきだとぼくが確信しているのは、そういう符牒にもよる。

しかしそんな符牒がなくとも、本書は日本文化に関心がある者すべてに読まれるべきだ。たとえば作庭者やインテリアデザイナーや園芸家、また土木家や建築家も読んだほうがいい。いやもっと広くクリエイターが読むといい。

パリシーは陶芸だけでなく、造園にも室内装飾にも水道の建設にも、さらには城塞都市構想にも手を染めた。「つくる」ということのすべてに挑んだといってよい。日本ではこれを総じて「作事《さくじ》」とか「作分《さくぶん》」という。そのために多くの知識とも格闘をした。したがって、書いてあることはルネサンスの技法なのだが、その背景には紹鷗や利休と同じ精神がある。そう思える。カメラマンからカワラマンになった脩ちゃんにこの本の話をしたくなったのも、そのせいだ。

ついでにいえば、ピエール・ガスカールの『ベルナール師匠の秘密』（法政大学出版局）も一緒に読んだほうがいい。ガスカールはドイツ軍の捕虜となって収容所の日々を五年おくったのちに四〇近くの職業を転々としながら『死者の時』（岩波文庫）や『種子』（講談社）などでゴンクール賞などをとった静謐《せいひつ》な作家だが、これはこれでガスカールの想像力がベルナール・パリシーの技法と思想と時代とをみごとに描いている。

というわけでパリシーはイタリア型ではなくドイツ型のルネサンスを代表する職人ということになるのだが、パリシーは造園家でもあったので、本書はその造園術のための一冊にもなっている。原題を『正しい処方箋』という。日本ならさしずめ室町期の『作庭記』にあたる。質問者と回答者という問答形式で書かれているのは、これはルネサンス後期まで流行した古代ギリシア以来の対話篇スタイルの変形というもので、パリシーに特有のものではない。

主題は一貫して、庭園をどうつくればいいか。ただし、あまたの技法を次から次へ、基礎から応用へと博物学的に処方するという内容になっている。その語りの手順が興味津々だった。

パリシーは造園術を語るにあたって、まず堆肥《たいひ》と伐採計画から語りおこす。ついで「塩」を例に、自然というものが塩・水・土の三要素によってどのように構成されているかを説いていく。あえて塩の話をしているのは、パリシーがこの時代にふさわしく錬金術にもかなり凝っていたせいで、塩は錬金術で最も重視されていたからである。

ようするに庭を作るには、まずもって自然の基本を理解しなさいと言っている。それを最初に徹底的に叩きこむ。そういう自然哲学的な始まりなのだ。これがパリシー流であり、ルネサンスの職人技法というものだった。パリシーは農夫だってフィロゾフィ（哲学と錬金術）をもつ必要があると考えている職人だったのである。その点では科学者であり、自然哲学者なのだ。

もともとヨーロッパでは、庭園というものは創造主の言葉を理想的に配置した一冊の書物であって、時代の理想をあらわすアート&デザインだとみなされてきた。生きた書物であり、造られた立体書物なのである。パリシーにもこの「庭園＝書物＝芸術」説が生きていて、庭園の見取り図づくりを説明するにあたって、自分がインスパイアされた詩などを紹介している。

この詩篇は一〇四篇あって、驚くべきことにその一〇四篇すべてを庭園化することがパリシーの庭園意志になっていた。詩篇がもっている自然賛歌のすべての要素が庭園のアーキテクチャに転化する。詩句のひとつひとつが十字路、植栽、四阿《あずまや》、回廊、彫像、円卓などになっていく。テキストが次々に立体デザイン化されるのである。まさに庭園は書物だったのである。そこへもってきて、パリシーには時代を先取りするバロック的な感覚があり、詩篇の遊戯性・諧謔《かいぎゃく》性・歪曲性などがデザインの随所にとりこまれた。曲折した天井や奇形的な窓枠やグロテスクな彫像が、こうして含まれていく。

こんなぐあいに話が進むのだが、博物学的であるわりに、なんとも味がある。ヴァレリーやバシュラールやガスカールたちがパリシーに耽《ふけ》ったというのは、よくわかる。この耽読《たんどく》の感覚は、利休が定家《ていか》に耽り、松平不昧《ふまい》が山上宗二に耽った感覚に通じるものがある。むしろ、日本の近現代の研究者や数寄者や陶芸家や作庭家たちがパリシーに耽らなかったことを残念におもうばかりだ。

第二九六夜　二〇〇一年五月二一日

参照千夜

二五夜：ダ・ヴィンチ『レオナルド・ダ・ヴィンチの手記』　九七〇夜：ゲーテ『ヴィルヘルム・マイスター』　一二夜：ヴァレリー『テスト氏』

慶長五年の和紙が
レンブラントを変えた

貴田庄

レンブラントと和紙

八坂書房　二〇〇五

本書の一冊の佇《たたず》まいには仄《ほの》かな気品があった。装幀者の名はしるしてないが、表紙カバーは生《き》なりの地色と黒一色の明朝ゴシック併用文字が端然としていて、よろしい。定価は二八〇〇円だから高価な本ではないが、それでも端然と見えるのは、著者と編集者が丁寧につくろうとしたからだろう。それに『レンブラントと和紙』という表題がすでにして、これを読む者に丹念に読もうかなという気分をもたらす。

あとがきを見て知ったのだが、著者が早稲田の修士論文で「レンブラントと銅版画と和紙の関係の研究」を選んでいたことは、やや意外だった。なぜならこの著者は『小津安二郎と映画術』（平凡社）、『小津安二郎のまなざし』（晶文社）、『小津安二郎の食卓』（ちくま文庫）など、〝小津安もの〟で巷間《こうかん》に気を吐いていたので、てっきり映画評論に長けた人物かとおもっていたからだ。が、あらためてそれらの奥付著者紹介を見れば、パリ装飾美術書物中央校に留学しているのだから、実は書物美術史は専門だったのである。というわけで、本書はその修士時代の調査や思索にもとづいたものを発展させた論文による構成となっているのだが、そのぶんいささか生硬で、繰り返しが多く、読んでいると退屈なところも多い。もっと紙漉《かみす》きのごとく水洗いしたほうがよかった。ところがそれでも、仄かな気品は去らないのである。話題がレンブラントの銅版画とそれに和紙が使われていたという、まさにそこに去来しているからだった。つまり本書は〝着眼〟がすばらしいのだ。

慶長五年（一六〇〇）、豊後《ぶんご》の臼杵《うすき》湾に三〇〇トンほどの一艘の黒船が漂着した。オランダのリーフデ号である。リーフデは「慈愛」という意味だ。ウィリアム・アダムスやヤン・ヨーステンが乗っていた。一人はのちに三浦按針《あんじん》となり、もう一人は耶揚子《やようす》となって八重洲《やえす》の名を残した。

臼杵はキリシタン大名の大友宗麟《そうりん》の城下町で、当時は稲葉氏が治め、かなり繁栄もし、治安もゆきとどいていた。アダムスやヨーステンに対してもみごとな対応を示した。こうして日本とオランダによる長きにわたる日蘭交流の第一歩が踏み出された。やがて長崎や平戸や出島からは、さまざまな日本の産品がオランダに送られることになった。そこにレンブラントが手にした和紙が交じっていた。

レンブラントの銅版画については、ゲオルグ・ビオルクルンドの『レンブラントの銅版画・真作と贋作』、クリストファー・ホワイトの『銅版画家としてのレンブラント』、ホワイトとカレル・ボーンの共著『レンブラントの銅版画・例証的で批評的なカタログ』などの浩瀚《こうかん》な研究がある。本書もそうした先行する研究書に依拠している。

それらによると、レンブラントはホワイトペーパー、オートミールペーパー、インディアンペーパー、中国紙とともに日本の和紙を使っていた。大半が雁皮《がんぴ》を原料とした和紙である。多くは柔らかい黄色で、その色調も多様だった。薄い和紙には簀《す》の目がついているものもあった。

版画の主流は大きく分けると、木版画、銅版画、リトグラフ、シルクスクリーンの四種類になる。それぞれが印刷方式の凸版、凹版、平版、孔版に対応する。このうちの銅版画は硬い金属板に刻んだ原版にインクを詰め、湿った版画用紙に写しとるというもので、その技法のちがいでエングレーヴィング(ビュラン)、ドライポイント、エッチング、アクアチントなどに分かれる。

エングレーヴィングは力強い線が、ドライポイントは精細な線が特徴で、エッチングとアクアチントは硝酸などの薬品で版を腐食させる。デューラーはエングレーヴィングを、ジャック・カロはエッチングを、ゴヤはアクアチントを得意とした。レンブラントはドライポイントとエッチングを（ときにビュランも）くみあわせて駆使した。

使用したプリントペーパー（版画用紙）が多様であったことは、いまではたいそう貴重な版画美術史の伝説となっている。それとともに、レンブラントの実験性やコレクション趣味やリプレゼンテーション能力の謎を解く鍵にもなっている。今日鑑賞できるレンブラントの銅版画は二八〇点ほどあるのだが、それらは黒白のコントラストを強調したものから、グレーのグラデーションを出そうとしたもの、柔らかい黒に徹しているもの、さまざまである。

一番多く使用したのはホワイトペーパーだった。これは日本でいう「簀の目紙」「漉き目紙」にあたる。レンブラントは最初期はドイツやスイスの、続く一六五〇年以降はほとんどフランス製のホワイトペーパーを使った。ときに透かし文様（watermark）が入っている。オートミールペーパーはカートリッジペーパーともいって、表面がざらっとしていて小さな斑点がある。《イタリア風の景色の中で読書する聖ヒエロニムス》などがのこっている。

インディアンペーパーは淡い黄色の繊維結束が見えている紙で、よく知られた版画でいえば《ファウスト》に使われた。また、礬水《どうさ》を引いてから刷った作品もあって、これには《馬小屋での割礼》《エジプトへの逃避》《猫と蛇のいる聖母マリアと幼子》などがある。中国製の紙では《民衆に騙《だま》されるキリスト》《病者を癒すキリスト》の二点がわかっている。

結論からいうと、レンブラントはホワイトペーパーについで和紙を多く使用した。《灯のある羊飼いたちの礼拝》《寺院より両親と帰るキリスト》《エマオのキリスト》《埋葬》《金銀細工師ヤン・ルツマ》などはすべて日本で漉かれた雁皮系の紙だった。ヨーロッパにはめずらしい「流し漉」である。

抄紙法に「溜《た》め漉」と「流し漉」があることは、『和紙千年』にもふれた（七三七夜）。中国は「溜め漉」で、後漢の蔡倫《さいりん》によって一世紀半ばには紙の製法が確立した。

それがシルクロードからサマルカンドをへて（タラスの会戦が七五一年）、さらにバグダッドに七九三年に製紙術が及び、一一〇〇年前後にはモロッコのフェズに、一二七六年にイタリアのファブリアーノに製紙場ができたのだから、古来のパピルスや羊皮紙の伝統を除くヨーロッパの紙も「溜め漉」だったといえる。パピルスはペーパーの語源となった言葉だが、漉いてはいない。

蔡倫の抄紙法は、朝鮮半島をへて日本にもやってきた。だから日本でも「溜め漉」の抄紙法が広まったのだが、早くも奈良末期から平安期にかけて、そこに独自のネリ剤を加える「流し漉」が考案された。トロロアオイやノリウツギやサネカズラなどをネリ剤にして、これを初水《しょみず》・調子・捨て水を微妙に調整しながら漉いたのだ。これが日本にしかない抄造法なのである。

あの独特の風合をもった柔らかな和紙の感触は、この「流し漉」による水の含ませ方とネリ剤の具合からできている。いま、われわれが手にする和紙の多くも「流し漉」による。それゆえ現在では、「溜め漉」による抄造和紙は泉貨紙《せんかし》・間似合紙《まにあい》・局紙など、ごく僅《わず》かになっている。

レンブラントは、こうした和紙の風合のみに惚れたというのではなかった。あくまで印刷の風味を見た。ではレンブラントはいったいいつごろ、このような和紙に出会ったのだろうか。本書はビオルクルンドらの調査やオランダ商館の記録などをもとに、和紙との出会いは一六五〇年(慶安三)以前のこと、和紙が長崎から運び出された期間でいえば一六〇九年(慶長十四)から一六五〇年までのことだったろうと推理している。

さらに特定を試みてみると、レンブラントが入手した和紙は一六四三年(寛永二十)から一六四五年(正保二)に出島から積み荷されたものだったのではないかということになった。これはオランダ商館長から幕府に寄せた「オランダ風説書」が書かれはじめた時期、宮本武蔵や柳生宗矩《やぎゅうむねのり》や小堀遠州が没した時期になる。

レンブラント・ハルメンス・ファン・レインは興味つきない生涯をおくり、興味つきない画業をのこした。あれだけ名声を博しながら破産宣告を受ける一方で、『聖書』にも人相学にも通じていたし、なんと一〇〇点をこえる自画像を描いた。

その興味つきない生涯と画業は、レンブラント個人に特有されるものというより、その時代（十七世紀オランダ）の象徴であったろうという意味で、二十世紀オランダを代表する知性ともいうべきヨハン・ホイジンガは、早々に（一九三三）『レンブラントの世紀』（創文社）を書いたものだった。

レンブラントが一六〇六年（慶長十一）にオランダのレイデンに製粉業者の六男として生まれたのは、グロティウスの『海洋自由論』が刊行された年である。一六六九年（寛文九）にアムステルダムに没したときは、オランダは東インド会社を先兵に世界を制しようとしていた。日本では徳川幕府の全国支配がほぼ完成していた。

こうした六三年間をおくったレンブラント自身は、けれども世界の動向や祖国オランダの有為転変にはほとんど無関心だったようだ。ラテン語学校からレイデンの大学に進んだのだが、途中から画家を志し、そこでヤーコブ・スワーネンブルフやピーテル・ラストマンの徒弟となって研鑽した。やがて頭角をあらわしてレイデンで肖像画家として親方になってからは、もっぱら宗教画や肖像画に打ちこんだ。当時の肖像画はトローニーといって、上半身から上の顔貌《がんぼう》を描く。どこかの特定個人の肖像というより、役割的肖像で、それもいわゆるバスト・ショットが多かった。

自身の仕事に打ちこんだがゆえに、それが十七世紀オランダのアムステルダムをめぐっていたがゆえに、レンブラントは「レンブラントの世紀」の象徴ともなった。とくに一六三一年（寛永八）にアムステルダムに移ってのちは、その肖像画トローニーによって急速に人気をえた。モデリング・ランプを強く当てたようなコントラストの強い人物像は、鉛白によるグリザイユ技法や暗色によるグレーズ（曖昧さ回避）、さまざまなアンダーペインティング、独得のブラッシュ・ストロークが混然一体となって浮かび上らせたものだった。

けれどもレンブラントは、トローニーにばかりこだわらない。かの瞠目《どうもく》すべきキアロスクーロ（明暗法）を世に知らしめた傑作《トゥルプ博士の解剖学講義》はアムステルダムに移ってすぐの翌年の作品なのだが、集団肖像画とでもいうべき構想にもとづいていた。外科医組合会館に掲示された。その十年後の一六四二年（寛永十九）には破格の大作《夜警》を手がけている。この十年はレンブラントがアムステルダムで一番有名だった時期にあたっている。

そういうレンブラントが油彩画制作の一方で、つねに版画の制作に勤《いそ》しんでいたことは、レンブラント・ファンならだれでも知っているが、そのプリントペーパーに和紙が好んで使われていたことは、まだあまり知られてはいない。

というのも、レンブラントをめぐる論評はつねにその等身大を超えた論評がたいそう喧《やかま》しく、また愉快にも、根掘り葉掘りにも展開されすぎてきたからだった。ホイジンガのものはべつとしても、ケネス・クラークは『レンブラントとイタリア・ルネサンス』で、エリック・ラルセンは『風景画家レンブラント』で（両書とも法政大学出版局の叢書・ウニベルシタス）、風景画家としてのレンブラントを重視しきってばかりいたし、尾崎彰宏のたいへんおもしろい『レンブラント工房』（講談社選書メチエ）では、国際商業都市アムステルダムが美術市場として圧倒的な力をもったことを中心に議論されていた。この本はレンブラントの真作と贋作もかなり突っ込んで話題にしているのだが、それはレンブラント個人の制作とレンブラント工房との制作に二重性があったためとされている。

とくにレンブラントの〝思想〟を拡張した議論として決定的なのは、レオ・バレットの『レムブラントとスピノザ』（法政大学出版局）だろう。この本ではこのオランダを代表する二人の巨人を「異質性の象徴」に仕立て上げている。いくら同時代とはいえ、スピノザとレンブラントをくっつけすぎるのはどうかとおもうけれど、バレットはこの二人の裡《うち》に自己中心主義と商業主義との両方が見え、それはこの時代のアムステルダム・オランダ主義そのものの真骨頂だったと言いたかったようだ。レンブラントの《若きユダヤ人の肖像》は三十歳前後のスピノザをモデルにしたのだろう、という説もある。

まあ、こういう論評事情があり、ぼくもそのようなレンブラント論ばかり読んできたので、あえて「本書の一冊の佇まいには仄かな気品があった」とわざわざ冒頭に書いたのだった。

ちなみに、レンブラントの時代に徳川日本が抄造した和紙には、かなり多様な紙質があった。杉原紙《すいばらがみ》、奉書紙、鳥《とり》の子《こ》紙、大高檀紙《おおたかだんし》、美濃紙《みのがみ》などで、正確にはわからないのだが、これらが輸出された可能性はある。

他方、これを『日葡《にっぽ》辞書』で当たりなおすと、アツガミ、アツヨウ、ウスヨウ、ウチグモリ、ガンピ、コウジ、スギハラ、シュゼンジ、トリノコ、ヒキアワセ、マニアイ、ミノガミなどとなる。このすべての和紙が出島から船荷となって輸出されたとは確定できないのだが、このうちの厚様、薄様、打曇《うちぐもり》、雁皮、修善寺、鳥の子、間似合などが雁皮系の和紙になる。レンブラントは雁皮に印刷適性を見ていたようなのだ。

これらのこととレンブラントの版画用紙のこれまでの分析を総合すると、レンブラントが使用した和紙は、厚様の雁皮紙、薄様の雁皮、鳥の子紙あたりではないかということになる。

もう一度、一六五〇年前後の日本とオランダを見直したほうがいいようだ。シーボルト時代ではなくて、一六五〇年の前後だ。一六五〇年に有田《ありた》で焼かれた磁器のうち、最初は三〇〇〇個か四〇〇〇個が出島から運ばれていた程度だったのである。それも小さな壺《つぼ》や医薬用の瓶《かめ》が多かった。それが七、八年後の一六五九年（万治二）の記録ではなんと六万個の磁器が西の海の波濤《はとう》をわたったのである。

恐るべしオランダ東インド会社、恐るべしレンブラント。恐るべし東西のバロック・ムーブメント。ジャポニズムは十七世紀にこそ始まったというべきである。

第一二五五夜　二〇〇八年七月二八日

参照千夜

七三七夜：高田宏『和紙千年』　四四三夜：宮本武蔵『五輪書』　八二九夜：柳生宗矩『兵法家伝書』　七七二夜：ホイジンガ『ホモ・ルーデンス』　八四二夜：スピノザ『エチカ』

タテをヨコに倒し
図案と布置を英語にする

近代日本のデザイン文化史

榧野八束

フィルムアート社　一九九二

著者のことはよく知らないのだが、時代とデザインの関係がほどよく書けている。『夜明け前』の青山半蔵が信州馬籠《まごめ》から上京して、玻璃燈《ランプ》の光が明るくなったことに驚くエピソードが冒頭で紹介され、それが街燈を光線画に描いた小林清親《きよちか》の《日本橋夜》や小倉柳村の《日本橋夜景》につながっていく。

文明開化は日本を変えたが、その信じがたいほどに多様な変化の一部始終は、馬場孤《こ》蝶《ちょう》をもってしても矢田挿雲《そううん》をもってしても、むろん山田風太郎をもってしても、とうてい書き尽くせない。欧化の感覚はともかくありとあらゆる場面や細部に入りこんだのだ。富国強兵・殖産興業では何の説明にもならない。なかでも意匠やデザインや職人の変化についてはこれまでほとんど研究されてはこなかった。

たとえばランプの変化だ。〇・一九五燭光から三・二〇燭光へ。この燭光変化も明治維新だったのである。この変化は蠟燭《ろうそく》職人の日々を変え、家の中の意匠を変え、都市の景観を変え、ショーウィンドーを変え、さらに放射状の光条パターンを商標デザインに登場させた。たんに「夜の文化」が登場したというだけではない。その背景では、江戸時代の不定時法が明治六年の太陽暦の導入とともに定時法に変わっていた。さらには度量衡が尺貫法からメートル法に変わり（明治二四年）、職人の目盛りの感覚に変化があらわれたのである。近代日本は電気と時計とメートル法がつくったのだった。

明治で何が一番変化したかといえば、なんといってもタテがヨコになった。そのことは福澤諭吉や明六社《めいろくしゃ》の登場によっても告げられていたのであるけれど、近代日本のデザイン革命もヨコから始まった。

たとえば紙幣だ。藩札や太政官札や西郷札《さいごうさつ》のタテから、国立銀行札やキヨソネが再作した神功《じんぐう》皇后像が入っている改造紙幣のヨコへ。たとえば国旗だ。幕府の日本惣船印《そうふなじるし》や島津斉彬《なりあきら》の昇平丸のタテ長から、明治三年の政府規定による七対一〇のヨコ長へ。ちなみに日の丸の直径はタテの長さの五分の三とされた。

ヨコ文字も侵食していく。「横文字」という言葉を最初に使ったのはたしか新井白石の『西洋紀聞《せいようきぶん》』で、そのころはまだ「草のつるのごとく書きてよみがたし」と言っていたのだが、たちまちヨコ文字ハイカラ感覚が席巻した。印刷物では「横浜毎日新聞」が先頭を切ったのであるが、むしろ二代広重や三代広重も動員された茶標やマッチラベルを筆頭に、商標デザインが一挙にヨコ文字を採用していった。浮世絵や錦絵《にしきえ》も好んでヨコ文字をとりいれた。

むろんデザインという言葉はない。おおむね図案といった。志賀直哉が明治四五年発表の『大津順吉』に、エジプト煙草を手にしながら「デザインを思ふ」という場面があるものの、これはそうとうにめずらしく、デザインという言葉は昭和中期までほとんど使われていなかった。ずっと図案、図案家だった。

図案という言葉をつくったのは岩倉使節団に同行していた納富介次郎《のうどみかいじろう》である。明治六年（一八七三）にウィーン博が開かれ、日本も招待された。ところが博覧会のテーマが「デザイン」だったため、これに対応する言葉が緊急に必要になり、画家出身の官僚である納富があわてて造語した（納富はのちに漆器の改良にとりくんだ）。かつて東洋文様史研究の渡辺素舟さんは、納富の造語はおそらく「図工」と「案家」の合体だったのではないかと説明してくれた。

さっそく大蔵省に「図案調整所」が設置され、製品図案協議員が組織化され、東京府立商工奨励館が『商品意匠図案』というカタログを編集した。こうした官の奨励に呼応して大活躍したのが、納富とともにウィーン博に随行した松尾儀助と若山兼三郎の二人が明治六年に設立した「起立商工会社」である。浅草、ついで木挽町《こびきちょう》と築地に工場を設け、団案・陶磁器絵付・蒔絵《まきえ》・堆朱《ついしゅ》・芝山細工（象牙などの象嵌）・指物《さしもの》・鋳金・彫金などに当代一流の職人を集め、工芸の新時代を用意した。一時はニューヨークとパリに支店を出した。起立商工の活動はもっと注目されてよい。

一方、やはりウィーン博に随行していた平山英三は東京高等工業学校に工業図案科を設けたのち、明治三十四年に「大日本図案協会」を創立した。日本最初のデザイナー団体である。「図按《ずあん》」という機関誌も創刊した。

図案とともに「造家」という言葉が生まれた。アーキテクト（建築家）にあたる。最初の造家は清水喜助《きすけ》だったろう（のちの清水組の創設者）。第一国立銀行や築地ホテルに代表される擬洋風建築を手がけた。てっぺんに天守閣が、ファサードに千鳥破風《はふ》や唐破風があしらわれた。

このあたりの事情は村松貞次郎が調査研究し、その後は藤森照信や陣内秀信らがさかんに〝探検〟したのでいまではよく知られていようが、見落としがちなのが本書にも出てくる鉄橋だ。明治は鉄橋が風景を変えたのだ。たとえば、本木昌造《もときしょうぞう》が計画して出島商館のフォーゲルが設計した長崎の中島川に架かった「くろがね橋」、ぼくもよく知っている横浜堀川の吉田橋、後藤象二郎による大阪の高麗橋《こうらいばし》、ボーストリングトラス方式の心《しん》斎橋《さいばし》、原口要の設計による吾妻橋《あづま》などは、まさに文明開化の象徴であった。これは鉄橋見物が流行したことでも、よくわかる。

図案、造家とくれば、もうひとつは「布置」である。布置はレイアウトにあたるのだが、この用語は下岡蓮杖《れんじょう》らの写真師たちがけっこう使った以外は、なぜかあまり使われずにおわった。このことはNHKの「日曜美術館」でぼくも喋《しゃべ》ったことなのだが、この写真師の布置をいかしてそれを日本画にとりこんだのが竹内栖鳳《せいほう》だった。レイアウト感覚は写真師や日本画家のほうが早かったのだ。

ただし、これをもって近代日本におけるグラフィック・デザインの立ち遅れとか、レイアウト感覚の欠如とかと指摘してはいけない。むしろ当時の近代日本人は、とくに職人は、わざわざレイアウトや布置をもちださずとも存分な空間配置感覚をもっていたというべきなのである。それが「目分量」というものだった。

日本の近代デザインが萌えるにあたっては図学や画学の寄与も大きかった。これにあずかったのは東京美術学校の浅井忠《ちゅう》、京都高等工芸学校の中澤岩太、東京帝大の建築家の武田五一《ごいち》たちで、かれらから図法が広まった。日本デザインのレイアウト感覚に与えた影響は見逃せない。

それとはべつにぼくの判断では、近代日本が総じて布置を意識したのは明治三十年をすぎて、おそらくは新聞にゴシック活字が登場してからのことではないかとおもう。とくに明治三八年に築地活版製造所がポイント活字を試作し、翌年にルビ付き活字が登場したあたりに、メディアを意識した布置感覚の芽生えを感じる。まだ新聞の段数は六段だった。その六段が号数活字のまま八段になるのは大正三年あたりからだった。

同時に、このころから「広告」の自覚が始まった。広告という言葉をつくったのは、はっきりはしないが福澤諭吉の「時事新報」あたりであろう。明治三八年というのは仁丹《じんたん》が発売された年でもある。その二年後、上野公園で開かれた東京勧業博覧会で三越呉服店が日本最初の広告ポスター「元禄美人」を作成した。広告についてはこれまでいろいろの案内解説書が出されてきたので（ればかりが多すぎたきらいもあるが）、ある程度のことは知られていようが、新聞の布置感覚との関係こそがもっと研究されてもよい。

日本の近代デザイン史についてはいろいろ言いたいことがたくさんある。本書もよく明治大正昭和初期までの変化をさまざまな領域で追っていた。とくにブリキ缶などの容器の素材との関係、そのラベルの図案における漢字と横文字のタイプフェイスの混合性、女性の白粉《おしろい》の普及との関係、資生堂やクララ化粧品の冒険、歯磨き習慣の普及とデザインの関係、さらには口笛を吹くようになった日本人とデザインの関係など、なかなか凝った視線も伸ばしている。

デザインの歴史というものはデザイナーが想像している以上に深く、また重要だ。今後はデザインのための歴史学や民族学や民俗学が、またデザイン・コンセプトによって時代文化や生活文化や情報文化を語りうる視点が、もっともっと出現すべきだろう。デザインがデザインすることだけを狙っていることにも、そろそろ鉄槌《てっつい》を食らわしたほうがいい。最近のデザイナーが装飾や文様を排除しようとして、ミニマリズムに陥っていることにも文句をつけたほうがいい。

一九九八年から桑沢デザイン研究所の卒業生たちが設営した講座で、ぼくが三年にわたって「日本文化とデザイン」を講義したときは、そうした従来にない視点をこそ起爆させたいというおもいが滾《たぎ》っていた。講義にふんだんにビデオ映像を細かくちぎって入れるようになったのは、このときからだった。

第四三九夜　二〇〇一年十二月十二日

参照千夜

一二〇夜：馬場孤蝶『明治の東京』　四一二夜：福澤諭吉『文明論之概略』　一六二夜：新井白石『折りたく柴の記』　一二三六：志賀直哉『暗夜行路』　七三〇夜：伊東忠太・藤森照信・増田彰久『伊東忠太動物園』

美は常に形を変じ
物体中に潜伏するものなり

伊東忠太動物園

伊東忠太　藤森照信　増田彰久

筑摩書房　一九九五

明治神宮や築地本願寺や湯島聖堂や平安神宮を設計した伊東忠太の設計作品の案内ではなく、建造物に付与された動物装飾だけに焦点をあてた一冊だ。いかにも藤森照信の企画っぽい。写真は増田彰久による。「予は何の因果か、性来、お化けが大好きである」に始まる伊東の怪物文様学の論文もいくつか収録されている。ちょっと南方熊楠《みなかたくまぐす》、ちょっとバルトルシャイティスだ。

伊東忠太については、いまなお評価が一定していない。さまざまな議論がおこっている。日本の近代建築は初期の擬洋風時代のあと、ジョサイア・コンドルによって鹿鳴館や三菱邸がもたらされると、その弟子の辰野《たつの》金吾《きんご》の日銀本店・東京駅、片山東熊《かたやまとうくま》の京都国立博物館・赤坂離宮、さらには妻木頼黄の東京府庁・日本勧業銀行などによって、いわば堂々たる本格洋風複合期を謳歌するのだが、ここでいったん頂点からの転回をはかりそこねた。そこへ登場するのが伊東忠太である。

卒論に「美は常に其形《その》を変じ、其状《その》を替へて各般の物体中に潜伏するものなり」という哲学をひっさげての登場だった。早くから言葉と歴史と様式の合理と合体を標榜できた。そこで伊東は洋風一辺倒の明治建築に対抗し、ユーラシア全域を背景とする建築に果敢にとりかかっていった。しかしその建築作品と建築思想はいまなおアジア主義の成果だとか、国粋主義的な建築物だとか、国威発揚に走ったとか、いやいやその造形力は日本建築史でも屈指の独創性をもっているとか、毀誉褒貶がはなはだしい。最近では井上章一が「法隆寺＝ギリシア起源論」（いわゆるエンタシス論）に象徴されるその荒唐無稽な建築史論に嚙みついた。

ぼくはどうかといえば、子供のころに京都の祇園閣《ぎおんかく》があまりに変な建物なのでそれに魅かれて写生をしたことが奇縁となってしまったのか、伊東忠太にはずうっと好もしく引っ張られてきたふしがある。祇園閣はもともとは大倉財閥大倉喜八郎（一二三四夜参照）の別荘で、伊東が設計した。

伊東の設計とは知らずに共感したものも少なくない。湯島聖堂を初めて訪れたときにもその静謐な色に感動したし（その後、ここでアレックス・カーが川瀬敏郎の花を相手に書のパフォーマンスをしたのを玉三郎と一緒に見て、あらためて湯島聖堂に感心したものだった）、築地本願寺を見たときも、阪急梅田駅のドームに最初に包まれたときも、正直いって奇妙な共感をおぼえた。

そんなこんなで、伊東忠太は近代ジャパネスクのルーツとしての役割を存分に果たしたわけである。そのことには感慨がある。もっとも、そんなことを言うからおまえはナショナリストなんだよという連中もいるだろうが、こういう輩《やから》には胸倉をつかんで、「何がナショナリズムか説明をしてみよ」と言いたい。

念のため書いておくが、なぜ伊東忠太をおもしろがるとナショナリスト呼ばわりされるかというと、おそらくは伊東が明治神宮や靖国神社や宮崎神宮の設計者であって、かつ神社木造論の提唱者であるからだろう。神社木造論とは、「神社は人間の住宅ではなくして神霊の在ます宮居であり、その神霊の生活は劫久に不変である」（一九二七「神社と其の建築」）というもので、神社は木造にすべきだという主張である。伊東はこういう思想を披瀝《ひれき》して、頑として譲らなかった。そこが、ナショナリズムならなんでも非難したいという評論家たちの気にいらないところなのである。

伊東忠太は明治元年が一歳である。米沢に生まれた。幸田露伴・尾崎紅葉・夏目漱石・宮武外骨《がいこつ》・藤島武二らと同い年になる。

東京帝国大学の造家学科を卒業して、二六歳の明治二五年に「建築哲学」という論文を書いていた。三二歳で「法隆寺建築論」（これが例のエンタシス論）を執筆して建築史を開拓し、三六歳のときにそれを確かめるべく中国・インド・ペルシア・トルコを驢馬《ろば》にまたがって、三年をかけてユーラシアを踏破した。ギリシア神殿と法隆寺とを結ぶ決定的証拠はほとんど見つからなかったのだが、そのかわりヒンドゥ・仏教建築の大半を見た。こんなに多くのアジア建築の実物を見た日本人はほかにはいない。

三九歳で東京帝国大学の教授となると、四三歳で「建築進化論」を発表した。ついで、明治最後の年に真宗信徒生命保険会社という大胆な建物を設計して、自身の成果を初めて造形化した。その後、ぼくが遊んだ祇園閣や湯島聖堂、また一橋大学の校舎群（図書館・兼松講堂）などを次々に発表した。築地本願寺は昭和九年の完成だ。この間、敦煌《とんこう》をはじめとする仏教遺跡探検隊を組織した浄土真宗の総帥だった大谷光瑞《こうずい》とはぴったり結ばれている。

いまこの文章で伊東忠太の建築デザインを評論する気はないが、一言だけ感想を言っておくと、伊東は外部の造形によって内部が圧《お》し潰《つぶ》されない建築設計をめざしたはずなのに、やはり内部の造形には力およばず、結果としてはむしろナショナリズムを体現できなかった建築家だったとおもう。その造形は、どちらかといえば汎《はん》ユーラシア主義ともいうべきもので、ぼくには早坂文雄の作曲技法が聴こえてきたりする。早坂文雄も汎アジア主義の音楽を提唱して、四十代半ばで亡くなる直前に交響組曲《ユーカラ》を完成させた。

本書はこうした伊東の意匠戦歴から、西本願寺真宗信徒生命保険会社（一九一二・現在は布教研究所）、阪急梅田駅壁画（一九二三）、一橋大学兼松講堂（一九二七）、京都東山の祇園閣（一九二七）、ホテルオークラの大倉集古館（一九二七）、本所横網の震災記念堂（一九三〇・現在は東京都慰霊堂）、靖国神社の遊就館（一九三〇）、湯島聖堂（一九三五）、築地本願寺（一九三四）などをとりあげ、そのファサードや柱頭や屋根の各所に付着した怪獣や幻想動物のみを解説した。

この藤森のとった視点は、伊東忠太を壊さず褒めすぎず、恋慕を失わず内奥を問題にせずという〝距離〟をいかして、なかなか憎いものになっている。ないしはずるいものになっている。

行ってみるか、写真を見ればすぐわかるように、伊東が執着した動物たちは、すべて異形のものたちである。その異形のイコンにはそれぞれ土地と歴史と民族の記憶とが生きている。伊東はそれを誇らしげに建造物の結節点にあしらった。しかし、いつしかそうした異形や異物は交じり合い、変形しあって、ついにそのイコンとしての機能を近現代になって喪失していった。いまではただの〝お飾り〟になってしまったものたちばかりである。

伊東がそれを起源の造形を扶《たす》けるかのように、自分の設計した建造物の片隅に蘇らせようとしたのは想像するに難くない。寡黙であって饒舌な異物たちは、日本人が忘れてしまったユーラシアの記憶なのである。アニマの再来なのである。

それだけに、見ているとなんだか痛ましい気分にさえなってくる。慈しみやいとおしささえ感じてくる。けれども本書に収録されている論文を読んでもわかるように、伊東は大真面目だった。それどころか、現在なお各地の建物からこちらを睨《にら》んでいる空想動物たちを眺めていると、そこからはユーモアあるいはブラックユーモアの力さえやってくる。それもそのはずで、伊東は北斎漫画に憧れて漫画も手慰みにした人だった。そういう目でみれば、伊東は水木しげるや楳図《うめず》かずおや小松和彦や荒俣宏の先駆者だったということになる。

そこでふとおもうのは、意外なことに、きっと伊東忠太はホルヘ・ルイス・ボルヘスのような資質の持ち主なのではなかったかということだ。ボルヘスは『伝奇集』に見られるように、われわれの想像力の裡にひそむ幻想的構造や複合的物語を探り出してみせた魔術的意匠家だった。そこには「見えないもの」こそが可視化され、すでに「見えていたもの」が入れ子のように折り畳まれた。ボルヘスは言葉の技能を駆使して異能異物の表象をデザインしてみせたのだが、その手法にはどこか伊東忠太のユーラシア主義に

本書は「不思議動物図鑑」を装いながら、
藤森照信の文章と増田彰久の写真によって、
忠太の空想動物意匠を取り上げていく。とり
わけ一橋大学と築地本願寺には数多くの
空想動物がめくるめく“生息”してきた。

通じるものがある。

なお、これは付け足しだが、朝日新聞社が「二十世紀の千人」として全十巻のシリーズを刊行したとき、日本の建築家でとりあげられたのは伊東忠太・村野藤吾・前川国男・西山夘三《うぞう》・丹下健三・磯崎新・安藤忠雄の七人だった。この人選はかなり恣意的なものであるが、七人の顔ぶれのなかではとりわけ伊東忠太の組み込みが、まことにもって異様きわまりない。

第七三〇夜　二〇〇三年三月十一日

参照千夜

一六二四夜：南方熊楠『南方熊楠全集』　一三夜：バルトルシャイティス『幻想の中世』　二五三夜：井上章一『アート・キッチュ・ジャパネスク』　二二一夜：アレックス・カー『美しき日本の残像』　九八三夜：幸田露伴『連環記』　八九一夜：尾崎紅葉『金色夜叉』　五八三夜：夏目漱石『草枕』　七一二夜：吉野孝雄『宮武外骨』　八四三夜：小松和彦『経済の誕生』　九八二夜：荒俣宏『世界大博物図鑑』　五五二夜：ボルヘス『伝奇集』　八九八夜：磯崎新『建築における「日本的なもの」』

デザイン以前を制する
一キリ、二カンナ、三チョウナ

村松貞次郎

大工道具の歴史

岩波新書 一九七三

ノコギリのアサリに見とれることがある。アサリはいわゆる齟齬《そご》のことで、歯の先が交互に外側にそれていることをいう。波形のノコギリの歯の大きさに対して、どのくらいアサリをつけるかがノコギリの切れ味を変える。交互の二枚の歯の左右のユレが刃元部分の身の厚さと比例関係にあり、この比率で切れが進む。日本では古墳時代にアサリが出現した。

比例ということではサシガネ(曲尺)がある。今日のサシガネはL字の長手も横手もセンチ・ミリで目盛ってあるが、以前は一尺五寸を刻んで、しかも裏目(角目)は表目のルート二倍の目盛になっていた。これがいわゆる矩尺《かねじゃく》(曲尺)で、これを自在につかいこなすことを「サシガネつかい」といった。

　こうした日本独自の比例道具を考案したのは、江戸の大棟梁の平内廷臣《へいのうちまさおみ》だった。四天王寺流を統率する幕府作事方《さくじがた》の大棟梁だ。廷臣は平内家十代目にあたるのだが、かなりの異能者で、大棟梁になるまでに和算に没頭していた。作事方に就いたとき、この和算の成果を徹底してとりいれ、サシガネを駆使した和算をもって日本家屋の幾何学化を完成させた。

　廷臣の主著の『匠家矩術要解』と『匠家矩術《くじゅつ》新書』とは長らく大工の匠《たくみ》たちのバイブルになってきた。村松貞次郎さんが明治村の館長だったころに、この『矩術新書』について教えを乞うたことがあったけれど、ぼくのほうがその全容をつかみそこねた。

　村松さんの著作にはいつも不意を突かれてきた。たとえば、「環境保護主義や自然を守れなんていう運動は、それはそれで大事だが、これを道具のほうから見るとね、実は時代が道具を滅ぼす動きなんだよ」といった視点である。

　道具は無実だというのだ。そういうふうに不意を突く村松さんに、それでもなんとか対応してこられたのは、「グループモノ・モノ」の秋岡芳夫さんに和物の道具の数々を見せられてきたせいだ。和道具というものは、ともかく見れば見るほどほれぼれとする。ただ、その種類がまことに多い。

　もうひとつ、小声で言っておきたいこともある。ぼくは小さなときから大工さんになりたかったのだ。これは京都高倉押小路のわが家に出入りしていた中村さんという大工さんの影響による。子供のころ、中村さんが脚立《きゃたつ》一丁をつくるのに長いあいだ見とれて、そのまま大工さんに憧れた。青年になって、自分の家の大半の家具を自分でつくろうと発奮したのだがこれはすぐに挫折して、書棚、違い棚、収納棚、ベンチ、ベッド程度で終わった。何に挫折したかというとノミとカンナに挫折した。ノミは日本の大工道具で最も種類が多く、カンナは刃の具合と重みのかけかたがめっぽうむずかしい。わが日曜大工の歴史はあっけなく二十代で終わってしまったのだが、その積年の無念が大工や匠や道具の話にぼくを誘いつづけるのである。

村松さんは旧制八高から東大工学部の建築学科をへて、一九五九年には『日本建築技術史』（地人書館）を著していた。その後、浩瀚《こうかん》な近代建築技術史の集大成に向かう一方で、大工道具や職人道具の解読を引き受けていった。そのひとつが本書で、一九七四年の毎日出版文化賞を受賞した。当時のこの賞は毎日デザイン賞と並ぶ二大文化賞だった。眩《まぶ》しかった。

道具や職人に対するこだわりは、村松さんの信条や信念になっている。岡本茂男と組んだ『道具曼陀羅』『新道具曼陀羅』から『続々道具曼陀羅』（いずれも毎日新聞社）に及んだ道具シリーズは、いまもってぼくのバイブルだ。バイブルなのだが、襟をただされる気分にもさせられる。おためごかしのデザイン論では、まったく歯が立たない。どこが歯が立たないのかというと、次のようなことだ。

村松さんには大工道具の見方についての〝五法〟がある。ひとつ、「実物」を見なさい、である。これはまあ、当然だ。道具は見ていないと何もわからない。むろん使ってみなければ何もわからないが、それでは足りないのである。ひとつ、「忘れもの」を見なさいという。大工がその場に残している道具のことだ。とくに寺院建築にはこの「忘れもの」が多い。これにはギョッとさせられる。

ひとつ、「加工の痕跡」を見なさい、もある。登呂《とろ》遺跡にもチョウナやノミの痕跡がある。よく見ればそこに蛤刃《はまぐりば》の跡がついていたことなどが読めてくる。道具の相手先に目を致せというのだ。

さらにひとつ、「文献」を読みなさい。これは文字によって道具を知ることをいう。村松さんは『新撰字鏡《しんせんじきょう》』『延喜《えんぎ》式《しき》』『倭名類聚抄《わみょうるいじゅしょう》』から『和漢船用集』までに通暁することを奨めた。これらは日本人と道具の関係を見るには欠かせない辞書だ。そしてもうひとつ、「絵画資料」を読みなさい。とくに絵巻物が重要になる。川越喜多院の《職人尽絵《しょくにんづくしえ》屏風《びょうぶ》》などは道具が生きたまま描かれている。

数寄屋の大工たちは、しばしば「一錐《きり》、二鉋《かんな》、三釿」を合言葉にする。釿はチョウナのことだ。キリとカンナとチョウナが使えれば一人前ということだが、以前からキリを一番にもってきているのが不思議だった。

しかしキリは穴をあけるのではなく、釘の方向を決めてこれを受け締めるためにあることを知って納得した。見当の発見、あるいはアフォーダンスのためなのだ。高木貞治《ていじ》のいう「めあて」、ベイトソンのいう「見当」だ。

本書にはそのようなキリやカンナやチョウナをはじめ、ノコギリ、ゲンノウ、ブンマワシ、スミツボのたぐいのひとつひとつの歴史と種族が語られている。何の飾りもない文章は大工や道具の社会のひたむきな無言性を語っていて、なかなか味わいがある。話の多くはデザイン以前のことだから、ときどき不意も突く。それは村松さんの人柄そっくりなのである。

第三七九夜　二〇〇一年九月十四日

参照千夜

五四夜：高木貞治『近世数学史談』　四四六夜：ベイトソン『精神の生態学』

棟梁と名人は
他人の「間《ま》」を奪わない

平田雅哉

大工一代

池田書店　一九六一　建築資料研究社　二〇〇一　角川ソフィア文庫　二〇一八

村野藤吾は平田雅哉には「大棟梁の面影」があったと言った。福田恆存《つねあり》は平田という大工の名人は「自分のことを他人に語らせるのも名人だった」と書いた。今東光《こんとうこう》は「飯《めし》ものと大工仕事と庭づくりはなんといっても大阪のもの」と書いたあと、なかでも平田は「浪花《なにわ》の大物」だったと述懐した。

もとは堺の大工の息子である。だったらその父親に仕事を習えばいいものを、父親がとんでもない極道者だったので、当時の大阪に黒徳清平・三木久と並ぶ大工三羽烏に憧れて、その一人の藤原新三郎の弟子に入った。これが平田雅哉の若き日々になる。藤原棟梁が木津宗泉《きづそうせん》の門下だったから、平田も系譜のうえでは木津門下に入る。木津宗泉は茶匠の武者小路家専属の数寄屋大工で、自分で茶も嗜《たしな》んだ。昔はそんな棟梁が大阪にごろごろいたものだ。

平田はこの本のなかでは自分のことをさかんに「茶の間大工」と言っている。これは大工仲間の符丁であって、言葉通り受けとってはいけない。茶の間なんぞではない。ふつうなら数寄屋大工とか茶室専門の棟梁ということになる。

ところが、平田は数寄屋や茶室の棟梁とよばれるのは好きじゃない。茶室を茶室として作るのが嫌いで、たとえば西洋人が茶室を気にいって作りたいと所望するなら、うんとタッパのあるものでもよろしいという見方なのである。躙口《にじりぐち》などもふつうは二尺六寸が基準だが、平田は二尺八寸ほどの大ぶりにする。これも日本人の体付きが大きくなったことに合わせているのだという。それに応じて床の間もスケールを変えた。いくらでも具合を伸縮することができた。

数寄屋を複合的に見ていたわけだ。だいたい数寄屋は御殿と茶室の合いの子なのだから、この「合い」をちゃんと作るのが腕なのだという見方なのである。実際にも茶室ばかりを作ったわけではなかった。

ぼくがゆっくり平田棟梁の仕事を味わえたのは、熱海の大観荘に裏千家の伊住政和《いずみまさかず》宗匠に招かれて一夜をともにしたときだった。

食べたり泊まったり風呂に入ったりしてみて、さすがに感心した。どんなところも間、合い、が格別だ。それまででも吉兆も万亭も招福楼も雲月も知っていたが、これは家族や客と一緒に食べに行くだけなので、どうも意匠をたっぷり味わえない。それが大観荘のときは伊住宗匠の好意もあって、ゆっくり見させてもらった。大観荘はもともとは中山悦治（中山製鋼所創立者）の別荘として昭和十五年に普請したもので、戦後に旅館になってからも棟梁が少しずつ手を入れてきた。

それにつけていつも感じているのは、いったいわれわれは大工仕事をどのように実感していけばいいのだろうかということだ。知りあいの棟梁でもいれば、なんとか案内も頼めるが、そうでもないかぎりは料亭に行ってもお屋敷に呼ばれても、じろじろ見ていくわけにもいかず、いつも慚愧《ざんき》に堪えない気分がのこるのだ。勿体《もったい》ない。われわれはどうにも「なんでも鑑定団」から見離されてしまうのである。

本書は昭和三十年代に「大阪手帖」に五年をかけて聞き書きされた「工匠談義」を、池田書店が一冊にまとめた。そのころ棟梁は還暦をこえていた。聞き手は内田克己だ。棟梁が何を言うか興味津々で臨んだようだ。案の定、口は悪いが、案外ホロリとさせる話が少なくなかった。

すでに芦原《あわら》のつるや旅館、なだ万、錦戸、吉兆、城崎《きのさき》の西村屋、八日市の招福楼などを手掛けていた平田棟梁の職人魂が溢れたこの一冊は、発売まもなくすぐに評判になり、東宝はさっそく森繁久彌《もりしげひさや》を主演にして『大工太平記』を制作したほどだった。ぼくも見てホロリときたのをよくおぼえている。のちに森繁は、この映画で棟梁が弟子を叱るところの次のセリフが忘れられないと書いた。「ええか、よう聞けや。おまえの傷は舐めれば治るかもしれんがな、この柱の疵《きず》は永遠に直らんのや。わかったか！」。

こういう職人だった。会っておきたかった。もっとも、その機会がまったくなかったというのでもなかった。実はぼくの父が平田棟梁と多少の昵懇《じっこん》だった。仕事を頼んだことはなかったとおもうのだが、あとで聞いたところでは湯木貞一《ゆきていいち》（吉兆主人）さんから紹介されたらしい。

ひるがえって、吉兆の建物はそもそもは当時の目利きとして有名な美術商「米山居」の児島嘉助の高麗橋《こうらいばし》三丁目の本宅と嵯峨の別荘をもらいうけたものである。父はその児島翁に一、二度呉服の誂《あつら》えを頼まれていた。父は「えらい目が利く人やけど、こわい人やったな」と言っていた。いつも葉巻を口にしていた有徳人《うとくにん》である。きっと父は児島翁から湯木さんを、その湯木さんから平田棟梁をどこかで紹介されたのだろう。

その高麗橋の児島本宅については、本書にも棟梁らしいエピソードが紹介されている。ここは棟梁が初めて鉄筋コンクリートをとりいれた和風建築で、間口七間、奥行一二間、一七〇坪の普請。十カ月をかけた。児島翁は予定通りに完成したので、三〇〇〇円を手間とはべつに包んだが、これを棟梁は断った。だいたい祝儀を受け取らない男なのだ。ところが、落成直後に児島さんから夜中に電話があって、火事だという。棟梁はアイクチ一丁を懐に入れて飛び出した。タクシーが高麗橋の三越に近づくと、さすがに棟梁の胸は高鳴った。もし自分の仕事の不備で出火したのなら、アイクチで腹を掻き切ってお詫びをしなければならない。さいわい火事は煙突の故障で煙がまわった程度だったので、腹を切らなくてすんだ。そういう話である。

こういうぐあいに義侠心も強く責任感も強い棟梁だが、一方、そうとうに頑固で、自分が作ったものには絶対の自信があったから、なかなか施主の勝手を許さない。同じ高麗橋の児島本宅が吉兆に衣替えするときも、湯木さんは二階の「残月」の大きな八尺書院付きの床の間が料亭にはふさわしくないから取り払ってほしいと注文を出したのに、棟梁はこれを断っている。いまの吉兆にのこる八尺書院はその勇姿であるらしい。

日本の職人は「居職《いしよく》」と「出職《でじよく》」に分けられる。幕末の喜多川守貞の『守貞謾稿《まんこう》』も明治の横山源之助も、この二つに分けている。大工の姿恰好は出職が股引《ももひき》・半纏《はんてん》・麻裏草履を流行させ、その後はハンチング、コール天の乗馬ズボン、靴下に地下足袋《じかたび》を定着させた。

関西の出職の原型は近江の東小椋《ひがしおぐら》村の筒井八幡と大皇《おおきみ》大明神を氏神とした木地屋《きじや》たち

である。白洲正子さんが足跡を追ったように、中世から動きまわっていた。このワタリの職人に引っぱられるように大工や左官がワタリの地域を広げていった。そういう大工になるには、奉公人として一年は雑用、二、三年は道具とぎと鋸引《のこぎりび》きと建前手伝い、五年目からやっと助手扱いになって年季十年目で腕前が評価されたのだ。

最近はこうした職人の話をまとめた本がかなり多く出回るようになった。ブームになったのは何がきっかけかは知らないが、おそらく平田雅哉の存在が大きかったのではないかとおもう。

本書はいたるところに大工職人のコツと心得が語られていて、いまさら日本の失った職人芸を惜しむ気持ちが募る一冊になっているのだが、その一方で、十六歳で母を亡くし、夫人を二度亡くし、愛息も失った名人の一徹裏にさすらう悲哀というものも随所に滲み出ていて、たしかに森繁が森繁流の映画にしたくなったのも理解できるドラマにも富んでいる。

もうひとつ気にいったのは、棟梁が暴れ者で、頑固で、仁義を通す男でありながら、まったく酒を嗜《たしな》まないということだった。それだけでなく、この棟梁は酒を呑《の》んでごまかす職人が大嫌いだといって、さかんに酒と職とを分断することを勧めている。加えてもうひとつ、この棟梁は大阪のいとはん上がりのおばはんが大嫌いで、こういうおばはいんがべらべらお喋りばかりするようになってから大阪の文化がダメになったと嘆いている。棟梁はおばはんは間《ま》がとれていない、他人の間を奪うといって文句をつけるのだ。こんなふうに自分の信条を、あの口調で語っている。「わしを信用せんのやったら寄ってくるな」「大阪の工夫と関東の気《き》っ風《ぷ》。この両方が上方には必要なんや」「どんなときでも、うろうろする奴が一番あかん」「この人は偉い人やとおもうたら、その人のことがなんとか盗めるまで、自分の文句を言うな」。

第五三一夜　二〇〇二年五月七日

参照千夜

五一四夜：福田恆存『私の國語教室』　五九〇夜：森繁久彌『品格と色気と哀愁と』　八九三夜：白洲正子『かくれ里』

戦火の中のグラフィズムから
日本のブックデザインの確立へ

原弘

デザインの世紀

平凡社 二〇〇五

筆吉 今夜は、われわれ筆吉組が正体不明の紙蔵さんに、日本のグラフィックデザインの原点のようなものをたっぷり話してもらいます。

紙蔵 ぼくが？ 原点を？ それは無理だね。ぼくの任じゃない。そのかわりに、そういう原点にかかわった人の本をとりあげるということにしようよ。

筆吉 それでもいいですが、その前に、いったい紙蔵さんは、そもそもデザインをどう見てきた人なんですか。

紙蔵 そうだねえ、あえてふりかえってみると、おそらくはデザインをデザインとして見てきたというんじゃないね。ヴィジュアリティのひとつの動向として見てきた。でも、それはけっこう小さなころからの関心だったね。

筆吉　たとえば？

紙蔵　ぼくの仕事は、いわば言葉全般を主たるフィールドにしているんだけれど、その一方で、ごく若い時分から「もののかたち」やそれを伝達する「しかた」や「しくみ」に興味があったんだね。これは言葉にならないものに興味があったというんではなくて、そういうものも「もうひとつの意味」に見えていた。

筆吉　それってデザインの発見ですよね。

紙蔵　まだまだそこまでのことじゃない。デザインといっても、グラフィックデザインとか建築というはっきりしたものじゃなくて、風呂敷からホッチキスまで、本の装幀から自転車まで、みんな入るんですね。「世の中の表象いろいろ」とか「意匠どきどき」ということ。ともかく日ごろ見るもので〝めざましい気分〟になれるものなら、何であれ好きだった。だからよくスケッチをしましたね。

筆吉　スケッチするんですか。

紙蔵　世の中にスクラップ派とスケッチ派がいるとするとね、ぼくはあきらかにスケッチ派です。スケッチをしないばあいはノート派。そのほうが自分が好きになったものの輪郭や表情がよく見える。自分の手を通すということ。記録写真はあまり撮らなかった。

筆吉　ノートはともかく、スケッチするということは、絵が好きだったんですか。

紙蔵　そうでもない。あらためて思い出してみると、小学校では図画と理科的な観察と電気っぽい細工が好きで、中学校の図画工作の時間で夢中になってたのは何かというと、版画と粘土細工だね。必ずしも絵を描きたいというんじゃなかった。

筆吉　じゃあ、なぜスケッチが多かったんですか。

紙蔵　ははは、「略図的祖型」が好きだったんだね。略図のおもしろみ。いや、そんなことは当時はまったくわかっていなかった。おそらく鉛筆とか万年筆とか、筆記用具を動かすのが好きだったんでしょうね。

筆吉　たしか紙蔵さんって、万年筆とか文房具のコレクションする人じゃなかったですよね。

紙蔵　うん、しない。だいたいコレクションは鉱物標本を除いて、骨董であれネクタイピンであれ珍本であれ、ほとんどしません。それに筆記用具はとくに「まにあわせ」のほうがいい。

筆吉　弘法《こうぼう》は筆を選ばず。

紙蔵　そうやっていつも立派に解釈してくれるのはありがたいけれど、そういうわけでもなくて、むしろ「まにあわせ」のほうが工夫する気になるってことです。何とかしようという気になる。つまり「手持ち」優先派なんだね。世の中、結局は「手持ち」と「他持ち」だからね。イサム・ノグチだって、茅ヶ崎の家で大工さんの持っていた道具にめざめたのが大きかったでしょう。

筆吉　まあ、そうですね。

紙蔵　それで思い出すのは、小学校四年から毎日、日記をつけていたんだけれど、中学校からはその日の気分や出来事によって一本の万年筆を立てて書いたり、寝かして書いたり、斜めにして書いたりしていたんです。ときにかすれたり。

筆吉　毎日、文字の書き方を変えていた？　それって、まさにタイポグラフィとかカリグラフィじゃないですか。

紙蔵　そんなだいそれたことじゃありません。ただおもしろくて仕方がなかっただけ。ちなみにその万年筆というのが、学研の「中学一年コース」の俳句投稿欄で一席だか金賞だかに入ったときに貰《もら》った賞品の特製万年筆でね、そのこともあって、この万年筆をいろいろ使ってみたかったんだね。まあ、あえて言うなら、万年筆が生み出す文字がその日によってトーンが異なっていくというのは、いまで言うなら「ツールがコンテンツをつくっていく」とか「方法と内実は切り離せない」とかいうことだろうね。そういうことにけっこう夢中になっていた。

筆吉　では紙蔵さんにとっては、文字は絵のようなものだったんですか。

紙蔵　いや、それもちょっと当たらないな。書きっぷりが変われば内容も変わるんだということが、手の先でわかったということでしょう。だいたい母の字が好きで、それをまねるために母の鉛筆の削り方を何度も何度もまねしたほうだからね。

筆吉　そういう紙蔵さんにとって文字とはどういうものですか。

紙蔵　文字って、どんな時代のどんな民族の文字でも、誰彼《だれかれ》かの手が生み出したタイプというものですよ。むろん活字もコールドタイプもね。けれどもその「タイプフェイスとしての文字」は、最初は必ず手が生み出した。誰彼かのね。しかもそうやって生まれた文字は、それを並べたとたんに「意味」を派生する。ワードやフレーズになったとたんに、意味をもつ。漢字なら一字でも意味を発揮する。そこが文字の凄いところです。

筆吉　そういう文字を並べるってことは、まだデザインじゃないですよね。

紙蔵　いわゆるデザインではないけれど、すでにデザインに向かったイニシャル・コンディションの発動ですね。

筆吉　何が発動されるんですか。

紙蔵　イニシャル・コンディション。文字が並ぶというのは、それがたとえ白紙の上に自由に書く文字であっても、書道用語でいうなら「間架結構《かんかけっこう》」というものが生まれます。つまり、ちょっとした「字配り」だよね。これはデザインの最初の発動でしょう。また大学ノートに書く文字だって、たいてい罫《けい》がある。その罫はレイアウトです。何かの文字群が一本の線の上にあるのかその横にあるのか、タテなのかヨコなのか、その線にくっついてあるのか、また、写真の中の白ヌキ文字になっているのか、文字に鮮烈な色がついているのか、大きいのか小さいのかによって、いろいろ表情が変わってくる。これは文字はその並びの内側から、文字のワードやフレーズがもつ意味だけではない何かを発動しているということですよ。

筆吉　何が発動しているんでしょう？

紙蔵　だからイニシャル・コンディション。ぼくは、それを文字そのものがもつ「意味」に対して、文字の並びや大きさや位置や色があらわす「意向」とか「意表」とかと名付けるといいと思っている。

筆吉　文字そのものが意味をもち、その並びのデザインから意向や意表が出るということですか。

紙蔵　まあ、そういうことです。

筆吉　それはまだデザインではないんですね。

紙蔵　本格的なデザインは、そうした意向や意表が「意匠」になったことをさすんでしょうね。

筆吉　はあはあ、なるほど。「意味↓意図↓意表↓意匠」という順ですか。

紙蔵　順をつければそういうことになるけれど、でも、意匠はあれこれしたあげくに、フィニッシュしたあとの結果です。いわばデザインの作品性。文字というものをもっといきいき感じるには、その直前の意向や意表を大事にしたほうがいいでしょうね。

筆吉　なるほど。そういうことですか。

紙蔵　きれいにまとめればね。

筆吉　それではいよいよ今夜の本題ですが、そういう文字を「意味→意図→意表→意匠」の順にいきいき感じられるデザインをした日本のグラフィックデザイナーということ、だれですか。

紙蔵　そりゃ、いっぱいいますね。

筆吉　たとえば？

紙蔵　中山太陽堂のプラトン社でロゴをつくっていた山六郎を筆頭に、その山に学んで資生堂時代を築いた山名文夫《あやお》、ニュータイポグラフィを研究しきった原弘《はらひろむ》、それから早川良雄・山城隆一・花森安治・佐野繁次郎に始まって田中一光・杉浦康平・和田誠・戸田ツトムにいたるまで、いっぱいいます。いまは仲條正義さんや浅葉克己さんがかなりいいね。

筆吉　はい。ほかには？

紙蔵　横尾忠則、勝井三雄、平野甲賀、羽良多《はらた》平吉、鈴木一誌、祖父江慎、みんなすば

筆吉　らしいよ。

紙蔵　戸田ツトム、祖父江慎は工作舎のスタッフでもあったわけですよね。

筆吉　そうでしたね。

紙蔵　そういう名だたるデザイナーのなかでも、文字を意識したという意味で特筆すべきデザイナーはだれですか。

筆吉　やっぱり杉浦康平でしょう。

紙蔵　杉浦さんですか。そうなんでしょうね。ダントツですか。では、もっと前の人でいうと？

筆吉　杉浦さんの直前なら山城隆一だし、もっともっと原点の時代に近かったというのなら図案家時代の杉浦非水《ひすい》や山六郎かな。恩地《おんち》孝四郎《こうしろう》なんて人もいた。

紙蔵　原点そのものは？

筆吉　しつこいね。初期の黎明期を築き、その後もリーダーとして君臨したというなら、なんといっても原弘でしょうね。

紙蔵　やっと決まった。原弘ですね。名前は知ってますが、どんなデザイナーだったんですか。

筆吉　えっ、知らないの？　それこそ日本のグラフィックデザインの原点に静かに仁王立ちしつづけた〝生けるモノリス〟です。

筆吉　モノリス？

紙蔵　モノリスだというのは、原さんの生んだデザインに関する考え方のプロポーションこそが、昭和デザインの解剖台あるいはミシンだったということだね。

筆吉　それでは、今夜は原弘に決定！　どんな本がいいですか。

紙蔵　それが、原さん自身が書いた本というのはないんだよ。

筆吉　じゃあ、作品集？

紙蔵　うん、作品集でもいいんだけれど、これが亡くなってからしか刊行されなかった。でも、原弘という人は自分の考え方をけっこう小まめに書いているんで、そういうものが載っている本がいい。

筆吉　けれども、著書がない？

紙蔵　『デザインの世紀』というのがいいかな。ただ、この本は原弘の著書というかたちをとっているんだけれど、本来の著書ではなく、石原義久を編集委員長とする多くのスタッフ、宮山峻・多川精一・永井一正・山崎登さんたちの作業によって〝再生〟されたものなんです。もっともそれだけに、原さんが生きた歴史的背景から原の作品例まで、めったに読めない数々の文章から当時の参考写真まで載っていて、貴重なドキュメンテーションになった。そこがお勧めです。もっともそのわりにはレイアウトは、およそ原弘の洗練を反映していないお粗末なものになっている。

筆吉　そりゃいけませんね。

紙蔵　いけないね。ブックデザインは原弘を意識してますけれどね。ま、このさいレイアウトには目をつぶるとして、まずは原弘がどんな仕事をしてきたかということを話しておこうね。

筆吉　そこをよろしく。

紙蔵　その前に、ぜひ読んでおいてほしい、見ておいてほしい二冊の本をあげておきたい。ひとつは原弘『グラフィック・デザインの源流』というもので、一九八五年に平凡社から刊行された集大成です。原さんが亡くなったあとに出た決定版作品集だね。田中一光さんを中心に多くの関係者が協力してつくりあげたもので、江島任《たもつ》さんが組み立てたエディトリアル・デザインもいい。これは必見。もうひとつは、川畑直道の『原弘と「僕達の新活版術」』というトランスアートから刊行された二〇〇二年の本です。これは原のタイポグラフィをめぐる仕事に焦点をあてて、時代背景を含めて克明に追っていて、未見の資料もなかなか充実している。ぼくもこれを読まなかったら、原の詳しい変遷はわからなかったという一冊です。今夜は、ときおりこれらの本の助けも借ります。

筆吉　どこから案内してもらえますか。

紙蔵　まず最初に、みんなに何の予備知識もないとして、花王石鹼のパッケージデザインを見てほしい。

筆吉　ああ、これは見覚えがありますね。いまでも使ってるんじゃないですか。

紙蔵　これが原弘ですよ。一九三〇年（昭和五）に花王石鹼を売っていた長瀬商会が指名コンペをしたもので、提出数が八名二八点にのぼったのに、なかで原のデザインだけが翌年に採用されたという曰《いわ》くつきのものです。オレンジの地に石鹼の白を暗示するような自在なタイプフェイスが躍ってますね。このパッケージをもって花王石鹼は一世を風靡する。原弘という人は一九〇三年（明治三六）の生まれだから、これは二七歳のときの乾坤一擲だった。

筆吉　昭和初期にしては斬新ですね。

紙蔵　あのね、大正中期・昭和初期はもともと斬新なんですよ。いまだにこのパッケージを超える石鹼は出ていない。でも、これ以前にも原弘の斬新は発芽していたんです。たとえば《薔薇を愛する少女に与ふるhとtを主題とせるモノグラム》（一九二五）。これは二二歳のときの習作で、水彩による構成なんだけれど、のちの原の仕事ぶりを予感させるタイポグラフィック・デザインの実験性がシンボライズされている（241ページ参照）。

筆吉　hとかtって何ですか。

紙蔵　hは原自身のことを、tはそのころのガールフレンドをさすようだね。タイポグラフィだけで構成されている。それなのに物語を感じさせるよね。文字を棲《す》まわせる空間もある。

筆吉　ブーツのシルエットをタイプフェイスのように置いたなんて、憎いなあ。

紙蔵　では、もうひとつ。あまりに有名なので見た人が多いだろうけれど、一九五九年の「第一回日本タイポグラフィ展」のポスターです。漢字の部品だけをたった四つだけ大胆に取り出して、絶妙に組み合わせた。そこに約物のような花弁がひとつだけあしらってある。これ以上、何も付け加える必要がないというデザインだよね（241ページ参照）。

筆吉　これは有名だから知ってましたが、あらためて見るとやっぱり完成されてますね。

紙蔵　まさに「意向」や「意表」がある。ともかく花王のものといい水彩モノグラムといい日本タイポグラフィ展といい、原弘はこのように「文字」を意識したデザインを出発点にしていたわけです。このへんが、ひとまずの原点だね。

筆吉　原弘は、なぜ文字を意識したんでしょう？

紙蔵　原は長野県の飯田に生まれたんだけれど、家業がもたらしたものが大きかったんです。

筆吉　家業ですか。

紙蔵　生家が「発光堂」という印刷屋だった。父親は根っからの活字職人なんだけれど、信州独特の芸術家肌もあわせもっていたんですね。その兄貴、つまり原の伯父さんもまた信濃写真会などを設立していて、この二人で『伊那之華』という和装本を自費刊行していたような一族だった。

筆吉　梅檀《せんだん》は双葉より芳し。

紙蔵　そういう家業の事情が原を育てた。で、十五歳で上京すると、さっそく築地の東京府立工芸学校に入った。いまの都立工芸高校です。ぼくも高校時代には新聞部を通して交流があった。で、原少年がここで何をするかというと、やっぱり印刷に打ち込んだ。平版を専攻し、製版印刷のすべてを学びます。さいわいにも、この印刷科目の科長の宮下孝雄という人が図案家で、このとき原にタイポグラフィやレタリングの重要性を教えた。宮下はそういうことを「文字法」と名付けていたらしい。

筆吉　ええっと、どういう時代でしたっけ。

紙蔵　十五歳のときが一九一八年で、第一次世界大戦が終わったころで、日本でいえば大正七年だね。ちょうど鈴木三重吉の「赤い鳥」などによる童話童謡《うじよう》運動がおこっている。まあ、竹久夢二や野口雨情や北原白秋の時代だよ。それとともに大杉栄や若き北一輝の時代だった。

紙蔵　高校を出て、どこに進むんですか。

筆吉　学校へ行ったのはそれだけ。大学などには行っていないね。だいたいそのころはデザインを教える大学なんて皆無だよ。いや、そのあと四半世紀、ずっとない。それでそのあとは工芸学校の助手になり、自力でデザインにとりくんだ。実はその後もずっと工芸学校の教鞭をとるんです。

紙蔵　先生をしつづけたんですか。

筆吉　そうともいえるし、研究しつづけ、作品もつくり、後進を育てつづけたともいえる。そのあいだ現場を捨てなかったということでしょうね。他方、つねにいろいろな実験者や表現者と交流していきますね。それも死ぬまで欠かしていない。

紙蔵　いつごろデザイナーになることを自覚したんですか。だって印刷に没入していたんでしょう?

筆吉　デザイン開眼のトリガーとなったのは、第一次世界大戦に寄せた「世界大戦ポスター展覧会」を朝日新聞社の会場で見たことだったようだね。かなり衝撃をうけている。そこへ関東大震災がやってきて東京が焼け野原になった。一九二三年、二十歳のときです。

紙蔵　う～ん、そういう時代か。

紙蔵　大震災のときは、原ならずとも関東在住者の全員が呆然としただろうね。だって何もない東京、瓦礫のなかに残る垂直と水平の建物だけの光景だからね。阪神大震災も凄かったけれど、それ以上の焼け野原です。原はそういう光景を目に焼き付けながら、翌年にぽっかり開館した小山内薫《おさないかおる》の築地小劇場に通うんですね。

筆吉　えっ、芝居狂いになった？

紙蔵　いや、これが芝居を見るためじゃないんだな。舞台装置や舞台美術のほうに魅了されて、第一回公演の『海戦』から五年間、毎回欠かさず通って目を凝らしたそうです。表現主義的で、かつどこか日本的な舞台が原の魂を突き動かしたんだね。とくに村山知義の大胆な仕掛けに驚いた。

筆吉　村山知義って、あの「マヴォ」の？

紙蔵　そうだね。のちに『忍びの者』を書いた村山。こうしてこのあと、原はさっき紹介した《薔薇を愛する少女に与ふるhとtを主題とせるモノグラム》などの、一連の習作に取り組むことになるわけだ。

筆吉　なんとなく見えてきました。表現主義の舞台の実験性がトリガーになって、デザインに向かうんですね。そこに子供時代からの文字意識が加わっていった。

紙蔵　そういうことだろうね。加えて、青年時代からかなり表現意欲が旺盛だったね。二三歳のときには『ひろ・はら石版図案集』『原弘石版図案集NrⅡ』というものを自費刊行してる。来たるべき四年後の一九三〇年代に向けて、《吾等は否定する》という強烈なメッセージを独特のタイプフェイスに意表してぶつけた習作作品です。

筆吉　うーん、いいなあ。

紙蔵　いまはこういうものを誰もつくれないよね。とくに二三歳じゃね。

筆吉　かくて原弘は、いよいよデザイナーとして認められていったわけですね。

紙蔵　いや、原弘がデザイナーとして最初の頭角をあらわすのはやっぱり花王のパッケージ・コンペのときです。それまでは習作時代。このコンペで原は並み居るプロを押さえて、みごと金的を射止めた。それがプロ・デビュー。

筆吉　意気揚々。

紙蔵　まだそんな感じじゃなかったみたい。このときの原がどんなデザイナーの卵であったと見られていたかということを物語る、ちょっとしたエピソードがあるんです。花王石鹼のパッケージ・コンペは、当時としてはかなり画期的なプロジェクトです。これを敢行したのは長瀬商会にいた広告部長の太田英茂という男で、のちのちも日本の広告デザイン界で活躍する。牧師出身で社会主義思想にも理解を示し、大宅《おおや》壮一《そういち》や林房雄と出版編集もしていたという、日本広告史上でも破格の広告部長ですね。太田はのちに「共同広告事務所」を開いて、そこに若い亀倉雄策が入ってくるんだけれど、その亀倉に、太田が「河野（鷹思）クンは玄人だが、原クンというのはまだ素人だ。学者なんだね」ということを言ったというんだね。「頭で図案を描く」とも評したらしい。

筆吉　アタマでっかちですか。

紙蔵　この太田の評は半分、おもしろい。半分は原の将来が読めていなかったという意味で、もう半分は原の独特の理性に気がついていたという意味でね。で、注目すべきはその原の理性のほうで、その「頭で図案を描く」という理性こそ、原の〝生けるモノリス〟を、すなわちデザイン理性を屹立《きつりつ》させる土台となったんですね。

筆吉　ふうん、理性デザインか。

紙蔵　というのは、原は当時のヨーロッパやロシアに発露していたタイポグラフィックなデザインとその理論にやたらに傾倒していった。その紹介者の一翼を担ったというくらいにね。当時のタイポグラフィックデザインはその出来もむろん目を見張るようなものだったけれど、そこには徹底した理論があったんです。

筆吉　どういうものですか。

紙蔵　エル・リシツキー、ヤン・チヒョルト、アレクサンドル・ロドチェンコ、ヘルベルト・バイヤーといった連中のデザインと、そのタイポグラフィ理論。これが原の頭に音をたてて鳴った。もうちょっと大きな括《くく》りでいえば、表現主義、構成主義、バウハウス、そして「ノイエ・ティポグラフィ」の動向ということです。ノイエ・ティポグラフィというのはニュータイポグラフィといった意味だね。まあ、いくつかの例を見てもらうのが早い。

筆吉　原弘は海外の動向にあかるかったんですか。

紙蔵　最初の導入者というんではなくて、そういうことをしたのは山脇巌や蔵田周忠《ちかただ》や水谷武彦・川喜田煉七郎・山脇道子あたりだったんだけれど、原弘はその次のセカンドランナーでしょう。けれど、原弘も猛然と外国書を漁《あさ》った。駿河台下の「カイゼル」という輸入書の本屋にさかんに通っていたらしい。ドイツ書専門店ですね。とくにチヒョルトの『印刷造形教本』という本が、原のデザイン理性に火をつけた。サンセリフ体を重視したり、スモールレター（小文字）や約物（◆・■・▼・矢印など）の効用を強調したんですね。そこで原は工芸高校で『新活版術研究』というものをまとめて、すぐに刊行した。モホリ＝ナギやチヒョルトの論文を訳出するんです。

筆吉　サンセリフ体というのは？

紙蔵　肉太のタイプフェイスの文字だね。日本でいえばゴシックにあたる。だからニュータイポグラフィの成果を日本に導入するなら、当然、サンセリフにあたるゴシックを使うべきだということになるんだけれど、原弘はここで踏んばったんだね。ゴシックを使わなかった。

筆吉　どうしてですか。

紙蔵　そこが原弘の深いまなざしなんだけれど、当時の日本にゴシック体にいいものがなかったんです。どう見ても明朝系のほうが出来がいい。原は工芸学校という印刷現場みたいなところにいたわけだから、そのへんはよく見切っていた。

筆吉　日本の文字と欧米のアルファベットでは、かなりちがうものがありますよね。

紙蔵　そこが意外なほどの重大問題ですね。日本では明治維新のあと、日本語の表記があまりに難しいので、森有礼《もりありのり》のように英語を国語にしようとしたり、田中舘愛橘《たなかだてあいきつ》のようにローマ字運動を広めたり、山本有三のようにカタカナを中心にしたカナモジ運動をおこしたりということが、くりかえしおこっているんだね。石川啄木だってローマ字で日記を書いたでしょう。では、日本語のままで行くにはどうするか。それを欧米に匹敵するタイポグラフィやレイアウトにするには、どうするか。悩ましい問題です。原弘は「書体の問題より以前に、国字の問題が巨大な壁をなして、われわれの前に立ちはだかっている」と書いてますね。

加えて、日本文字はタテにするかヨコにするかでも変わる。たとえば「一期一会」という四文字をヨコでデザインするときと、タテにするときでは配慮が大きく異なってくる。ヨコでデザインするには「二」の上が二つもスウスウするし、タテで「一期一会」とするには「一」という漢数字と次の漢字のアキが難しい。こういうことについては島崎藤村なんかも、「前後の関係を考えて国文を綴るという骨折がある」と言ってますね。原はデザイナーとして、早くからそういうことに気がついたんです。

筆吉　タテ組・ヨコ組って難しいんですね。

紙蔵　みんなが想像するより難しい。たとえば一九六三年に雑誌「太陽」が創刊されたときは斬新なヨコ組でスタートしたんだけれど、あまりに評判が悪くてタテ組に変えたし、一九七〇年に「週刊ダイヤモンド」がいろいろ横文字時代になったという判断で一念発起してヨコ組に踏み切ったのだけれど、これもすぐに挫折している。ファッション誌なんてさぞヨコ組が似合うだろうと思うでしょうが、これをやった雑誌はことごとく失敗している。そういうことってあるんです。

筆吉　原弘の理性デザインとその日本化は成功したんでしょうか。

紙蔵　今日のグラフィックデザインはほとんど原の理性デザインの上に乗っかっているんだから、むろん成功したでしょう。

筆吉　ずっと文字を重視したわけですね。

紙蔵　それとともに写真も重視した。文字と写真の組み合わせ、アソシエーションの先頭を切ったのも原弘ですね。これを当時は「ティポフォト」とか「タイポフォト」と言っている。

筆吉　どんなものですか。

紙蔵　チヒョルトとフランツ・ローが組んだ『フォト・アウゲ』(写真眼)とかモホリ＝ナギなんかがさかんにとりくんだ写真デザイン作品の影響とか、ドイツ工作連盟が一九二九年にシュトゥットガルトで開いた「フィルム・ウント・フォト」展の流れなんだけれど、この動向に当時の若き写真家の木村伊兵衛とか名取洋之助なんかも反応するんです。そこに必ず原弘も加わっていた。

筆吉　マン・レイなんかのフォトモンタージュのようなものですか。

紙蔵　そっちではなくて、むしろ報道写真やドキュメンタリズムの新しさから来てますね。オリエンタル写真工業が創刊した「フォトタイムス」という当時の雑誌があるんだけれど、そのタイトルにあらわれているように、社会や時事や人間の事実をどうしたらヴィジュアルに伝えられるかということと関連していた。それが「ティポフォト」。

筆吉　はあ、なるほど。どんな感じのものでしょう?

紙蔵　堀野正雄の写真を板垣鷹穂が構成したり、原弘が野島康三の写真を構成した「女の顔」という一九三三年に紀伊國屋ギャラリーで発表したものがありますが、そのころはこういうフォト・ドキュメントとタイポグラフィとが完全に一体になっていこうとしたんだね。日本のグラフィックデザイン史においても写真史においても重要な出来事です。建築家なんかもたいへんに関心を寄せた。

筆吉　建築家もですか。

紙蔵　そう、堀口捨己《すてみ》とかね。山口蚊象《ぶんぞう》が中心になった建築家集団なんかは〝文字の幾何学性〟と建築との結びつきを提唱したりして、「創宇社」というユニークなコロニーなどもつくってますね。おもしろいよ。

筆吉　あまり知られていないことですよね。

紙蔵　結局、表音文字によるデザインと表意文字によるデザインの婚姻をどう果たすかということが、これまでも、またこれからも、日本人のクリエイティヴィティの問題でしょうね。そのへんのことが見えてこないと、原弘の果たした役割も、たとえばブルーノ・タウトが桂離宮に感心した意味もわからない。

筆吉　ん、やばい。

紙蔵　それでぼくが注目したいのは、「PAC《パアク》」という集団ができたときの原弘のパンフレットデザインなんですね。PACというのは一九三二年に工芸高校印刷科のOB有志がつくった東京印刷美術家集団のことで、一九三六年に日本初のグラフィックデザイナーの全国組織で「全日本商業美術連盟」（会長・杉浦非水）というのができるときのコアメンバーにもなるんだけど、そのパンフレットデザインがとても建築的なんです。

筆吉　その後の原弘はどうなりますか。

紙蔵　まだまだ先は長いけど、日本が戦争に突入していったことが大きいね。そのなかで名取洋之助がつくった「日本工房」が浮上して、そこにかかわっていく。

筆吉　名取洋之助ってフォトジャーナリストですよね。「ライフ」の最初の特約カメラマンで、「岩波写真文庫」をつくったのも名取洋之助ですよね。

紙蔵　名取はドイツのウルシュタイン社というグラフ雑誌の発行元にいたんだね。そこへユダヤ人排斥がおきて、その煽りをくらって三カ月ほど満州事変後の熱河《ねっか》作戦の取材をおえて日本に帰ってきた。で、活動のステーションとしてつくったのが日本工房だった。一九三三年にできたから、ほぼＰＡＣと同じだね。

筆吉　日本工房なんてずいぶんジャパンなネーミングですね。

紙蔵　海外で活動した者って、かなり日本にめざめるんですよ。名取もそうで、お父さんの名取和作が三田財閥の重鎮だったからお金はあった。それで当時頭角をあらわしていた木村伊兵衛に注目して、野島康三や伊奈信男らを集めたところ、みんなが原弘がいいと言う。そこで原を加えて日本工房をつくった。

筆吉　ずばりのネーミングですよね。

紙蔵　名取は「ジャパン」や「大日本」じゃなくて、NIPPONという呼称にこだわりたかったんだね。それでそこにドイツ語のWerkstatt（ヴェルクシュタット）の訳語を「工房」というふうにして、くっつけた。顧問に林達夫・大宅壮一・高田保が入ってます。名取は技術と技術が結びつくことが仕事だという考えの持ち主で、徹底して異種配合を試みた。前にあげた花王（長瀬商会）の太田英茂が、「木村伊兵衛と原弘を組み合わせたことが日本のデザインや写真を変えた」と言ってるね。原は原で、名取は太田につぐアートディレクターだったと述懐している。

筆吉　日本工房はどういうことをしたんですか。

紙蔵　ひとつは「組写真」によって写真と編集とデザインを合体させた。もうひとつは、多彩なクリエイティブ人材の交差点になったということかな。太田英茂がヘッドをした第二次日本工房という時期があって、そこには河野鷹思や山名文夫も加わったし、そこから派生した中央工房には（ここに原は中心を移すんだけど）、板垣鷹穂・山田耕筰・谷川徹三・小津安二郎・衣笠貞之助・堀口捨己などまで加わっている。すべて一九三〇年代のことだね。ここで初めて「レイアウト」とか「レイアウトマン」という言葉も使われはじめた。この顔触れでわかるように、当時はデザイナーと知識人は一緒に動いていたんです。

筆吉　しかし戦禍が燎原《りょうげん》の火のごとくアジアと太平洋に広まっていきました。いきおい、デザイナーたちも戦争協力をしていったわけですよね。

紙蔵　そうだね。日本は全面戦争に入っていった。このとき日本の最前線の写真家とデザイナーが思い切った仕事をした。まず第二次日本工房が「NIPPON」という対外広報誌をつくり、ついで鉄道省国際観光局が「トラベル・イン・ジャパン」をつくるというふうに、ね。そして、有名な「FRONT」になる。すべて英語などの横文字のメディア。デザイナーも写真家もおおいに腕をふるった。そうしたなかで原は「トラベル・イン・ジャパン」の表紙を担当するんだけれど、きわめて斬新です。今日の「和」のデザインの原点かもしれない。このあたりで原は、従来から懸案だったサンセリフ体の日本化を、ロゴタイプや写真キャプションで実現していくんです。ゴシック体の活用です。

筆吉　「NIPPON」も「FRONT」も戦争協力メディアだということで、ずいぶん長いあいだ非難されてきましたね。

紙蔵　原さんも戦後は、決してそのことを話さなかったようだね。しかし、どのようにしてそういうメディアが生まれたかを、いまこそ正確に知っておくべきです。

筆吉　どういうふうにできたんですか。

紙蔵　ぼくは一九三六年に「ライフ」が創刊されたことを、大きな背景として見るべきだとおもいますね。つづいて「ルック」が創刊され、世界はグラフジャーナリズムの時代を迎えた。いわゆるピクチャー・マガジンだね。ここに多くの写真家とデザイナーが登用されていった。そのなかで第二次世界大戦が広がった。そういう順番です。だからソ連も有名な「USSR」(建設中のソ連邦)というグラフ・ジャーナル誌をつくった。リシツキーなどが中心になった大胆なレイアウトのものです。「NIPPON」や「FRONT」はそれに呼応している。そういう時代だった。

筆吉　「FRONT」は東方社というところが発行しましたよね。あれは何ですか。右翼っぽい感じですよね。

紙蔵　いや、むしろ当時は赤っぽいとも言われた。何がどのように見えるかなんて、ちゃんと見ないとわからないものです。そもそも東方社というのは、一九四一年に岡田桑三が陸軍参謀本部の意向をうけて設立したもので、理事長が岡田、理事に林達夫、民族学の岡正雄、漢学の岩村忍たちが就いて、そして制作部門のリーダーとして写真部長に木村伊兵衛が、美術部長に原弘が入ったんですね。最初は対ソ戦を想定して「東亜建設」というメディアにするつもりだったようだね。

筆吉　それが「FRONT」になった?

紙蔵　そのころの原のアシスタントをした多川精一さんが最近書いた『戦争のグラフィ

ズム』(平凡社ライブラリー)によると、一九四二年に真珠湾攻撃の成果をうけて海軍を全面にとりあげる創刊号をつくる段階で、「FRONT」に改題したらしい。原がアートディレクターで、多川精一がアシスタントをした。写真部には木村の下に濱谷浩や菊池俊吉らが入って、エアーブラシの名人といわれた小川寅次が大活躍してますね。最初はグラビア二色刷だね。

筆吉　ページの中身は戦争万歳主義ですよね。

紙蔵　そうだね。それを年来のノイエ・ティポグラフィと新来のグラフジャーナリズムでどういうふうにするかが、制作陣の腕だったんだろうね。ここに亀倉雄策とかもかかわっていくわけです。そのほか当時はね、内閣情報部の「写真週報」とか、日本写真工芸社の対米宣伝メディアを意図した「VAN」、財団法人日本写真協会の「二六〇〇」なんてのもあった。紀元二六〇〇年を記念した広報誌。「二六〇〇」は原がレイアウトしていますね。

筆吉　戦争協力をしていることは気にならなかったんですか。

紙蔵　何もしないならともかく、創作意欲のある連中が何をするかということは、その表現の技法から見ていかなくちゃわからないんじゃないかな。たとえば軍用飛行機を製造する連中は、戦争協力かどうかではなくて、その技術が完遂できるかどうかでしょう。しかも当時の日本人にとっては東京裁判のようなものが待っているとは誰も思えなかったわけだ。

筆吉　わかりました。では、技法的にはどのへんがポイントですか。

紙蔵　そうだなあ、まとめていえばトリミングとレタリングということでしょう。あとは自分で考えなさい。

筆吉　では、いよいよ戦後ですが、原弘はどのような活動をしていくんでしょうか。

紙蔵　今夜、それを話しはじめるとキリがないよ。いくつもの角度で見る必要があるからね。グラフィックデザイナーとして、装幀家として、武蔵野美術大学の先生として、日本デザインセンターの社長として、それから日本のグラフィックデザイン界のトップとして。

筆吉　なかでも注目するところというと？

紙蔵　装幀家としての原弘かな。ブックデザインは戦後になって初めてやるようになるんでね。最初に話題になったのは坂口安吾(八七三夜)の『堕落論』だね。なぜ原さんが装幀をするようになったかというと、さっき東方社のところで話に出た林達夫が中央公論の出版部長になるんだけれど、その林が原を起用した。以来、極端にいうと毎月数冊の装幀を二十年近く続ける。

筆吉　紙蔵さんのお薦めは？

紙蔵　そりゃ、たくさんあるよ。ぼくもけっこう持っている筑摩叢書《そうしょ》とか、平凡社の「世界名詩集」シリーズや『世界大百科事典』とか、『南方熊楠全集』とか中公の『日本絵巻物全集』とかね。平凡社の「日本の美術」というシリーズは、これまで日本の出版社がつくった美術全集のなかで、いまなお断然第一位のブックデザインでしょう。それから中公の「自然」の表紙なんかも懐かしい。たしか毎号、ロゴの位置が動いていたと記憶する。

筆吉　なかでも原弘らしいというと何ですか。

紙蔵　豪華本じゃないかな。これは日本の高額出版の「型」を原さん一人でつくったようなものだね。たとえば『櫻大鑑』(文化出版局)、井上靖と東山魁夷《かいい》が監修した『日本の四季』(毎日新聞社)、吉川英治の『新・平家物語』(朝日新聞社)、それから荒川豊蔵の作品集や渡辺義雄の伊勢神宮の写真集とかね。とくに谷口順三の『円空』(求龍堂)なんか、何度見たかわからない。

筆吉　何が原弘の特色だったんでしょう。

紙蔵　全部だけれど、ともかくけれん味がない。正攻法である。主張がある。なかでも特筆すべきなのは、豪華本の装幀に関してはまず素材の選定でしょうね。原さんは竹尾栄一の竹尾洋紙店がおこした紙の開発の仕事に早くからかかわったのだけれど、そこで色とテクスチュアをとことん追求した。そういう経験が装幀でクロ

ぼくの憧れた「日本の美術」シリーズは、本表紙の格子がたまらない。田中一光さんによると、「原先生はブック・デザインの神様のような人」。その一光さんが、『原弘―グラフィック・デザインの源流』（平凡社）の装幀を担った。

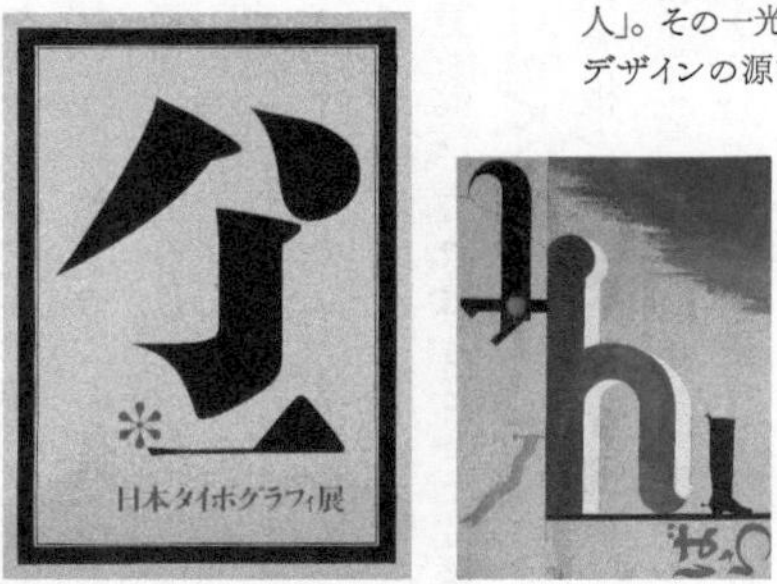

原弘　《薔薇を愛する少女に与ふるｈとｔを主題とせるモノグラム》1925年（右）
《日本タイポグラフィ展ポスター》1959年（左）

スひとつを選ぶときも効いている。でも、ブックデザイナーとしての原弘は、その本の定価を聞いて、その値段にふさわしい本をつくろうとしたようだね。それから判型などの本の大きさは内容から決まると考えていたらしい。だからいつも内容を吟味した。

筆吉　戦後のグラフィックデザイン界は日宣美《にっせんび》が大きなエンジンになったと聞いてますが、そこにも原弘はかかわったんでしたよね。

紙蔵　日宣美は一九五一年に設立されます。日本宣伝美術会。これはもともと戦後すぐの一九四六年に「日本デザイナー協会」というのができるんです。京橋の交差点の近くに、原のお弟子さんの一人の大久保武が看板をあげた。大久保は同時に「形而社」というデザイン事務所も併設した。そこに原、山名、亀倉、河野たちが集った。そこからまず「広告作家懇話会」というのができて、それが朝鮮戦争で好景気になったとき、最初の広告時代がやってきて、一九五一年の「日本宣伝美術会」に発展する。原さんが四八歳のときです。その後、日宣美が解体する一九七〇年まで、ずっとかかわっている。

筆吉　オーガナイザーとしての力もあったんですね。

紙蔵　さあ、そこはぼくには詳しくはわからないけれど、みんなから推されるんでしょうね。やり手ではない。文化的総合性をもっていたということだろうね。たとえば日本の戦後デザインに飛躍をもたらしたというある展覧会が一九五五年に高島屋で開かれた。これは「グラフィック'55」という有名な展覧会で、原、河野、亀倉、伊藤憲治、大橋正、早川良雄、山城隆一が横並びのスクラムを組んだんだけれど、べつだん原が仕切ったわけじゃない。でも、そのポスターも中心人物も原弘だった。

筆吉　その魅力って何なのでしょうね。

紙蔵　山城隆一は「知性」だと言ってますね。渡辺義雄や多川精一はすべてにおいて静かだと言っている。田中一光さんは「絶対に熱演や独演を見せないデザインだ」と言ってましたね。

筆吉　そういうデザイナーは、いまはいないですかねえ。

紙蔵　そんなことはないよ。原研哉だって静かなデザインを探求しているでしょう。

筆吉　ああ、なるほど。でも「知性のデザイン」というと最近は少ないですね。理性デザインとか。

紙蔵　生意気なことを言うね。まあ、そうかもしれないし、知性のほうが変質してしまったともいえる。デザインって、先にデザインがあるわけじゃなくて、自然や人や物や事態が先にあるから、そこで「知」そのものがどういうふうになっているかを凝視することが大事なんです。それによっては「暴れた知」もあれば、「頷《うなず》く知」もあるわけだ。それを一義的な知性や感性にしてしまっては、つまらない。

筆吉　感性もそうですか。

紙蔵　そりゃそうだよ。感性こそ固有のものじゃないでしょう。いつだって揺れ動くし、相手や対象によって変わります。それをどういうふうにデザインするか。それは編集だって同じです。

筆吉　編集も？

紙蔵　もちろん。編集もまた知性と感性の両方を動かすもので、かつまた自分の知性と感性だけで勝負するものじゃない。だから編集もベルベットになったり、洗濯石鹸みたいになったり、また駄菓子のようにもできるんです。

筆吉　今夜は『デザインの世紀』という本を通して、いくつかの角度で原弘を語ってもらったんですが、いったいこのあと二一世紀日本のデザインはどうなっていくんでしょうか。

紙蔵　いろいろでしょう。ちょっとしたアイディアは毎日生まれているよね。ただし、デザインの動向がアメージングな大きな力になっているかというと、そうはなっていない。また、デザインが隣の何かとか次の何かと新たな紐帯を生んでいるかというと、そこも少ないね。原弘の時代は、たとえば日本語という文字の問題、写真がもつ力、デザイナーたちが組んだときの意志、そういったものをつねに生み続けていたわけです。それにくらべると、いまは「デザインはデザイン」というふうになりすぎているかもしれない。

筆吉　もっと別なものと結びつくべきだと？

紙蔵　それだけではなくて、デザインが科学になったって、デザインが医療になったって、デザインが植物園や子供の遊びになったっていいんです。だってすでにデザインはペットボトルになり、デザインは靴になり、デザインはスナック菓子になったりしているわけだよね。でも、その大半は商品でしょう。消費物でしょう。もっといろいろなものと関係していい。そういうことが少ない。

筆吉　世界のグラフィックデザインと比較すると、どうですか。

紙蔵　たとえばウェブデザインなどを見ると、日本のものはずいぶん低迷しているように思うね。なぜなら、ここには欧米の横文字のウェブデザインに対して、日本語のウェブデザインという問題があるわけだよね。それなのに、かつての原弘のように日本文字とウェブとのあいだで苦闘しているデザイナーはごく少数です。ウェブエディターだってそうだね。ブログに負けている。繭のように包まれたままだよね。そこを破っていない。

筆吉　そうか、そのへんね。

紙蔵　もうひとつ付け加えておくと、もっとアジアのグラフィックデザインや編集デザインに注目しておいたほうがいい。これからおもしろくなります。少なくとも漢字文化圏の日本は中国には勝負にならないほど水をあけられてしまうだろうね。

筆吉　中国？

紙蔵　出版物とウェブをよく見ておくといいよ。

筆吉　はあ、そうしてみます。

第一一七一夜　二〇〇七年一月二十日

参照千夜

九八一夜：杉浦康平『かたち誕生』　一五七五夜：鈴木一誌『ページと力』　七八六夜：田中一光構成『素顔のイサム・ノグチ』　七〇〇夜：野口雨情『野口雨情詩集』　一〇四九夜：北原白秋『北原白秋集』　一二一七夜：モホリ＝ナギ『絵画・写真・映画』　一一四八夜：石川啄木『一握の砂・悲しき玩具』　三五六夜：堀口捨己『草庭』　一二八〇夜：ブルーノ・タウト『忘れられた日本』　三三六夜：林達夫・久野収『思想のドラマトゥルギー』　八七三夜：坂口安吾『堕落論』　一五六夜：井上靖『本覚坊遺文』

すべての表現は
触覚板から始まった

モホリ＝ナギ

絵画・写真・映画

利光功訳　中央公論美術出版　一九九三

László Moholy-Nagy: Malerei, Photografie, Film 1924

モホリ＝ナギの「ニューヴィジョン」を教えてくれたのは写真家の大辻清司さんだった。「遊」の創刊直後のころで、ぼくは桑沢デザイン研究所写真科の講師をしていた。大辻さんはその学科長で、写真の技術など何も知らないぼくに写真科の生徒を教えろというのである。

とんでもないとお断りしたのだが、「いや、イメージとは何かを教えてやってほしいのです」と言われる。「写真界やデザイン界に松岡さんのような人がいなかった」というのがクドキ文句、「いま、イメージを科学と芸術の両方で語れる人がいない」というのがコロシ文句だった。写真技法や写真論じゃなくていいんですかと聞くと、むしろそのほうがいいんですと言われる。それならばと引き受けた。

こうして、ぼくは初めて人前で何かを教えることになった。二八歳のときのことだったが、初挑戦なのでちょっと張り切った。このときの生徒が田辺澄江で、のちにぼくの最初のアシスタントになった。この前後に工作舎に出入りするようになったのが、桑沢のグラフィックデザイン科にいた木村久美子や戸田ツトムや工藤強勝だった。

小さな所帯だったけれど、写真科は愉快だった。大辻さんとともに北代省三さんがいたことも、大きかった。大辻さんと北代さんは、瀧口修造の実験工房のころからの仲間で、日本のシュルレアリスムやフォトグラフィズムの先頭を切ってきた人だった。


写真科で何を教えたかということは機会をあらためて書くことにして（けっこう工夫をした）、ぼく自身も写真の歴史や写真の現在に没頭することになった。

ひとつは「印刷から写真へ」という光学と化学の出会いに、ひとつはニエプスからマイブリッジをへてジュール・マレイに及んだ驚くべき写像実験の数々に、ひとつはアッジェやラルティーグやアンセル・アダムスやエドワード・ウェストンらの初期の名人写真に、ひとつはマン・レイやモホリ＝ナギのフォトグラフィズムに、心が奪われた。

写真の現在も徹底して見た。当時流行の森山大道や高梨豊らの「コンポラ」（コンテンポラリー・フォト）も、のちに会うことになるリチャード・アベドンを筆頭としたファッション写真も（この延長で横須賀功光や操上和美の仕事にふれることになる）、ちょうど脚光を浴びはじめたロバート・フランクらの都市の切り取り感覚も、木村伊兵衛も土門拳《どもんけん》も濱谷浩も篠山紀信も、みんな見た。だいたいは見たといっていいとおもう。

松本俊夫や重森弘淹《こうえん》らの映像論や写真論も読んでみたが、まだ日本の映像についてのニューウェーブな議論は出ていないと感じた。そしてそのうち、むしろ今後のイメージ・グラフィズムを革新していくには、マン・レイやモホリ＝ナギやケヴィン・リンチにいったん戻ったほうがいいのではないかと感じたのだ。それほど「ニューヴィジョン」は衝撃的だった。ケヴィン・リンチの「ニューランドスケープ」の計画と仕事とともに、そのころのぼくの視覚的発想に大きな影響を与えた。『ザ・ニューヴィジョン』はダヴィッド社で手に入る。

いまふりかえると、この思いこみがその後のぼくのヴィジュアル・シンキングの基礎体力になっていたのではないかと感じる。むさぼるように眺めまわしたモホリ＝ナギやケヴィン・リンチの仕事と、すでに何度か「千夜千冊」に紹介してきたフォン・ユクスキュルの『生物から見た世界』やダーシー・トムソンの『生物のかたち』を読み耽ったことが、いろいろアドバイスをしてくれた杉浦康平の存在とともに、ぼくのヴィジュアル・ワークに対する自信を深めていったのである。

つまりは大辻さんと杉浦さんがいなかったら、ぼくのヴィジュアル・シンキングに火はつかなかったのだ。その後、ぼくは田村シゲル、杉本博司、内藤正敏、奈良原一高、田原桂一、藤原新也、小暮徹、十文字美信、そして横須賀功光らの写真家と親しく仕事をするのだが、その出発点は桑沢の写真科にあったのである。

モホリ＝ナギがワイマールのバウハウスに来たのは一九二三年である。それ以前、ブダペスト大学を出て第一次世界大戦に徴兵されながら、ロシアの前線でクレヨンや水彩でデッサンや絵にめざめて画家になろうとしていた。前衛集団Ｍａと交わり、カンディンスキーやリシツキーやクルト・シュヴィッタースに出会ってコラージュやタイポグラフィに才能を開花させていたのは、バウハウス以前のことだった。

その後、「Ｍａ」「デ・ステイル」「カイエ・ダール」などに寄稿したり、フォトグラムの実験にとりくんでいたところをヴァルター・グロピウスが目をつけ、バウハウスに引っ張ったのだった。バウハウスを辞めた一九二八年以降も、注目すべき仕事を次々に発表した。ベルリンではむしろ舞台装置家として知られていて、《ホフマン物語》《フィガロの結婚》《マダム・バタフライ》に腕をふるい、さらに見本市の展示デザインを先駆したあとは、ポスター、パンフレット、インテリアデザインも手掛けた。記録写真や映画に手を染めたのもこのあとのことだった。

こういうモホリ＝ナギを何と称《よ》ぶか、いまなお適切な名称をだれも思いつかないままにいる。デザイナーであり、写真家であり、タイポグラファーであり、そしてたいそう有能なエディターでもあった。ここまでは当然だろう。しかし、時代はモホリ＝ナギを教育者として迎え入れたかったのだ。一九三七年にはシカゴの「ニュー・バウハウス」で校長を引き受けた。これが財政難で破綻すると、今度はたった一八人の生徒のためにさらにラディカルなデザイン学校をつくった。「塾」に向かったのだ。

ただしモホリ＝ナギの運命には二つの不幸が絡まっていた。ユダヤ人としてハンガリーに生まれたということ、これからさらに活躍が期待されるというときに白血病で五十歳でなくなってしまったということだが、そのことは今夜は書かない。それでもいまは、ハンガリーに国立モホリ＝ナギ芸術大学がある。

今夜とりあげた『絵画・写真・映画』は、『材料から建築へ』（中央公論美術出版）とともに、モホリ＝ナギの代表的な著書として知られる教材である。作品集ではない。冒頭、「本書で私は、今日の視覚造形にかかわる諸問題を解明するべく努める」と宣言している。そのため、まずは絵画と写真の関係をあきらかにするところからとりくみ、そこに構成・色彩・運動などの視点で検討できる問題をくみこんでいく。ケレン味のないスタートだ。そのあと写真の技術の可能性と限界を紹介する段になると、突如として「カメラを用いない写真」に視点を移し、ここにモホリ＝ナギ得意のフォトグラムの新たなイメージ学が展開されることになる。まるで二十世紀のカメラ・オブスキュラの可能性を一人で切り開いていくという勢いだ。

とくに引用と再生を活用するフォトモンタージュ、物体と写真をダイレクトに融合させるフォトプラスティック、物体の運動を投影記録するキネグラム、グーテンベルクの夢を刷新するフォトタイポグラフィの紹介になると、これはまったくの独壇場で、他の追随を許さない。とりわけ言葉に代わるメディアとしての「フォトテクスト」や、映像でも文字でもない「映画新聞」などの提案には目を見張る。


かつてベンヤミンは「カメラに語りかける自然は、目に語りかける自然とは異なっている」と言った。モホリ＝ナギはそういうベンヤミンの思索が気がついた大半の視覚文化の見方を、ほとんど現実のものにしてしまったヴィジュアライザーだった。

このことは著書『材料から建築へ』で、さらに説得力を増していった。この本もバウハウスの教材になったものなので作品集ではないが、しかしそのぶん、意外なほど鮮明にモホリ＝ナギのイメージ学の根幹が伝わってくる。なかでもその教育方法は、すべてのイメージの端緒を触覚器官が接触した材料から始めるのがいいと断言して憚《はばか》らない。イメージやデザインや創造性は「目」ではなく「手」が感じた素材の可能性から派生すると言うのだ。

それゆえ学生たちは、まずはさまざまな触覚感覚の異なるものを集めることから始めなければならなかった。圧覚、刺覚、振動感覚、温度感覚のちがうものを集めてくるのだ。できればそれぞれが指先につまめる程度の大きさがいい。そうでなければ、そのサイズにちぎるか分割をする。ついで、それらを適当に選別してモホリ＝ナギのいうところの「触覚板」の上に置いてみる。そしてそれらの触覚事物を一定の幅にしてみたり、二列にしたり、間隔を変えたりしてみる。こうしてみると、手が感じた触覚事物が目の対象に置き換わって並ぶことになる。これを発端にして触覚板を円状にしたり、手作りのハンドル付きの立体回転物にしたりする。

やがて、そこにはだれもが見たことのない「提示」が出現する。これは「作品」なのではない。自然と人工のあいだにいる人間が、これらを触覚的にアッサンブラージュし、それを新たなオーダーによって置換させた「提示」なのである（今日の現代美術では、この程度のものがすべて「作品」になっている）。

こういう教育方法も考案している。こちらは、さまざまな物体の内部に入るか、あるいは自然物の未知の外貌を撮影して、そのテクスチャーやコンストラクションを眺めるところから始まる。

どういうふうにするかというと、接写や顕微鏡写真を使う。あるいは航空写真やフォ

モホリ＝ナギは、レントゲン写真などをヒントに、光そのものを造形手段として扱う「フォトグラム」を探求し（写真上）、さらに光学的な情報伝達方法としての「タイポフォト」や「フォトテクスト」の可能性を提唱した（写真下）。

トグラムを使う。すると学生たちは、金属の風景や山肌の褶曲《しゅうきょく》の意外な光景に出会う。次に、この光景を克明なスコアやダイヤグラムに転換する。これによって起伏や曲性や疎密は独自のグラフィックスコアに変位する。ついでこの変換されたテクスチャーやコンストラクションの感覚をさらに別のグラフィズムに置き換えていく。たとえば人物の横顔写真に、山肌から得たグラフィックスコアにもとづく変容を加工する。これで一種の〝彫刻写真〟とでもいうべきものが見えてくる。まさにヴィジュアル・インタースコアのお手本である。

こういうグラフィック・カリキュラムをへて、後半のカリキュラムでは、すべての材料の集合がしだいに建築物に向かって大きくもなっていく。『材料から建築へ』のタイトル通り、「建築へ」向かうのだ。かくてモホリ＝ナギの言葉でいえば、すべての芸術は「聳《そび》え立つ」に至る。

モホリ＝ナギの方法が端的に示していることは、才能はその人間に内蔵されているとはかぎらないということだ。むしろ材料や素材と深く出会うこと、それを丹念に持ち出して再構成していくこと、その再構成が見せたヴィジョンをさらにニューヴィジョンにしたいと意《おも》うこと、それがすべてだということだ。才能とはこの作業のプロセスに潜伏している〝何か〟ということなのである。

いったい何が〝何か〟なのか。いまはあえてそれを一言に集約すると、おそらくは「ストラクチャー」と「テクスチャー」に「ファクチャー」を融合させたということにあったのではないかとおもう。ファクチャーとは「表面処理」といった意味だけれど、モホリ＝ナギにおいては、それがストラクチャーやテクスチャーと区別がつかないものにまで進むのだ。

モホリ＝ナギの考え方や教育方法は、コンピュータ時代の現在にこそ注目されるべきだろう。いまやパソコンの前に坐っている諸君は、画面上に見えていることのすべてをことごとく一様化して見ている。これではダメである。知覚からも技能からもハネられる。デジタルカメラで何かを写してそれをパソコン上で動かしていても、そもそもカメラが何をどのように撮ったのかはわからないし、そのうちの何がパソコンによってデータ処理されているかも、わからない。これでは「うぶ」がない。

しかしかつてカメラで何かを撮るには、シャッター速度も露光時間も絞りも自分で決めなければならなかった。だから手持ちのブレさえ写真だったのである。ましてそれを印画するには、ぼくも何度もやっていたことだが、暗室の中に入り印画紙を現像液に浸して、その画像があらわれてくるプロセスを息を呑んで眺め、そのどこかでサッと切り上げてこなければならなかった。暗室にちょっとでも外光が入ったら失敗だ。けれども、それが「うぶ」だった。

それなら、あえてその外光を少し入れ込んで現像のプロセスに融合したらどうなるのか。失敗を活かしたらどうなるのか。マン・レイやモホリ＝ナギはそれを試みた。こうして写真は超写真に向かっていったのだ。

あらためて集約してみると、モホリ＝ナギが最も重視していたのは「感覚経験」だった。それも一番原始的だとおもわれる触感経験をスタートにおいた。ここが疎《おろそ》かになっては、構造感覚もテクスチャー感覚もファクチャー感覚も通りいっぺんをなぞるだけだと見たのである。

ついでは、こうした感覚経験が何に投射されていったかということを重視した。わかりやすいのは写真撮影による該当触知物の投射であるが、もちろんこれはドローイングやデザインでもいい。ただしモホリ＝ナギはその投射ではヴォリューム（量感）そのものは得られないのだから、ここからは構築や建築の試みと同様の作業を課すべきだと考えた。アーキテクチャへの投企が、デザインワークやアートワークの深部をもたらすとみなしたのだ。

これはいいかえれば、最初に試みた感覚経験としての写真投射によって、クリエーターは視覚的基礎言語としての「フォトテクスト」を入手しておきなさい、そうすればそれがプロダクト・デザインに向かうときもファッション・デザインに向かうときも、必ずや空間的量感を獲得できるだろう、そういうことでもあった。

このような手順と方向を勧めるモホリ＝ナギには、アートワークやデザインワークは「全人性」に向かっているという確信があった。ぼくはこの全人教育型のアート思考やデザイン思想をそのまま肯《がえ》んじないし、むしろ逸脱や偏極にもかなりの価値を認めるほうなのだが、モホリ＝ナギはそれを許さなかった。当時の日々においてはファシズムの強行にすでに歪曲が露出し、逸脱が激しく見られると感じられたからだろう。詳しくは井口壽乃監修の『モホイ＝ナジ』(国書刊行会)を読まれるとよい。

このあたりのこと、比類ないデザイン教育に身を投じたモホリ＝ナギを、さあ、どう称ぶかという迷いを生じさせるところにつながっていく。しかしそれでも、モホリ＝ナギの「フォトテクスト」に匹敵するアートパタン・ランゲージは、クリストファ・アレグザンダーの試みによっても、なお出現していないとおもわれる。

第一二一七夜　二〇〇八年一月十四日

参照千夜

七四夜：ボールドウィン『マン・レイ』　九〇一夜：土門拳『死ぬことと生きること』　七三五夜：ユク

スキュル『生物から見た世界』九八一夜：杉浦康平『かたち誕生』一六〇夜：藤原新也『印度放浪』
一一〇九夜：十文字美信『澄み透った闇』九〇八夜：ベンヤミン『パサージュ論』

第四章　デザイナーの意表

ブルーノ・ムナーリ『モノからモノが生まれる』
ジャン・バーニー『エットーレ・ソットサス』
杉浦康平『かたち誕生』
堀内誠一『父の時代・私の時代』
石岡瑛子『I DESIGN（私デザイン）』
内田繁『インテリアと日本人』
川崎和男『デザイナーは喧嘩師であれ』
山中俊治『デザインの骨格』
PDの思想委員会 三原昌平編『プロダクトデザインの思想』
鈴木一誌『ページと力』

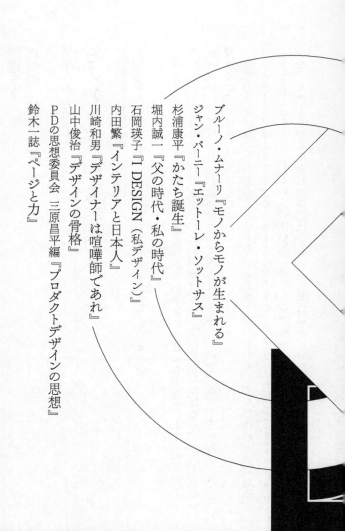

問題Sを
近似的な解決Sにする

ブルーノ・ムナーリ
モノからモノが生まれる
萱野有美訳　みすず書房　二〇〇七
Bruno Munari: Da Cosa Nasce Cosa—Appunti Per Una Metodologia Progettuale 1981

ブルーノ・ムナーリの円の本と正方形の本が手元の本棚から消えていた。『円＋正方形』という二冊セットだ。きっとだれかが持っていってしまったのだろう。ダネーゼのカッコいい灰皿は、もっと前にどこかに消えた。まあ、いいや。ムナーリから受けた影響はたいていは体に染みこんでいる。

発想力とか企画力とか創造力といった、いまは手垢がついてしまったけれど、本来はうんとナイーブなこれらの力のおおもとになるもの、つまりは「想像力」(これをムナーリは「ファンタジア」と呼んでいる)という得体の知れないものが生み出されてくる手立てなどについて、ムナーリがもたらした発想はいろいろ刺激に富んでいて、しかも適確で、ぼくはそれを忘れられないままにある。

ムナーリは、想像力《ファンタジア》の基本的なはたらきには大きく三つあると考えてきた。第一に「ある状況を転覆させ、内容を反対にしたり対立させて考えること」である。第二に「ある事柄を内容を変えずに、それを一から多にすること」である。第三には「その特色を別のものに交換したり代用させること」である。まとめて「関係の中の関係」をまさぐっていくこと、それがムナーリのいう想像力だったのだが、これはぼくが編集的方法とか編集術とかと呼んできたもののごくごく根本方針にもなっている。編集術のABCといってもいいほどだ。

そんなわけだから、ムナーリはもうとっくにぼくの体の中に入っていると言いたかったのだが、ところが去年(二〇〇八)の正月に板橋区立美術館で(ここはたいへんユニークな企画展が多い)、ムナーリ生誕一〇〇年を記念した「ブルーノ・ムナーリ展・あの手この手」を見て、ちょっと待てよ、やっぱりムナーリはまだまだ未知だぞと、いろいろ考えなおしたのである。発想力や企画力や創造力の定義はともかくとして(これはあまりおもしろいとは言えないのだ)、やはりムナーリの想像力には変な羽根がいっぱい生えている。それがしみじみ、わかった。その変な羽根は、ぼくには少なすぎたかもしれないのだ。

ムナーリはその名もズバリの『ファンタジア』(一九七七)という本で、想像力《ファンタジア》は気まぐれで不規則で、ちぐはぐでてたらめで、出まかせで唐突で、妄想的で霊感的でありながらも、それが「これまで実在してこなかったもの、表現されてこなかったもの」に関する新たな発想への出奔であるかぎりは、すべて想像力と名付けられるべきだろうと言っている。

たとえば『ファンタジア』の二六ページには、「座りにくい椅子にできるだけ楽に座ろうとしている男の姿勢」が一二の写真になって掲載されている。かなりの傑作だ。また三一ページと三二ページには、子供による独特の人体スケッチが載っている。ムナーリにとってはこれらが想像力の正体なのである。類例なのだ。ということは、想像力とは分解不可能な能力なんかなのではなく、たくさんの可能性が一緒にやってくる同時的な能力なのである。

この「たくさんの可能性が一緒にやってくる同時」を、ムナーリは自身の想像力の羽根にしている。それを〝ムナーリの翼〟と言ってもいいけれど、そこには昆虫の翅《はね》や折紙の紙っぺらや薄いスプーンなどもまじっているので、もっと柔らかく〝ムナーリのたくさんの羽根〟と言っておいたほうがいいだろう。

いったいこのような想像力の羽根がどこからやってきたのかと聞くのは、愚問だ。ムナーリは小さな頃から多くの物事に好奇心をもっていて、それを黙々と観察してきた。

科学者の目ではない。少年のいたずらっぽい目で眺めてきた。それがすべての源泉だ。いちいち説明することもないだろう。そのいたずらっぽい目は、必ずやさまざまな共同体のための「つながり」の目になっていった。背信の遊戯のためではなかった。それがムナーリをして「デザイナーのデザイナー」たらしめたゆえんだ。

そういうムナーリを、イタリアの美術批評家のラッギアンテは「精確なファンタジア」だと褒めた。ゲーテが至高の詩人に対して与えた言葉だった。ピカソは「ムナーリは二十世紀のレオナルド・ダ・ヴィンチじゃないのかね」と言い、イタリアを代表するプロダクトデザイナーのアッキーレ・カスティリオーニは「ムナーリはデザインを、だれに、いつ、どうやって教えるかを知っている天才だ」と言った。

で、ぼくが藤本由香里に頼まれて書いた『フラジャイル』（筑摩書房）の扉に入れたアレッサンドロ・メンディーニは、どう言ったのか。こう、言った。「詩人でなく、学者でなく、画家でなく、装飾家でなく、子供でなく、大人でなく、老人でなく、若者でもない、デザインのファンタジスタだ」。

ぼくがブルーノ・ムナーリを知ったのは、一九六〇年の東京デザイン会議の余波を日本のアーティストたちがそこかしこで曳航《えいこう》していたころ、瀧口修造さんにその名を聞いてからのこと、つづいて武満徹さんが《ムナーリ・バイ・ムナーリ》というソロ打楽器のための作曲をする現場に居合わせて、急速に親しみをおぼえた。奏者は異才ツトム・ヤマシタだった。

その後、ずっとたってからレオ・レオーニと対話仕立ての『間の本』（工作舎）を作ったとき、レオーニがムナーリとは昔からの無二の親友だったことを知って、さらに親しみをおぼえた。どうりで二人の発想には似たところがあった。

レオーニの三つ年上のムナーリは一九〇七年にミラノに生まれ、幼児期は北イタリアのバディーア・ポレージネというところで育ったようだ。父親は給仕さん、母親は絹の扇子に刺繍をする仕事をしていたらしい。その後、叔父のエンジニアのもとで働くためミラノに戻ったのだが、本人は「裸のままミラノの都心に没入していった」と言っている。度肝を抜かれたのだろう。そのころのミラノというのは、ウンベルト・ボッチョーニの未来派力学が渦巻く工業都市だったのだ。

案の定、ムナーリは十八歳にして未来派の運動に身を焦がしていった。とはいえマリネッティの政治力学に冒されるほうではなくて、ボッチョーニやルイジ・ルッソロやカルロ・カルラたちの運動力学的感覚と構成力学の芳香を浴びたというほうだったろう。つまりムナーリはその作家活動の当初において、すでに、「中心から逸《そ》れること」を学んだのだ。それに、アレクサンダー・カルダーならモンドリアンの抽象力に惹かれたのだけれど、ムナーリはミラノの工業に「役に立たない機械」をぶっつけたのだ。それがかの

本書の表紙には、フォークの“あの手この手”を見せるムナーリの遊び心があふれる。下の写真は、アレッサンドロ・メンディーニの釘打ちハイヒールをモチーフにした『フラジャイル』(筑摩書房)の扉。デザインは羽良多平吉。

有名な《役に立たない機械》と題されたモビール・アート群ともなった。カルダーよりもずっと早いモビール・アートだった。

純然たるアーティストをめざしたわけではない。一九三〇年にはリカルド・カスタネッティとスタジオを作り、しばらくグラフィックデザインに没入すると、イタリアがムッソリーニ傘下の戦時体制に入っていくなか、アートディレクターとして出版や雑誌にかかわり、わが子のための絵本づくりにも手を伸ばしていった。当時はモンダドーリ社から刊行された独創的な絵本の数々は、いまはコッライーニ社から復刻されている。

ちなみにムナーリの絵本のようなものはたくさん制作されているが、なかで絶品なのは『本の前の本』(本に出会う前の本)である。文字はない。すべて素材と仕掛けだけでできている。白い毛が入っている本、透き通った本、白い円がだんだん大きくなる本、オレンジ色のスポンジでできた本などの一二冊で、一九七九年にダネーゼから発売された。いまはやっぱりコッライーニ社から復刻されている。コッライーニ社がえらい。

一九六二年、ムナーリはオリベッティ社が催した「アルテ・プログランマータ展」を企画した。すでにレオ・レオーニがオリベッティにいて、ムナーリを引きこんだとも、ムナーリがレオーニを感化したともいえる。アルテ・プログランマータとはプログラミング・アートといった意味なのだが、このネーミングはウンベルト・エーコが付けた。

ムナーリは出版社ボピアーニでエーコと知り合うとすぐに昵懇《じっこん》になり、ここにムナーリ、レオーニ、エーコというとんでもなく発想自在の魅惑のトライアングルが動き出したのだ。エーコは『開かれた作品』(一九六二)や『不在の構造』(一九六八)でムナーリのことに言及している。

その後のムナーリは、工業デザイナーやプロダクトデザイナーとして知られていくようになる。なかでもダネーゼの灰皿(ぼくが盗まれた灰皿)は有名だが、伸縮自在の布を竹の節のように重ねて延ばした一メートル六〇センチのフロアスタンド、ワゴンテーブル、ダネーゼやスウォッチの時計、「モルディブ」(一九六〇)というトレイなどもある。とくに「モルディブ」はすばらしく、金属板に切れ目を入れて軽く折り曲げるようになっている。MoMAに収蔵されていた。

そのほか、ムナーリが手掛けたものはものすごくたくさんの種族に及んでいる。小さな星座の形に穴をあけたジュエリー、「カナリア諸島」というペン立てセット、読めない文字ばかりでできている本、「マフィアの肖像」というレディメード接合型のオブジェ彫刻、ベッドとテーブルをメタルフレームで組み合わせた「ディヴァネッタ」という家具、モアレばかりがおこる二つのシェードによる照明スタンド、漢字の「木」を巧みにあしらったカリグラフィ……。紹介していくとキリがない。

そのいずれもがキュートなのである。負担感をもたせていない。これはムナーリが、日本の室内空間や家具たちをいたく気にいっていたということに関係があるのかもしれない。ムナーリは生け花を嗜《たしな》んでも、ごくごく小さく生けるのだ。これはエットレ・ソットサスにはない感覚だ。

今夜とりあげた一冊は『モノからモノが生まれる』であるけれど、どの本でもよかった。堅実にムナーリ・メソッドを学びたいのなら、ハーバード大学カーペンター視覚芸術センターで講義した『デザインとヴィジュアル・コミュニケーション』（みすず書房）がいいだろうし、シンボリックにデザインを論じたものなら『芸術としてのデザイン』（ダヴィッド社）がいいだろう。深澤直人の「偉大なデザイナーはたくさんいる。しかし、偉大なデザインの先生はブルーノ・ムナーリだけかもしれない」という帯が付いた『ファンタジア』（みすず書房）も、さきほど紹介したように、真の想像力の正体を知るにはもってこいだろう。

が、本書は本書でちょっと見逃せない。冒頭に老子の引用がおいてある。「生而不有為而不恃　功成而弗居」という一節だ。これは、「生じて有せず、為《な》して而《しか》も恃《たの》まず、功成って而も居らず」と読む。なぜムナーリは老子を引いたのか。

万物に美と醜を見いだしてから、人はおかしくなった。こういう美醜にとらわれていては、本当の仕事をすることはできない。仮にそのような仕事ができたとしても、そのことによって敬意を受けようなどと思わないことだ。そう、老子は言ったのだが、ムナーリはこれを、デザインが陥りがちなポピュリズムからの脱出のための惹句《じゃっく》に見立てたようなのだ。そして、こうも書いたのである。「豪華さは愚かさのあらわれである」「家具は最小限のものでじゅうぶん」。

そもそもムナーリのプロダクトは、「問題P」(problema プロブレーマ)をどのように「解決S」(soluzione ソルジオーネ)にもちこむかという配列で構成されている。

この意図をごくかんたんに紹介しておこう。ここでムナーリがデザイナーたちにぜひにと奨めているのは、PをSにするデザインワークの見当にはそもそも五つの仕上げ方があって、焦ってアイディアを出す前に、そのいずれに進むかという自由に自分をおく姿勢のことなのだ。

五つの見当とは、「一時的なS」「商業的なS」「空想的なS」「決定的なS」「近似的なS」である。この姿勢のいずれかが決まらないと、諸君のアイディアはいつまでも空転する。そう、真剣に提案してくれているのだ。

とくに「近似的なS」が入っているところがムナーリらしく、ムナーリ自身もたいていは「近似的なS」をもって、Pを空想にも商業にも一時的なものにもしてみせたとぼくにはおもわれる。

以上、ごくごく気楽なムナーリ案内をしてみたが、もっと詳しくは数々の著書を見るとよい。ぼくの場合は「ブルーノ・ムナーリに関する100の事柄」というブログ・サイトを覗《のぞ》いたりもした。このサイトは「ブルーノ・ムナーリ研究会」が提供していたものので、とても温かくできている。

第一二八六夜　二〇〇九年二月二五日

参照千夜

九七〇夜：ゲーテ『ヴィルヘルム・マイスター』　二五夜：ダ・ヴィンチ『レオナルド・ダ・ヴィンチの手記』　一〇三三夜：武満徹『音、沈黙と測りあえるほどに』　一七九夜：レオ・レオーニ『スイミー』　一一〇六夜：ティズダル&ボッツォーラ『未来派』　二四一夜：エーコ『薔薇の名前』　一〇一四夜：バーニー『エットーレ・ソットサス』　一二七八夜：老子『老子』

メンフィスの奇蹟
織部賞のグランプリ

ジャン・バーニー
エットーレ・ソットサス
高島平吾訳　鹿島出版会　一九九四
Jan Burney: Ettore Sottsass 1991

音楽だらけ、アートだらけ、情報だらけ、ファッションだらけ、テレビだらけ、病院だらけ、テクノロジーだらけ、そして、ああデザインだらけ。それでいいのかね——。これは今日の社会を揶揄《やゆ》した言葉ではない。知の保守派のぼやきでもない。デザインこそが哲学や政治でなければならないとアピールしたエットーレ・ソットサスが一九六〇年代後半にミラノの現状に向かって吐き捨てた言葉だ。

　この嘆きが今日の東京にも京都にも、福岡にも仙台にも、いや日本中にいまだにあてはまる。何をか言わんやであるが、それ以前に、このような発言をしていたソットサスのこと、その前後のイタリアのデザイン界のこと、その後の日本におけるイタリア追随主義について、われわれがろくな認識しかもってこなかったことにも慨嘆しなければならない。今夜はそんな話を書く。その前に二言。

本書はマーティン・ポーリーが編集した「デザイン世紀のヒーローたち」シリーズの一冊だが、ソットサス論としてはたいしたものではない。もっとも他にたいした本があるわけでもない。だから以下に書くことは必ずしも本書のコンテキストを反映していない。ぼくが勝手な見方をまじえて綴る。

もうひとつ、ソットサスが「デザインだらけ」と慨嘆した六〇年代後半は一九六八年に頂点を迎えるのだが、この年はソットサスやその仲間たちにとってはすでに「消費主義の終わり」であったということだ。日本が「消費主義に問題があるのかもしれない」とやっと感じはじめたのは、堤清二(辻井喬)がすっかり西武百貨店の第一線から退いた一九九〇年代のバブル崩壊直前のことだった。

一九三〇年代。そのころ、カミロ・オリベッティの「ゼロ」型タイプライターとダンテ・ジアコーサの《フィアット500》があった。それ以外は未来派とバウハウスの残響、ファシストたちの頑強なデザイン、ル・コルビュジエの真似があっただけ。これがソットサスが青年期に立ち向かわなければならない相手だった。

イタリアの時代デザインは一九三一年の「ラショナリスト・マニフェスト」に象徴さ

れていた。ピアチェンティーニやテラーニがムッソリーニに捧げたデザイン宣言だ。一九二六年に結成されたグルッポ・セッテ（グループ7）がそのインダストリアル・デザイン化を支えた。そこには古代ローマ帝国めいた肥大化があった。

こうした状況のなか、ソットサスは一九三四年にトリノ工科大学を出て、これから自分が向かうべきデザインには「総合目録」が必要だと考えていた。どうしたら既存の工業とデザインの癒着と分離に刃向かえるのか。わずかに工業都市ミラノがファシズムの嵐から免れて変貌しつつあるのが救いだった。装飾芸術トリエンナーレの開催地がモンザからミラノに移ったことも、ちょっとした希望だった。

しかし日本と同様、イタリアは一九四五年まではファシズムの嵐にのって無謀な戦争をしつづけた。デザイナーは戦争に向かって何かができるわけではない。できればデザイナーこそが政治を奪還するのがクールだが、それはあの状況ではかなわない。ナチスのデザインを見れば一目瞭然だ。ソットサスはひたすら「総合目録」を作りながら各種のドローイングを試して、敗戦を待つ。戦争が終わってみると、案の定、敗戦直後のイタリアは日本同様とことん破壊しつくされた国だった。

こうしてソットサスは動き出す。最初はブルーノ・ムナーリと組んで国際抽象芸術展覧会を企画すること、当時最もキレと独創を見せていたカルロ・モッリーノのファニチュア・デザインの隙間に自分の試みをねじこむことだった。

これらを通してソットサスが獲得したことは、バウハウス流の機能主義にもとづいた技術優位社会を体の中からとことん払拭することだった。洗い流すのだ。このことはその後のソットサスの制作感覚に一貫した。戦争をやめた国なのに都市環境がどんどん劣悪化するのは、機能と技術の結託にだれも刃向かわなくなったからだというのが、ソットサスの言いぶんなのだ。

ソットサスの先を走っていたデザイナーはいた。カスティリオーニ兄弟のデスクライト《トゥビノ》や、マルチェロ・ニッツォーリのオリベッティ・タイプライター《レキシコン80》は一九五〇年代を先駆していたし、ルイージ・カッチャのラジオやコラディーノ・ダスカーニオのスクーター《ヴェスパ》はアメリカですぐ流行した（《ローマの休日》でグレゴリー・ペックとオードリー・ヘップバーンが乗ってみせた）。

いったいこういうことをするアメリカとは何か。ソットサスはそれが気になって、最初のソットサス夫人となった恋人ナンダ・ピヴァーノ（ソットサスはしょっちゅう恋人をつくり、何度も結婚をする）を伴って、西海岸に行く。ナンダはアレン・ギンズバーグやボブ・ディランをイタリアに翻訳紹介していたので、ソットサスはビート・ジェネレーションと初めて接したイタリア人デザイナーとなった。

けれどもアメリカでソットサスが得たものはたったひとつのこと、「みんながそれぞれの記憶をもっている」ということだった。どんな人種や民族であっても、そこに記憶のイコノグラフィがある。それを都市や国家や地球がまるごと包んでいる。それなら、問題は容器なのである。容器のデザインなのだ。部屋をオフィスを机を椅子を、容器として包むことなのだ。

そのころジオ・ポンティがイタリアン・デザインの頂点にいた。もともと「ドムス」を創刊したポンティは一九四七年からふたたび編集長になって、イタリアン・モダニズムの究極をめざしていた。これに対峙するには「それぞれの記憶」にさかのぼるしかあるまい。ソットサスはベービ・フィオーリと「非対称」の研究にとりくみ、プリミティブ・アートをおもわせる暖簾《のれん》をつくったり、また一九五七年のミラノ・トリエンナーレで「イタリアン・グラスの部屋」を構成してみせたりしていた。

これに目を付けたのがオリベッティである。ソットサスは技術ディレクターのマリオ・チョウと相談ずくめでセントラル・プロセッシング・キャビネット《エレア9003》をデザインする（チョウはその後の良きパートナーとなった）。並列処理が可能で、キャビネットの座高を低くした画期的なコミュニカティブ・デザインである。のちに「ラディカル・ファニチュア」とよばれるムーブメントの嚆矢となった。

一九六二年、ソットサスは重度の腎臓病になる。うっかりすると生命さえ危うかった。

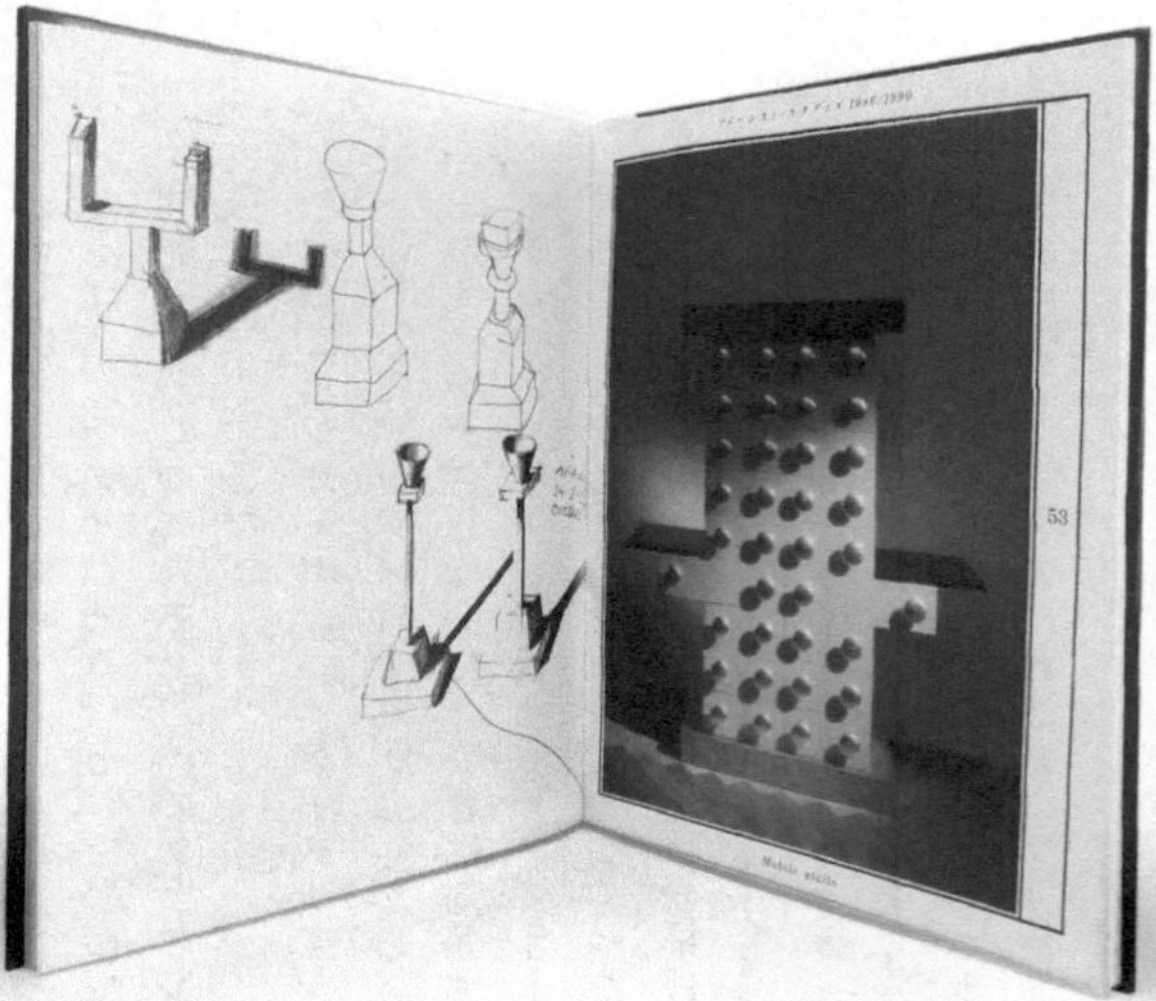

新しい加速力をめざしたガラス作品、予想外の素材や形の組み合わせによる家具や照明器具など、1986〜1990年のソットサスのデザイン習作を集めた『アドバンスト・スタディズ』(財団法人山際照明造形美術振興会)。

ぼくがうんとのちにそのことを聞いたときは、自分の首を両手で絞める仕草をしてみせたものだ。

ソットサスはこの危機を脱した直後、それまでずっと考えてきた「それぞれの記憶」の奥へ降り立とうと考える。もともと少年のころから考古学の本が好きだった。インド行を思い立った。インドにはヨーロッパにない古代があった。もうひとつ理由があった。カトリックと一神教の国から離れてみたかった。「カトリシズムがつねに精神的なものと物質的なものとを二分してしまう」のが嫌だったのだ。

インドにおけるソットサスの体験とそこからもたらしたデザイン群「バラタ・コレクション」は、ぼくが最も好きなソットサス・デザインのひとつである。そこには生と死を平気にしてしまうような「小さな儀式」があった。この儀式は、アメリカやヨーロッパでは女たちがスニーカーやミニスカートでやすやすと体現してしまったもので、本気のデザイナーが遅れをとってしまったものである。ソットサスはそれに匹敵する小さな儀式を「記憶の奥」のインドに見いだした。そして、これこそがウォーホルによって席巻されつつあったポップカルチャーに、唯一対抗できるものと見えた。

ここでちょっとお節介なことをさしはさむことにするが、いま、たとえば村上隆のアートを前にして、これにインドや折口信夫《おりくちしのぶ》や縄文を対置できるアーティストなど日本にいない。村上派に与《くみ》するか、村上を無視するか、あるいは勝手に別のことをするかだけである。しかしソットサスなら村上の前に、ちっぽけなピンクの銅鐸を置いてみせてニコッと笑うにちがいない。村上隆を打倒したいなら、村上のわかる文脈で村上の根拠を奪わなければならないのである。

ま、これは蛇足だ。が、蛇足とは言えないところもある。六〇年代最後にソットサスがデザインした真っ赤なオリベッティ・タイプライター《ヴァレンタイン》は、世界のあらゆるポップカルチャーと工業デザイナーに対する同時痛打だったのだから——。

ソットサスがメタデザイナーであることははっきりしている。それなのにソットサスをそのように見ることを、みんな躊《ため》らってきた。あまりに多彩に見えるからだ。しかし七〇年代に入ったソットサスの「祝祭としての惑星」やMoMAの「ニュードメスティック・ランドスケープ」展（一九七二）に出品した《マイクロ・エンバイラメント》を見れば、あるいは二つの乳房に挟まれた保育所のドローイング《建築的ポルノグラフィ》（一九七八）やそのころに参加したスタジオ・アルキミアでの活動を見れば、ソットサスがメタデザインからの逆上を志していたことはあきらかなのである。

スタジオ・アルキミアはグェッリエーロによって設立されたグラフィックデザイン・スタジオであるが、そこにアレッサンドロ・メンディーニがかかわることで極めて広い実験センターとしての役割をはたした。メンディーニはぼくが注目しつづけてきた編集デザイナーで、「カサベッラ」「ドムス」「モード」各誌の編集長を歴任し、かつデザイン・コンセプターとして活動した。かつて『フラジャイル』（ちくま学芸文庫）を書いたときは、その扉にメンディーニの《釘打ちハイヒール》の写真を入れたほどだ。

おそらくソットサスはグェッリエーロよりもこのメンディーニに惹かれてスタジオ・アルキミアに参画したとおもわれる。メンディーニならわかってくれる。そう思ってソットサスは自由にふるまった。コンセプチュアル・ファニチュア《震える構造》にはそうしたメンディーニとの交流がよく出ている。それはまた、メタデザインからの逆上を端的に示していた。

ただこのスタジオには理論家のアンドレア・ブランジをはじめ、若手建築家のミケーレ・デ・ルッキやパオラ・ナヴォーネといった革新的な確信犯がずらっといて、三番目の恋人だか、二番目の夫人だかを連れてスペインに旅行してすっかりジプシーのライフスタイルに溺《おぼ》れていたソットサスにして、この連中を煙に巻くのはたいそうなことだったようだ。

こうして、いよいよソットサス軍団の独自の旗揚げになる。「メンフィス」である。古代エジプトの神話都市名とボブ・ディランの歌の曲名から採った。

メンフィスについてはよく知られているので（もし知らないならデザイナーをやめなさい）、あまり付け加えることはない。マルコ・ザニーニ、マッテーオ・テュン、アルド・チビック、梅田正徳らを擁した。ここでは次の二つの言葉を紹介しておけばいいだろう。

ひとつは、「いいデザインというものは月に行く可能性のようなものだ」というもの、これはいい言葉だ。「その存在」がそこにあるだけで何か名状しがたいメッセージが一斉に放たれるデザインを志向したいという意味だ。まさに月とはそういう「その存在」だ。もうひとつは、「プロダクトを焦るのではなく、哲学的メッセージを提供したい」というものだ。ソットサスがときどき好んだ「言語学的デザインの提供」といってもよい。日本のデザイナーに最も不足している姿勢であろう。

言語学的デザインなどというとなにやらむつかしそうであるが、この姿勢がないデザインやアートには、どんなバッド・テイストも生きてはこないのだ。哲学と言語のないバッド・テイスト感覚など、ただのオナニーか即物デザインなのだ。ミラン・クンデラのキッチュ論を読めばわかることだろう。

ともかくもメンフィスの活動の噂こそ、一九八〇年代の世界中で最も過激なものだった。そうなった理由ははっきりしている。ソットサスはメンフィスについて次のように回顧するのだ。「私にとってメンフィスは大学院のようなものだった」。

一九九七年、ぼくはついにソットサスに出会えた。第一回「織部賞」のグランプリ受賞者として岐阜に招いたのだ。八十歳になっていた。会ってすぐにイルカ博士ことジョン・C・リリーに共通するもの、超然的だが体温の高い洒落《しゃれ》た人格を感じた。後ろ髪をちょっと束ねてピンクのリボンをしているのが可憐だった。

それ以前、ソットサスのことは最初は倉俣史朗から「あんな人はいないよ」というふうに、次はタイガー立石から「理解をこえた人ですよ」というふうに、そして磯崎新からは「例外をやってのけた唯一の人だね」というふうに、何度も聞いていた。

タイガー立石がオリベッティにいたとき、ソットサスはデザイン部門のディレクターをやっていた。ソットサスに製品デザインのヒントを貰いにいくと、何だかわけのわからないオブジェを指さして、「君ね、これだよ」と言うばかりだったという。タイガー立石はそのたびに三日間、考えこんだらしい。ヤマギワの照明器具を三〇点ほどデザインしたときのソットサスのことも伝わってきていた。このときのことを回顧したソットサスの文章は身に滲みる。こういうものだ。「デザインに対して唯一配慮されるべきことは、儀式の進行を促進できるオブジェをつくろうとすることです。すなわち、もろく、はかなく、不合理であやうい日々の状態のなかで、ふと凝縮できる瞬間をもたらすことができるような移行をおこすこと、それがデザインなのです」。

まさにフラジャイルなデザインを告示した文章である。ついでに付け加えておけば、この文章をソットサスはインドの家庭用品と日本の行灯《あんどん》を思い描いて綴ったという。

織部賞のグランプリにソットサスを真っ先に推したのは磯崎新と内田繁だった。田中一光、石井幹子、ブランジほかの選考委員の全員があっというまに賛成した。ぼくはこのことで織部賞の背骨が決定できたと確信したものだ。

第一〇一四夜　二〇〇五年三月十六日

参照千夜

八〇四夜：辻井喬『伝統の創造力』　一〇三〇夜：ル・コルビュジエ『伽藍が白かったとき』　一一八六夜：ブルーノ・ムナーリ『モノからモノが生まれる』　三四〇夜：ギンズバーグ『ギンズバーグ詩集』　一一二二夜：ウォーホル『ぼくの哲学』　一四三夜：折口信夫『死者の書』　三六〇夜：ミラン・クンデラ『存在の耐えられない軽さ』　二〇七夜：ジョン・C・リリー『意識の中心』　八九八夜：磯崎新『建築における「日本的なもの」』　七八二夜：内田繁『インテリアと日本人』　七八六夜：田中一光構成『素顔のイサム・ノグチ』

ぼくが杉浦さんに
ぞっこんになった深い理由

杉浦康平

かたち誕生

日本放送出版協会　一九九七

杉浦さんが…唐草文様を見ている。そこからエジプト、ギリシア、東アジア、中国、日本をまたぐユーラシア植物帯のうねりが立ち上がる。パルメットから忍冬唐草《にんどうからくさ》へ。その文様をもっとよく見ていると、植物たちは動きだし、そこに渦が見えてくる。日本の正月では、この唐草文様を覆って獅子舞が踊っている。中国では獅子だけではなく、龍も亀も、鳥も魚も、その体に渦を纏《まと》って世界の始原や変容にかかわっている。そこで杉浦さんは…ふと目を転じ、その渦がときにバティック（更紗）となって人体を覆い、古伊万里の章魚《たこ》唐草となって大器となり、ジャワの動く影絵となって夢に入りこむことを、抽《ひ》き出してくる。

　こうして杉浦さんに…よって、どの渦にも、天の渦・地の渦が、水の渦・火の渦が、気の渦・息の渦が、躍動していくことになる。これらの渦を総じていくと、カルパヴリクシャが待っている。樹木が吐く息のことである。けれども杉浦さんが…見るカルパヴリクシャは、地表を動き、村を渦巻き、空中の雷や鳥の旋回や風の乱流と重ね合わさっていく。また、そのカルパヴリクシャは体の内側に入ってDNAから三半規管におよぶあらゆる捩《ねじ》れともなっていく。

バウハウス以来の多くのデザイン論というものは、渦の形態を比較するだけだった。大半の文化人類学は渦のパターンが儀式や会話や物語のどこに出てくるかを調べるだけだった。ところが杉浦さんの…目は、何も言わない図像や線画に想像力による動きを与えて、その関連研究を開始する。そうなのだ。杉浦さん…その人がデザイン論の述語であり、杉浦さん…その人が新たな文化人類学の対象になっていいほどなのだ。

本書のタイトルになっている「かたち」を、杉浦さんは…「かた」と「ち」に分けた。「かた」は形代《かたしろ》や形式のカタ（形）、象形や気象のカタ（象）、母型や原型や字型のカタ（型）などを孕《はら》んでいる言葉である。「ち」はイノチ（命）やチカラ（力）やミヅチ（蛟・蜃）のチだ。どちらがなくても「かたち」は誕生しない。

では、どのように「かた」と「ち」は出会ってきたか。杉浦さんは…祈りのなかに、文字の発生文化のなかに、葬祭のなかに、その出会いを拾い、そのすべてをひとつずつ照応させて、そこにひそむルールと、そこにかかわる人々のロールと、そこでつかわれたツールの、さしずめ〝ルル三条〟をつなげた回廊を次々につくっていった。杉浦図像学あるいは杉浦観相学とは、このことだ。

久々に杉浦さんに…ついて書いている。

もっとも、今夜はできるだけカジュアルに書きたい気分だ。池袋の喫茶店「ろば」の二階の木造事務所に、ちっぽけな工作舎を開いたころ、ぼくは杉浦さんの…すべての言動に感動しまくっていた。そのことを書いておく。

そのころ杉浦さんは…小さな円形計算尺で版下指定をしていた。まるで数理学者のようだった。指定はすべてスタビロの色鉛筆の深紅と臙脂《えんじ》。字は小さくて、間架結構《かんかけっこう》が美しい。その計算尺と赤紫の文字は杉浦目盛と杉浦色というものだった。また杉浦さんは…葉書よりちょっと小さめのカードを脇に何枚かおいていて、何かを思いつくとメモを必ず簡略なドローイングにしていた。それもやはりスタビロの色鉛筆。すべてはドローイング・メモ。走り書きは一度も見たことがない。なんであれ丁寧に扱うこと、とくに本のページを繰るときは——。

杉浦さんは…話をしながら、その時間がくると「あ、ちょっと待ってね」と言って、別室で必ずラジオの民族音楽と現代音楽の録音をしていた。そのテープ・コレクションは、おそらく小泉文夫や秋山邦晴を上回るにちがいない。耳を澄ます人、目を凝らす人、手を尽くす人。それが杉浦康平…だった。

こんな印象もある。

杉浦さんは…話の途中でハッハッハと笑うとき、そこで急転直下の切り返しと意表をつく折り目をつくっていた。たとえば、「そこのとこをよく呑みこんで、分解製版をよろしくお願いしますね」。そう、印刷所の担当者に言って「ハッハッハ、ごはん食べてからのほうがいいよ。一緒に分版を呑みこめるからね。そうすると腑《ふ》に落ちる」。

このハッハッハは冗談のように見えていて、そうではない。のちにだれもが知るようになったろうけれど、杉浦さんには…「図像が世界を呑み、世界は図像を吐いている」という見方があるのだが、印刷担当者はその「呑吐《どんと》の思想」を送られたわけなのである。可憐な担当者たちは、汗を拭きながら、「いや、ごはん抜きでがんばりますから」と言って、そそくさと帰っていく。

これは何度か紹介したことだが、杉浦さんの…アトリエでは、だれもペーパーセメントをつかわない。両面テープを二、三ミリ角にハサミで切って、どんなものも貼る。これを杉浦さんは…「にちゃにちゃしないドライ・フィニッシュ」と名付けていた。杉浦さんは…厖大なブックデザインとエディトリアル・デザインを手掛けてきたが、出来上がったばかりの本を担当者を前にぺらぺら〝追認〟しているところを、ぼくは見たことがない。そっと机の端に置いておいて、ずいぶんたって、一人になってから見る。

こんなこともしだいに気が付いた。杉浦さんは…めったにパーティに出ない。広告の仕事はしない（弟は資生堂のパッケージデザイナーのトップだった）。杉浦さんは…年賀状を作らない。そのかわり海外から細字で感想をしるした絵葉書が届く。そして杉浦さんは…アメリカには絶対に行かない。アメリカについての理由を聞くと、「ま、一人くらい抵抗する者がいたっていいでしょう」。それ以上の理由は聞いたことがないが、たった一度だけ、何かの会話のときに、「原爆など落としちゃいけないよ」とぽつりと言った。

ぼくにとっての杉浦さんは…夜中に電話をしてくる杉浦さん…でもあった。ずっと以前、工作舎でだれも電話に出なかったことがあった。翌日、用件があって杉浦アトリエに行くと、開口一番、「きのうはみんな早く帰ったみたいね。若いうちは寝ないでもやりたいことがあるもんだけれどね、ハッハッハ」と笑った。

話の最後がハッハッハで終わるときは、よほどのメッセージなのである。その夜から工作舎ではだれかが不寝番をするようになり、そのうちだれもが寝なくなっていた。しばらくたって、ぼくが夜中の杉浦アトリエで調べものをしていると、珈琲でも飲もうかと言って妙にニコニコしてこう言った。「そういえば、最近は松岡くんのところは夜中も起きているね。大丈夫？　やっぱり頼まれなくても徹夜しなくっちゃ、若いうちはもったいないものね」。

こういう杉浦さんの…一挙手一投足にまつわる場面は、それこそ数かぎりなく、ぼくの目と耳と体に残ったままにある。ぼくはその数々の場面をあえて伝説にし、あえて杉浦神話にしたいとさえおもう。古代このかた、そのようにしてしか「事実」は「物語」として伝えられてこなかったのだ。それなら杉浦物語こそが必要なのである。

きっとぼくは、いつか杉浦さんを…めぐるちょっと長めのものを書きたいのだろう。それが維摩経《ゆいまぎょう》ふうか徒然草か、秋里籬《り》島《とう》や坂崎坦みたいなものなのか、それともエレナ・ガーロやガルシア・マルケスのようなのかは、わからない。杉浦さんは…神話もSFも映画も好きだから（ブラッドベリやバラードやタルコフスキーについて何度話しこんだことか）、エッシャーのような立体映像を交えた杉浦DVDのようなものも、きっとおもしろいだろう。そこには、ときに閑吟集《かんぎんしゅう》や齋藤史の『記憶の茂み』のような歌や、あるいはヒップホップのような合いの手をまぜて。

杉浦康平は…ぼくにとっては極上の師にあたる。とっておきの人で、途方もなくかけがえのない人である。むろんのこと、杉浦さんの…学校授業を受けたわけではなく（ぼくが会う直前まで東京造形大学で教えていた）、杉浦アトリエでアルバイトをしたわけでもないが（そのころは中垣信夫・辻修平などの歴戦の面々がいて、机は全部埋まっていた）、六〇年代が暮れてゆくなか、ぼくはこのまま自分の独りよがりのままで行くのはまずいなと感じていた。

どこかに入門したいと感じていたそのとき、杉浦康平…という名がひらめいた。たぶん大辻清司さんと喋っていたときだったろう。この人の思索とデザインを、この人の目の動きと手の行く先を、この人の紙や本や印刷によせる思いを学びたい。それほど杉浦さんの…仕事は、当時のだれの成果物よりもエキサイティングでラディカルな光を放っていた。

けれども師と仰ぐには、どうにかして杉浦さんと…接していなければならない。いまこそ杉浦さんの…言葉や仕事は多くの雑誌特集や著作物やテレビ番組になっているのだが、そのころはそういうものはひとつもなく（それでも「数学セミナー」の短い文章を何度も読んで、ドキドキしていたものだ）、杉浦さんを…知るには、なんとかして仕事にするしかなかったのだ。ぼくはそのために工作舎という版元をおこしたようなものだった。

こうして一九七〇年の秋、「遊」の創刊を準備するための二つの包みをもって渋谷並木橋の杉浦さんを…訪れた。ひとつは「原理の狩人」というインタビュー・シリーズを用意して、その劈頭《へきとう》の人として登場してもらうことにした。「視覚の不確定性原理」と名付けた。杉浦さんは…その包みを前に置くと、その結び目をやすやすと解《ほど》きつつ、「でも、ぼくのデザインはね、目と手と体を出入りするものを、ひとつずつつなげていくことから始まるんですよ」と言った。涙が出そうになった。ああ、よかった。この人に入門すると決めてよかったと思った（それから三十数年にわたって、ぼくの師はいまも変わらぬ師でありつづけている）。

もうひとつは「遊」の表紙のデザインをお願いした。この人を本気で知るには、継続性とスコアリングをくりかえすことが必要だと思っていたからだ。

一つの切れ目が次の継ぎ目にどのように組み替えられ変容していくか（さっきのハッハッハの前後のように）、そこを見つづける現場に接することが、杉浦さんを…知る必須条件なのである。それで、毎号そのつど会える表紙を頼んだ。けれども杉浦さんに…あっては、事態はいつも予測を超えていく。そのときは、杉浦さんは…ぼくが作った粗末な手づくりの創刊号ダミーを見ながら、表紙を引き受けたうえ、さらに二つのプレゼントをしてくれた。「オブジェ・コレクション」と名付けたページに協力してあげよう、「イメージ・マップ」という別丁の作図を入れようという提案だった。これは万歳！だった。これで、もっと濃密な仕事の現場がふえる。

ところが、杉浦さんは…さらにもっと意外な提案をしてくれた。「それで、印刷所は？」と聞いたのだ。まだ決まっていませんと言うと、まるで不憫な子供を見るようにダミーの包みをめくる手をとめて、「ふうん、そう。じゃあ、ぼくが大日本印刷に電話をしてあげるよ」と言い、さっさとその場で電話をしはじめたのだ。

あとでわかったことだが、その北島という担当者はのちに大日本印刷の社長になったエライさんだった。が、そのときの杉浦さんの電話のセリフがふるっていた。「ああ、北島君、元気？　あのね、ここにおもしろい青年が雑誌を作ろうとしているんだけど、お金がないそうなんでね。君のところで面倒みなさいよ。日本の夜明けのためにね。まあ、君のところは存分に儲けているんだから、ハッハッハ」。

北島さんもどうやら杉浦さんの…最後のハッハッハの意味を知っているらしかった。やむなく了承したようだ。それからぼくのところに戻ってきて、「うん、これで大丈夫。それでね、表紙はカラーを使うと大変だから、二色でやろうね」。

ぼくは天にものぼる心地になっていた。こうして一九七一年七月一日、あの有名になった海表から眼球が浮上する表紙の、「遊」創刊号ができたのだ。なるほど、約束通り、大日本印刷がすべてを引き受けた。表紙も二色である。ただし、大日本印刷はちゃんと額面通りの請求書を送ってきたし（そのため中上千里夫さんに借金をして、結局、その中上さんに工作舎の社長になってもらった）、表紙は魔法のようなダブルトーンの分版とグラデーション版トレペが一〇枚近くも指定されていたために、四色一発ドリのカラー製版よりずっと高くついていた。

けれども、ぼくには何がどうあろうとも、杉浦さんに…入門できたという感動で体が火照っていた。巻頭には、漆黒のページに夥《おびただ》しい図版が関連指示された「オブジェ・コレクション」が他誌にない視覚知を放っていたし、巻末にはタマネギのような変形地球儀を積層させた「イメージ・マップ」がまるで紙上に聳《そび》えているようだった。

が、杉浦さんは…そこまでいろいろなことをしてくれているのに、「遊」創刊号このかた、その後、ただの一度もデザイン料を受け取ろうとしなかった。「遊」だけではない。五年をかけた『全宇宙誌』も、孔《あな》のあいた『人間人形時代』も、レインボー箔《はく》の「日本の科学精神」シリーズも、そのほかすべての仕事のデザイン料を断固として受け取ろうとしなかった。「出世払いということもあるしね」と杉浦さんは…いつも相手に負担をかけない菩薩なのである。それが十年以上も続いた。いまでも工作舎には〝杉浦貯金〟という通帳が十川治江によって守られているはずだ。もっとも、これではぼくがいつまでも〝出世〟していないということにもなるのだが……。

かつてハーバード大学の片山利弘は、「もし杉浦康平をグラフィックデザイナーとよぶのなら、世界中のデザイナーはデザインをしていない」という名言を吐いたことがある（これはグレン・グールドと世界中のピアニストの関係にもあてはまる）。

まさに杉浦さんは…デザインのすべての可能性を変えてしまった人だった。こんな人は二度と出てこないにちがいない。ハーバート・バイヤーやハーブ・ルバリンをはるかに超えるデザイナーでもあるけれど、それとともに独自の世界観をさぐる作業をしつづけ、それをまた独自の表現構成に転位しつづけてきた人だった。それをこそ世の中はどのようにも絶賛すべきなのである。ぼくはその絶賛があまりにも少なすぎることに、ときに腹もたててきたのだが、杉浦さんは…「世の中なんてそんなもんよ。それに簡単にわかってもらっても困るしね。ハッハッハ、いったいだれが暗中模索かということですよ」と笑って、いつも取り合ってくれなかった。

だいたい杉浦さんは…作品集をつくることを何度も依頼されているのに、「そんなもの、死んでからでいいよ」と言って、どうしても首をタテにふらなかった人なのだ（でも、そろそろお目見えするはずだ）。しかし若気の至りのぼくは気が気ではなくて、なんとかして杉浦康平がデザイナーの分際などに収まる人じゃないということを広言したくて、うずうずしていた。

きっと迷惑なことだったろう。とはいえぼくにできることは、ひとつしかない。そこで一九七三年の「遊」六号「箱の中の筺《はこ》」に杉浦世界の一端を吐露してもらうことにした。歴史を和歌森太郎に、芸能を武智《たけち》鉄二《てつじ》に、美術の謎を中原佑介に、音楽の解読を武満徹に、生物の神秘を日高敏隆に、諧謔《かいぎゃく》の味を長新太《ちょうしんた》に、そして知覚世界の謎解きは杉浦康平に、という構成だ。

杉浦さんは…しばらく渋っていたのだが、ある夜に急に作業が始まって、またたくまにそれまで伏せられていた鉱脈から多彩な知潮のようなものを噴き上げさせたかとおもうと、これを電光石火で組み立てた。タイトルは「乱視的世界像の中で」。このときの、七つにわたった「謎」の披露とその構成の方法こそ、その後の杉浦本を決定するプロトタイプになったものである。こういうものだった。

1　犬地図の構想から何が見えてくるか
2　生物感覚の相互浸透はどこまで進むか
3　知覚系の分化と接触に法則はあるか
4　原意識は記号によって定着したか
5　記号の形態はしだいに成長しているのか
6　潜在する形象の記号化から何を学ぶか
7　運動する知覚から送られる信号は何か

選び抜かれた図版を構成しながら、これに短文を付して、既存のロジックから離れるよう軽重疎密をつけて組み上げる。それらを番号と矢印と注で結びつけ、細部を入れ替え調整し、読者の視線までプログラミングをしたうえで、そのページネーションそのものが一撃の宇宙になっていくように設《しつら》える。まさに杉浦さんが…独自に開発した「図文主義」と「観相共鳴学」の宣言である。そのプロトタイプの劇的きわまる出現だった（本書『かたち誕生』も原則的にはそのような構成方法によって成立している）。

これがたんなるグラフィックデザインであるはずがない。ぼくはこの一折（一六ページ）ができあがっていくのを見ながら、あまりに嬉しくて、大声で叫びたい衝動に駆られてしかたがなかった。おもわず、その下欄に初めての「杉浦康平抄論」をノートしたものだ。いま読むと、消え入りたくなるような若書きだ。

多くの仕事をこなしてきた杉浦さんには…むろん、「ピカソの青の時代」や「デュシャンがチェスをしていた時代」や「イサム・ノグチの日本回帰の時代」にあたるフェーズというものがある。それらについてはいちいち案内しないけれど、杉浦さんが…初のインド旅行から帰ってきたときのことは忘れられない。一九七二年秋だったと憶《おも》う。

帰ってきた数日後に杉浦アトリエで内々のスタッフのためのスライド映写会があったのだが、これが驚くべきものだった。「ぼくはきっとインドから埃《ほこり》を持ち帰ってきた体になったんだろうと思う」という言葉で始まる映写説明は、その後の杉浦さんの…アジア図像解析の原点を示していた。あっ、ジョン・ラスキン、と思った。

いや、それだけではなかった。そのとき杉浦さんは…自分のカメラで撮ってきたインドの写真を配列して見せてくれただけなのだけれど、ぼくはまたまた胸にこみあげるものを感じていたのだ。ああ、これは、岡倉天心がタゴールを訪れて感じたこと、堀田善《よし》衛《え》がインドでは果たせなかったこと、日本人がアジアに置き去りにしてきたことが、いまここでついに再開されるんじゃないかというような、そういう感慨だ。それをアトリエの暗がりのなかで実感していた。

さて、いまふりかえると、中村元《はじめ》や宮崎市定《いちさだ》らの研究者をべつにすると、この時期にアジアの埃を浴びたいなどと確信していた知識人は、日本のどこにもいなかったのではないかとおもう。ましてアジアと日本を図像でつなげるという発想は、だれ一人としてしていなかったはずである（しばらくしてから藤原新也が挑戦した）。

ところで、いつのころからか、杉浦さんには…締め切りを守らないという噂がつきまとっていた。この噂は各社の編集者が流したものだろうが、実情を見ているとあまりに多くの締め切りに追われていて、いくつかのものがページの向こうにはみ出していくという印象だ。

たとえば「東京ビエンナーレ」展やパリの「間」展のポスターは、いまでも戦後デザイン史を飾るものになっているが、たしかに開催日をすぎてから刷り上がったものだった。けれども、そういう時間切れのときの作品は、どこかに鬼気が哭《な》いていて、凄《すご》かった。そんなあるとき、杉浦さんは…講談社の「世界のグラフィックデザイン」第一巻の『ヴィジュアルコミュニケーション』の構成監修を引き受けた。杉浦さんの…才能を買っていた亀倉雄策による、たっての要請だったと記憶する。

創業まもない工作舎で杉浦さんの胸を借りてつくった「遊」創刊号と『全宇宙誌』。ぼくの編集工学の原点でもある。下は、磯崎新・武満徹企画、松岡編集、杉浦デザインによるパリ装飾芸術美術館の「間」展パンフレット。

それまで杉浦さんは…デザイン関係のシリーズや作品集成のたぐいには、絶対に作品を提供しようとしなかった。それがデザインシリーズを引き受けたというので、ギョーカイではニュースになった。ところが、ついに引き受けたのに、一向に手をつける様子がない。他の巻が全部揃ってからもまだ手をつけない。締め切りを遅れたなどという遅れではなかった。

実のところ『ヴィジュアルコミュニケーション』は、文章パートナーにぼくが選ばれていた。けれども、そのぼくのほうにもいつまでたっても指示がない。ときどき「どうしますか」と聞いてみたが、いつも「うん、もうちょっとね」と言うばかり。スタッフに聞いても埒《らち》もない。これはてっきりこの仕事を放棄したか、講談社と喧嘩をしたか(よくあることなので)、それともぼくが外されたのだろうと予想していた。

しかしある夜に電話がかかってきて、「ああ、あの講談社の本ね、あれはね」と言い出したとたん、たっぷり一時間ほど構想を話したのち、「明日、第一章の最初のところのダミーを届けるから、その行数に合わせて原稿を書きはじめてね」という急転直下になったのだ。それからは聞きしにまさる猛烈なイメージ編集が開始し、連打されていった。一九七六年の桜が散りはじめた季節のことだ。いったいこの一年の〝遅延〟に何がおこっていたのか、ぼくには知る由もないが(その後も尋ねたこともない)、おそらくはこの時期にこそ、かつての「乱視的世界像」と新たな「アジアの埃」が溶融する試みがなされていたのだったろうとおもわれる。

こうして『ヴィジュアルコミュニケーション』の仕事は、杉浦さんの…底力が果てしないものだということを告げた。ぼくも、この仕事を手伝えたことによって大きく変わった。そのころはFAXもバイク便もなく、独特のレイアウト用紙に構成されたダブルページ・コピーが次々に届き、その図版を入れた意図を説明する電話が何十晩もつづき、ぼくは若すぎる棟方志功《むなかたしこう》のように目を図版にくっつけては、夢中で解説コピーを書きつづけた。むろん、ゆっくり寝てなどいられない。「そうか、若いうちはお金を払ってでも徹夜をしなさいというのはこのことか」と得心した。

杉浦さんの…イメージ編集は、まるで一晩で世界神話を作り上げるような「拡充するスピード」をもっている。世界樹のように広がっていきながら、粘菌類のように細部がみるみる稠密になっていく。そのたびにベンヤミンの敷居が何十回何百回とまたがれていく。

この不思議は実際に杉浦さんの…そばで体験しないとわからないかもしれないが、その宇宙的拡張と生命的集約のくりかえしによって、そこに、たえず相互に響きあう「知層の脈動」が張りめぐらされ、世界にひそむ眠りこけた動向を引き出す「図像の現象学」が交錯し、人間の内奥の震動が切り出す夥しい描画が躍っていくようになっていく。

こうした作業に伴走するのは、頭も手も目も、知も言葉も、はちきれるほどハードではあったけれど、気分はめっぽう痛快で、おかしなことに体さえ爽快だった。そもそも『ヴィジュアルコミュニケーション』は、グラフィックデザインシリーズの一巻でありながら、その内容は他の巻とはまったく異なるもので、まさに『かたち誕生』の原型となるような図像構成集なのである。自分の作品など、一点も入れようとはしなかった。杉浦さんは…日本のデザイン界が仲間褒めで成り立っているのが大嫌いだったのだ。そしてぼくはといえば、その好き嫌いの他方の一端に加担しているということが、なんとも気分のいいものだった。

ともかくも、こうしてできあがったこの大冊は前代未聞の図像学的アーキテクチャをOSとした、まばゆい知のソフトウェアの乱舞となった。しかし、それが単立した一冊ではなかったのは、箱も表紙も見返しも扉も奥付も、一貫して一冊の書籍宇宙を仕上げる杉浦さん…からするとたいそう窮屈というのか、杉浦さんの…世界がいずれ自立した機会に恵まれることを願わずにはいられない事情を暗示していた。

かくてあれから二十年、本書『かたち誕生』が登場してきたのである。本書は用意周到に構成され、執筆されたものではあるけれど、その母型は『ヴィジュアルコミュニケーション』の数週間の超集中にすべてが発芽していたといってよい。

それにしても『かたち誕生』とは、まさに杉浦さん…らしいヴィジュアル・マニフェストだった。一般には「かたち」というものは、その生成と形成をなしおえてそこに定着しているのがふつうだから、もはやそれがどのようにしてできあがってきたかなどということは、説明してくれない。ましてそこから息吹や咆哮は伝わってきにくい。そこで杉浦さんが…その生成と形成をまざまざと蘇生させるのだ。

たとえば文字には、手のストロークがひそみ、指が絡み、体の開きや捩れがその奥に動いている。チンパンジーのコンゴが描いたみごとな線には、ブラキエーション（枝わたり運動）の動向が残響し、井上有一の書には書家の全身の動向が集約されている。子供の書き損じの字にだって「頭と目と手の迷いのアフォーダンス」が見出《みいだ》されるのだし、道教護符やジャン・コクトーの手すさびにも、「いまだ萌《も》え出《い》ずる以前の文字動向」が移ろっている。それなら、舞踊や仏像の印相や植物文様には、逆に、超文字状態が隠れているのではないか。

杉浦さんは…そう睨んで、「世界像＝身体像＝文字像」を自在に行き来できる回廊の発見と、その回廊を人々が往来できる仕組みとシナリオを用意していったのだった。

こうして本書の内容は、どこをとってもピンとキリとが結ばれて、目は口ほどにものを言い、あちらで舞えばこちらが響くというふうになっていく。それは、本書のサブタイトルにつかわれた杉浦さんの…「万物照応劇場」そのものなのである。ボードレールに代わって提示したヴィジュアル・コレスポンダンスそのものなのである。

第九八一夜　二〇〇四年五月二四日

参照千夜

六〇一夜：小泉文夫『日本の音』　七六六夜：秋山邦晴・小野田勇・村上紀史郎ほか『文化の仕掛人』　一三〇〇夜：『法華経』　一五三〇夜：『維摩経』　三八六夜：秋里籬島『都林泉名勝図会』　五〇五夜：坂垣『日本画の精神』　四〇四夜：エレナ・ガーロ『未来の記憶』　七六五夜：マルケス『百年の孤独』　一一〇夜：ブラッドベリ『華氏451度』　八〇夜：バラード『時の声』　五二七夜：ピーター・グリーン『アンドレイ・タルコフスキー』　六九二夜：齋藤史『記憶の茂み』　九八〇夜：グレン・グールド『グレン・グールド著作集』　七六一夜：武智鉄二『伝統演劇の発想』　一〇三三夜：武満徹『音、沈黙と測りあえるほどに』　四八四夜：日高敏隆『ネコはどうしてわがままか』　五七夜：デュシャン『デュシャンは語る』　七八六夜：田中一光構成『素顔のイサム・ノグチ』　一〇四五夜：ラスキン『近代画家論』　七五夜：岡倉天心『茶の本』　一七夜：堀田善衛『定家明月記私抄』　一〇二一夜：中村元『インド古代史』　六二六夜：宮崎市定『アジア史概説』　一六〇夜：藤原新也『印度放浪』　五二五夜：棟方志功『板極道』　九〇八夜：ベンヤミン『パサージュ論』　二二三夜：井上有一『日々の絶筆』　九一二夜：コクトー『白書』　七七三夜：ボードレール『悪の華』

多田北烏の話から
「アンアン」までのこと

堀内誠一

父の時代・私の時代

わがエディトリアル・デザイン史

日本エディタースクール出版部　一九七九

ぼくが自分でトンカチをして造船した最初の「編集の船」を、杉浦康平の偉大なオールで一心に漕ぐことにしたのは、二十代後半から三十代の日々にとっては決定的な選択だった。しかしそのことは、グラフィックデザインの感覚が杉浦康平的な世界によって閉じられたということは意味しなかった。ぼくはだからこそ、かえってグラフィックデザインの動向に関心をもちつづけられるようになっていた。日本でいうなら、たとえば田中一光、たとえば横尾忠則、たとえば堀内誠一である。

本書は、サブタイトルに「わがエディトリアル・デザイン史」とあるように、昭和七年生まれの堀内誠一の半生をエディトリアルデザインの仕事の編年的な紹介で埋めたものである（昭和七年は杉浦と同年生まれだ）。この業界のことに暗い読者には、おおいに蒙《もう》を啓《ひら》くものとなるだろう。

堀内は父親のアート感覚のなかで育った少年だ。父の堀内治雄がすでにして図案家だった。すなわちデザイナーだった。

その父は多田北烏《ほくう》の門下生である。北烏の時代は日本デザイン界の最初の隆盛期で、大正十四年には杉浦非水らによる七人社が、翌年には濱田増治らによる商業美術家協会が発足したばかりだ。キリンビールの広告美人や新高《にいたか》ドロップの犬に飴をあげている少年や「幼年倶楽部」の表紙は、すべて多田北烏の抜群のデザイン感覚が生んだものだった。多田が大正時代に滝野川に構えたサン・スタジオは、日本の最初の商業デザインスタジオだったとさえいえる。

北烏はその後は童画家としても勇名を馳《は》せた。たとえば「キンダーブック」の挿絵の多くは北烏の作品である。このことはのちに堀内誠一の手に蘇る。堀内は数々の雑誌のエディトリアルデザインで大成功をおさめたのちに、童画家や絵本作家としてすばらしい仕事をする。

堀内治雄は多田北烏のサン・スタジオをまねてレインボー・スタジオをつくった。本所向島にあった。もっとも長屋の中の一軒である。堀内誠一少年は、この下町のアートスタジオでどぎまぎするような少年時代を送る。ローセキによる地面の絵、ボール紙の宇宙、板切れに彫った英文字、人形劇のための小さな舞台装置、たくさんの製図道具。これらは少年堀内の恰好の夢工場だった。本書でいちばん読ませるのも、この少年時代の回顧談だ。とくに上野不忍池で開催された「レオナルド・ダ・ヴィンチ博」での興奮については、羨ましいほどだ。

その堀内が商業美術にとりくむのは、日大付属の高校を中退して十五歳で伊勢丹に入ってからである。ここで堀内は「エスクァイア」の新進デザイナーだったポール・ランドを知り、三岸節子の表現力に出会い、岩波写真文庫やコリン・ウィルソンの『アウトサイダー』に憧れていく。

実際に堀内を鍛えたのは連日連夜の百貨店催事の準備だった。体育学校にいた左幸子や新宿のバーにいた芳村真理や宝塚の松田和子をひっぱりだした水着ショーは、伊勢丹に始まった日本で最初のファッション・イベントだったし、堀内を雑学に溺れさせることになった「百貨展」も伊勢丹の名物イベントになった。

本書を読むと堀内がどんなイベントにも熱心で、「シャボン展」「郷土玩具展」「発明展」「染織展」「原子力展」などの、未知のイベントのたびに成長していったのがよくわかる。

いま、若いデザイナーからディレクターが生まれないのは、こうした雑多な堀内的経験を積んでいないせいだろうということも、はっきりよくわかる。このほか本書には名取洋之助のことをはじめ、「父の時代」のことが堀内の目で語られている。

一方、堀内の表現感覚を飛躍させたのは、伊勢丹のイメージ・アーティストであった高沢圭一と、アメリカ帰りの富田英三だったようだ。ぼくも強烈な印象で眺めていたが、とくに富田英三のドローイング・センスは堀内を感化していったと見える。

やがて伊勢丹は季刊誌「ブーケ」を創刊し、堀内もその手伝いをする。秋山青磁、秋山庄太郎、植松國臣に出会うのはこのころだ。この体験が生きて、アルス社の「カメラクラブ」の玉田顕一郎が堀内に目をつける。ついで千代田光学（ミノルタ）がPR誌「ロッコール」の編集長に玉田を迎えると、堀内はそのデザインを担当するようになった。初めてのエディトリアルデザインである。ここに集まったのが若手の石元泰博・中村正也・佐藤明・東松照明・奈良原一高たちであり、批評家の重森弘淹だった。のちに川田喜久治、常盤とよ子も加わっていく。

このあと堀内は、「装いの泉」「若い女性」などの服飾系の雑誌を手がけ、ファッションデザイナーの中村乃武夫《のぶお》やセツ・モードセミナーの長沢節に影響をうける。一九五七年くらいのことである。そのころ堀内は伊勢丹をやめて「アド・センター」設立に移っていった。

こうした堀内がメディア業界から一躍脚光を浴びるのは、一九六九年に平凡出版の「アンアン」のアートディレクターを引き受けてからである。

このときのことはぼくも鮮烈に憶《おぼ》えている。「平凡パンチ女性版」というのが「アンアン」の準備号だったのだが、これを店頭で見たときは、体の脇が魚の側線のようにぴりぴり動いたものだった。タイトルといい、写真といい、デザインといい、採用された秋川リサらの瘦身のモデルといい、「アンアン」が日本を変えたパワーは測定しがたいほど大きなものだった。

ついで堀内は澁澤龍彥や三島由紀夫らと季刊誌「血と薔薇」にとりくみもした。堀内誠一の絶頂期だったろう。そのころはまた宇野亞喜良や横尾忠則の、そして細谷巖や田中一光や杉浦康平の絶頂期でもあった。

しかし堀内は、これらの綺羅《きら》星たちとほとんど交わらないデザインワークに没入していった。平凡出版がマガジンハウスと社名を変えて、「アンアン」「ポパイ」「ブルータス」などを連打していったとき、これらの雑誌のアートディレクターを一手に引き受けたのだ。ロゴもベーシックデザインも写真ディレクションもすべて引き受けたが、一緒に仕事をした連中がびっくりしたのは、特集テーマも撮影ロケも堀内が仕切っていたということだ。

金子功は「アンアン」時代のロケが忘れられないと言う。堀内をリーダーに吉田太朋、立木三朗がカメラマンで、そこにヘアの松村真佐子、ファッションデザインの金子功、モデルの立川ユリと秋川リサが加わってチームになるのだが、それをスペイン、モロッコ、ポルトガルというふうに爆撃するように組み立てる。説明はほとんどない。「いい」か、「バカ」か、「やるぞ」か、堀内の軍配のわずかな動きで全員が獅子奮迅していくのである。

ネパールがどれほど寒かろうとカンケーがない。ベナレスのガンジスがどれほど濁って広かろうとカンケーがない。堀内が「向こう岸から撮るよ」と言えば、みんなが神の采配に従ってガンジスの対岸に向かうのだ。金子はあるとき「次は萩だ」と一言聞かされ、それが堀内が満を持した日本特集だったことも知らずに萩に飛び、さんざんディープな日本文化に突き落とされたことを懐しく思い出している。まもなく「アンノン族」がおシャレな恰好でエキゾチック・ジャパンの旅を愉《たの》しむようになったのは、堀内誠一のこうしたロケ撮影力とページデザインのせいだった。

堀内にはもうひとつ、とても好きでとても得意なものがあった。絵本づくりだ。西内ミナミ『ぐるんぱのようちえん』、村山桂子『たろうのおでかけ』、ルース・エインズワース『こすずめのぼうけん』、古田足日《たるひ》『ロボット・カミイ』、きしだえりこ『かにこちゃん』、谷川俊太郎『ことばのえほん』では、多彩な絵を描き分けた。

自分でお話と絵の両方をつくった絵本もある。それが『ちのはなし』や『ほね』なのだ。ヴィジュアル・アーティストとして子供たちに「からだ」のしくみを伝えたくて制作したものだった。堀内の絵本を見ると、そこには多田北烏からの血が躍っているのがやっぱり伝わってくる。本書にも綴られている次のエピソードは、まさにそういう躍如を伝えていた。

少年時代の堀内には焼け跡は暗いものではなかった。そこは宮沢賢治の『雪わたり』のように、ふだんは道のないところでもどこへでも歩いてゆけるファンタスティックな世界だった。そんな焼け跡で、堀内少年は進駐軍が捨てた空き缶がキラキラしていて、何かを招いているかのように見えたらしい。少年はそれらを拾い集め、その中の缶ビールに紐を通して水筒にしたり、空き缶に絵を描いて上野駅で売ってみたりした。上野駅のまわりは浮浪者がいっぱいいたが、堀内少年はすぐに仲良くなった。

なんとも不思議なアートディレクターである。どんな体験もがアートディレクションのモチーフになったのだ。その体験を文章にする才能にも恵まれた。

日本のデザイナーは一〇〇年前から今日にいたるまで、一部の建築家をのぞくと文章を書くのがさっぱりなのだが、堀内はよくその苦手をするりと抜けて、懐しくも瑞々《みずみず》しい文章を綴った。童話も童画もうまかった。ぼくとしては、もっと詳しい「父の時代」と「私の時代」のあいだがほしいのだけれど、それはいつかだれかが書いてくれることだろう。

第一〇二夜　二〇〇〇年七月三一日

参照千夜

九八一夜：杉浦康平『かたち誕生』　七八六夜：田中一光構成『素顔のイサム・ノグチ』　二五夜：ダ・ヴィンチ『レオナルド・ダ・ヴィンチの手記』　三七二夜：コリン・ウィルソン『アウトサイダー』　一五四三夜：長沢節『弱いから、好き。』　九六八夜：澁澤龍彥『うつろ舟』　一〇二二夜：三島由紀夫『絹と明察』　九〇〇夜：宮沢賢治『銀河鉄道の夜』

赤が勝負の
闘うヴィジュアライザー

石岡瑛子

I DESIGN（私デザイン）

講談社　二〇〇五

最初に白状しておくが、この本の四六一ページで不覚にも涙ぐんでしまった。石岡瑛子はソルトレイク冬季オリンピックのために、デサントがサプライヤーとなるレーシングウェアとアウターウェアをデザインした。そのひとつ、セレモニーウェア「ガラ・コート」を着たスイス選手団が、ゴールドメダリストのシモン・アマンの掲げる国旗を先頭に入場してくる場面のくだり。

選手団が着ているのはデサントが開発したモルフォテックス素材を銀色に仕立て、裏を真っ赤に染めたマキシコートである。赤は石岡瑛子の勝負の色だ。それが一瞬、厳寒の風にあおられてひるがえった。ウォー・ウォーという歓声がどよめいた。凍てつく観客席にいた石岡瑛子も小さな握りこぶしを挙げた。

デサントのプロジェクトは難産につぐ難産だったようだ。石岡瑛子はもはやこれでは仕事を全面的に降りるしかないというところまで追いつめられていたのだが、それが乾《けん》坤一擲《こんいってき》、事態が一転してついに劇的な場面で凱歌をえた。

ああ、よかったね、瑛子さん。そういう気持ちで涙ぐんでしまったのではない。デサントチームとの軋轢《あつれき》と苦労がやっと稔ったプロセスを綴った文章が巧みだったからなのでもない。本書の文章はむしろ一貫して抑制のきいたドキュメントタッチをベースに、随所に石岡瑛子の創造哲学の杭《くい》が打ちこまれているというもので、決して読者を感情的に煽動するものはない。では、どうしてぼくは不覚にも涙ぐんだのか。

この場面が出てくる四六一ページというのは、本文が四六八ページあるうちの最後の最後にあたる。本書の中身は堂々としていて、一から十まで戦闘的である。お涙頂戴の雰囲気なんてこれっぽっちもないし、石岡瑛子のファイティングポーズはこれ見よがしというほどにプライドは高く、そのことを説いて怯《ひる》むところは何もない。それなのに最後の最後で胸詰まらせる思いに至った。

実は、この場面はぼくもソルトレイクのオリンピックの開会式中継をテレビで見ていて、あっと感動した場面だったのである。とてもよく憶えていた。マキシコートの真っ赤な裏が翻り、そのことをスイスの選手団が誇らしげにしていることが、テレビ中継を見ているときにも鮮烈に印象づけられたのだ。

デザインというものは、こういうものだ。これがデザインだ。そう、感じた。感情も約束も、仕掛けも組み立ても、予算も音楽も、そういうものが一挙に吹っ飛んで、相手の心に高速で突き刺さるときがある。恋闕《れんけつ》である。恋情である。それをおこすことがデザインというものだろうと感じたのだ。

瑛子さんとはいろいろな場面で接してきた。最初の出会いは青山の「ラジオ」や「バルコン」だ。カウンターで話しこんだ。仕事としては『スーパーレディ１００９』(工作舎)のブックデザインを頼んだのが最初だった。瑛子さんはぼくの要請の中身をとことん聞いたうえで、即座に「じゃあ、わかったわ、スー・コウというブリティッシュ・イラストレイターを起用しましょう」と言った。これは木幡和枝と瑛子さんの最初の出会いにもなった。

横須賀功光の『ザ・グッド＝バッド・ガール』では、瑛子さんが横須賀さんの写真をどのように色校正したかという作業を再現してもらった。驚くべき精緻な色校正の指定だった。頰の色、髪の毛の光りぐあい、コスチュームのシャドウ感。これらは細部にわたって「印刷という仕上げ」にむけて再構成されていたのである。

瑛子さんからもときどき頼みごとがきた。求龍堂から刊行された最初の作品集『風姿花伝』(英語版は『EIKO by EIKO』)では石岡瑛子へのオマージュを綴り、「ヴォーグ」では十文字美信の稚児《ちご》の写真特集のための文章を書いた。

瑛子さんはときおり「キャンティ」やら「鳥新」にぼくを呼び出して、「世間」ではなく「世界」あるいは「日本」を語ることを好んだ。ぼくがシノプシスを書いた映画（中身は秘密！）のシナリオについてすこぶる関心を寄せて、ぜひこれはコッポラに撮らせたいわねと言っていた。

対談もした。グレーのフラノの帽子をかぶって白と黒の千鳥格子で襟にビロードが付いたジャケットを着ていた少女時代のこと、グラフィックデザイナーだった父上のこと、その父上を喪《うしな》ったときの思い、小学校で「火の用心」の絵を描いたときに自分の才能を感じたこと、一番好きなインドの奥地のホテルのテラスで感じた夕陽の極上の感覚、レニ・リーフェンシュタールやジョージア・オキーフやタマラ・ド・レンピッカについて、等々。一部は『色っぽい人々』（淡交社）に入っている。

しかし本書には、こうしたぼくが知る瑛子さんをはるかに超えた石岡瑛子が綴られている。芸大時代のこと、資生堂に入社してサンオイルやホネケーキなどの化粧品広告で一世を風靡したこと、パルコのキャンペーン・プロジェクトで数々の武勇伝をのこしたこと（藤原新也と何度も激突したこと）、角川の「野性時代」で鳴らしたこと、こういう石岡瑛子はいっさい出てこない。グラフィックデザイナーとしての石岡瑛子ではなく、闘うヴィジュアライザーとしての、コスモポリタンとしてニューヨークに拠点を移してからの石岡瑛子のみが語られている。

採り上げられたプロジェクトは、きわめて多彩だ。映画、ミュージカル、マジック、オペラ、サーカス、オリンピックに及ぶ。それも衣裳と意匠を跨ぎ、異相と予想を横断する。それらのプロジェクトのいくつかは、ぼくも途中経過を含めて聞かされ、またその成果をそれなりに見てきたものだ。

ポール・シュレイダーと組んだ映画《Mishima》、マイルス・デイヴィスとアーヴィング・ペンとのアートワーク、ブロードウェイ・ミュージカル《M.バタフライ》の舞台美術、レニ・リーフェンシュタールと「世間」の風評をめぐった壮絶なコラボレーション、御存知フランシス・コッポラの《ドラキュラ》でコスチュームデザイン部門のアカデミー賞をとった顚末《てんまつ》、三枝成彰のオペラ《忠臣蔵》の舞台装置……。これらはだいたい知っていた。

が、本書の後半を飾るプロジェクトについては、未聞未見のものが多い。デビッド・カッパーフィールドのマジカル・イリュージョンの仕事、大作オペラ《ニーベルンゲンの指環》四部作の舞台、きわめて実験的な映画《ザ・セル》のこと、ビョークのミュージックビデオ《COCOON》の鮮烈な赤い糸による映像、シルク・ドゥ・ソレイユのコスチュームデザイン、そしてソルトレイク・オリンピックでの激走疾駆などについては、本書を読むまでほとんど知らなかった。

が、これらのいちいちを紹介するのは遠慮しよう。プロジェクトごとに微細に亙《わた》っているし、数々の著名なコラボレーターを実名入りで紹介しないでは臨場感が届かない。それらを詳しく紹介しないと、ここぞというところで瑛子さんが逆襲をかけている現場感覚は伝わらない。「切羽つまる」という言葉があるが、瑛子さんはその「切羽」にこそ賭《か》けているからだ。

だから今夜はごくおおざっぱなところを案内するにとどめる。それでも聞きしに勝るドキュメントなのである。詳細は本書を手にとって読まれたい。

ポール・シュレイダーが三島由紀夫のエロスを映画にしようとして石岡瑛子に声をかけたのが、日本に見切りをつけて海外に朋友（戦友？）を求めた石岡瑛子の最初の転機となったようだ。

シュレイダーは《タクシードライバー》の脚本で有名を馳《は》せて以来、その才能の冴えを次々に見せていった切れ味の鋭利な映像作家で（《白い刻印》が忘れがたい）、あるとき三島の生きざまと『金閣寺』『鏡子の家』『奔馬』を通して「美・芸術・行動」を象徴的に描きたくなった。脚本を書いてみると、三島の美学をどうあらわすかが決め手になることが見えた。そこでシュレイダーは俳優も何も決まっていないとき、プロダクション・デザイナーに石岡瑛子を起用することを決めた。ニコラス・キャラウェイが英語版を刊行した『EIKO by EIKO』を見た衝撃によるものだった。

この時点で瑛子さんのほうは映画のエの字も知らなかった。おまけに三島については文学作品としての業績はともかくも、その生き方には嫌悪をもっていた。そんな自分が三島を題材にした映画づくりに挑めるのかと訝《いぶか》った。

プロダクション・デザイナーは映画美術のいっさいを担当する。そのためにはすべての場面に精通しなければならない。それはあまりにも映画ギョーカイ第一歩に向かうデザイナーには危険負担が大きすぎた。そこでリアルな場面を竹中和雄(日本映画の美術監督)が担当し、アートな部分を瑛子さんが引き受けることにした。こうして、例の黄金の金閣寺が真っ二つに割れる場面などが世に生まれることになる。「火事場の馬鹿力」で突進しきったと、瑛子さんは書いている。

製作中は日本の映画業界や日本人の仕事っぷりにかなり消耗したようだ。それでも走り切ったのだが、ところが、この映画は遺族の意向などのさまざまな事情があって、いまだに日本で公開されていないのだ。このことは瑛子さんを日本や日本人の湿った体質から決然と離れさせた大きな要因になった。

一九八八年三月、ブロードウェイのユージン・オニール劇場で《M．バタフライ》(ジ

映画「Mishima」で異彩を放った二つに割れる金閣寺、シルク・ドゥ・ソレイユ「VAREKAI」の衣裳などを紹介する口絵。下は《ドラキュラ》衣裳でアカデミー賞を受賞した直後の瑛子さんと松岡の対談（淡交社『色っぽい人々』）。

ヨン・デクスター演出）の幕があいた。真っ赤な舞台には、上手四メートルの高さから曲線をもったスロープが曲がりこみ、それが奥の壁面に沿ってのびて装置を呑み、そのまま下手のほうへ下がってピット（奈落）に落ちている。

この、両端を引き延ばした巨大メビウスの輪をもって、シーニック・デザイナー石岡瑛子は文字通り〝世界の舞台〟に衝撃的に登場した（ブロードウェイ・ミュージカルでは舞台美術家をシーニック・デザイナーという）。コスチュームも担当した。

いったいこんなデザインをどのように思いつくのか。最初は当然ながら脚本を読みこみ、論理的な分析や構築を試みるのだという。この段階ではまだヴィジュアライゼーションを発想しない。瑛子さんはいったん自分を「無」（タブラ・ラサ）にし、そこから作り手たちの意思と感情の読みに入っていく。そして思いつくありとあらゆるアイディアを片っ端からスケッチにしていく。資料も取り寄せる。

それを矯めつ眇《すが》めつ検討し、監督や演出家やスタッフと話しこみ、そこからは今度は一つずつを消していく。こうしていくつかの候補が絞れたら、そこに観客たちに向けた血液をどくどくと送りこむ。ときに沈黙や号泣を考える。最後に、この作業によって「見えないものが見えるようになったのか」ということをチェックする。

だいたいはこんな手順であるらしい。しかし手順がすぐれた成果を生むなら楽なもの、それだけでは仕事は充実しない。本書を読めばどのページからも伝わってくるが、瑛子さんは最後には必ず「熱気《ゼスト》」と切り結ぶことによって、その仕事を溶鉱炉にしていこうと励む。晩年のレニ・リーフェンシュタール（八十歳をこえていた）との長きにわたったコラボレーションは、まさにその「熱気」が「存在の熱学」にまで昇華した仕事だったろう。最初のコラボレーション、西武美術館の「ヌバ」展（一九八〇）の会場で、ぼくはその「存在の熱学」を感じたものだった。

コッポラの《ドラキュラ》をめぐるドキュメントは、本書のなかでは最もわかりやすいものだろう。オスカーをとったエピソードなら、みんなも覗きたがる。しかし、そういう野次馬根性では石岡瑛子は見えてはこない。そもそもこの大作に瑛子さんが起用されたのは、一枚の《地獄の黙示録》のポスターにコッポラの目が射《い》竦《すく》められたからだった。ということは、その一枚のポスターにしてすでに「フランシス・フォード・コッポラそれ自体」だったということなのだ。

ぼくもよく知っているヘラルド・エースの原正人さんが《地獄の黙示録》を配給するにあたって、ハリウッドのポスターが気にいらずデザインを頼んだのがきっかけだったようだ。そこで瑛子さんは、「これは滝野晴夫のイラストレーションだ！」とピンときて、さっそく彼を連れてニューヨークに上映中の《地獄の黙示録》を見に行った。こうしてコッポラとの未曾有の激闘が始まるのだが、本書にはいくつも示唆に富む話が挿入されている。「ものづくり」を志す者なら、見逃せない。

ちょっとだけ紹介する。たとえばコッポラとセットデザイナーのダンテ・フェレッティと瑛子さんは、エイゼンシュテインの《イワン雷帝》と溝口健二の《雨月物語》をドラキュラのテーマ解析のために検分した。そして「コスチュームがセットで、セットは照明である」ことを確認した。脚本ができあがりつつあるときは、ナイトクラブに仮りの俳優を集めてあえてキャンドルライトだけで読み合わせをし、それらのあいまを、ドラキュラとは人間なのか獣なのか、天使なのか悪魔なのか、美しいのか醜いのか、若いのか老いているのかといった議論が間断なく埋めていった。

やがて瑛子さんは三つの独創的なコスチューム・イメージにたどりつく。戦場のためのアーマー（甲冑）、城内のガウン、棺《ひつぎ》から出てきて死を迎えるまでの黄金服である。それぞれ、歴史上の甲冑《かっちゅう》の徹底研究、解剖学がどこまで応用できるかの点検、コウモリの生態フィルムを取り寄せての検証、歴代モンスターの形象の学習、クリムトの黄金づかいのスタディなどをへたうえでのことだったようだ。意匠誕生には、つねにこうした徹底したレビューが必須なのである。

一方、映画には（どんな仕事もそうではあるが）、トラブルやアクシデントがつきものだ。製作半ばでダンテ・フェレッティが解雇された。彼はフェリーニやテリー・ギリアムの美術を作ってきた映画美術の名人ではあるものの、コッポラのコンセプトを無視した。コッポラは容赦なくフェレッティを切った。瑛子さんは悲しみ、解雇の夜をフェレッティと食事する。

そもそもハリウッド映画の制作には、①プレプロダクション（撮影準備）、②プロダクション（撮影）、③ポストプロダクション（編集）の三段階がある。どこに力が入るかは監督によって異なる。

たいていは分業である。キャスティングから脚本の見直しまで、セットデザインの検討から予算管理まで別々のスタッフがやる。瑛子さんはそのすべてに首を突っ込んだ。プレプロダクションが始まれば始まったで、それまでのヴィジュアル・ストーリーボードも次々に描き変えられ、脚本もさらに大胆な手直しが続く。《ドラキュラ》では瑛子さんの手元には最終的に二〇冊におよぶ脚本が残ったらしい。

かくてポストプロダクションを入れてまるまる一年間、石岡瑛子はノンストップの映画制作プロジェクトのすべてにかかわって、そして比類のない戦果をあげたのである。お見事というしかない。

しばらくたってオスカーを日本に持ち帰った瑛子さんを、われわれは一夜のドラキュラ・パーティで迎えた。浅葉克己がガウンを着て牙をはやし、藤本晴美が構成照明音楽を仕切ったお祝いを青山のスパイラルホールで開いたのだ。男はみんな黒ずくめを着用させられた。日本の反応がいつも不満な瑛子さんも、その夜ばかりはちょっぴり嬉しそうだった。瑛子さんはどんな男もセクシーじゃないと嫌なのだ（むろんわれわれも女はセクシーじゃないと問題にならない）。

ところで石岡瑛子という人はめっぽう声がいい。ぼくが大好きな声だ。発音もアーティキュレーションもいい。声の高低のラティテュードもいい。次に、選び切った言葉の放ち方がいい。野球のピッチャーにはつねにボールの離れ際のタメとスピードが要求されるのだが、そのボールの離れ際に似て、言葉を放つ〝際〟がいい。

もうひとつ、本書にも横溢《おういつ》している特色であるけれど、いったい何が「未練」で、何が「断定」すべきことなのかをつねに見極めているところがいい。もっとわかりやすくいうのなら、何が「残念」なことで、何が「あっぱれ」なことなのか、たえず仕事の渦中で鮮明にしているということだ。そして、このことを必ず表明する。「それは残念ね」「それはすばらしいわ」というふうに。

これらがクリエイティブ・プロセスのなかで、そのつど陶冶《とうや》されていく。しかもその陶冶は、そのプロジェクトに必ずといっていいほど待ちうけている障壁に正面からぶち当たっていくことによってのみ、磨き上げられていく。そんな感じがする。本書を読むかぎり、《ドラキュラ》ではその障壁は一つか二つだったようだが、オペラ《忠臣蔵》やオペラ《ニーベルンゲンの指環》では、その障壁が世界文化の東と西を分けるような、また石岡瑛子の真剣勝負が世界に通じるかどうかの瀬戸際のような、そういう障壁が次々に連打されたようだった。

ワーグナーの《ニーベルンゲンの指環》をめぐる話はなかなか興味深い。依頼はアムステルダムの国立オペラ劇場からのもので、芸術監督ピエール・アウディがコスチュームデザインを引き受けてほしいと書いてきた。

瑛子さんはコスチューム専門のデザイナーではない。できれば舞台美術全体とかかわりたい。しかし、すでにセットデザインはジョージ・ツァイピンで決まっている。これはどうも気乗りがしない。それにオペラというものにも強い関心をもっていなかった。一方、アウディのほうは瑛子さんのこれまでの仕事ぶりを高く買っている。

瑛子さんはツァイピンのプランを見たいと申し出た。悪びれることなく、ロシア人のツァイピンはニューヨークのスタジオでかなり大きな模型を見せてくれた。第二部の「ワルキューレ」が傑出している。トネリコの大木をスパッと切って、その切り口を舞台全体にしていた。その一部を刳《く》り貫《ぬ》き、オーケストラをすっぽり入れていた。どきっとした。瑛子さんの心に火が点《つ》いた。最終返答をぎりぎりまで延ばして引き受けることにした。そして決意した。「私はボディをセットデザインしよう！」。これで二年にわたる闘いが始まった。

仕事にとりかかるにあたっては、まず指揮者のゲオルグ・ショルティの全曲をアタマに叩きこまなければならない。ついでリブレット（歌詞）をできるかぎり深く理解する。相手はドイツ語だ。全訳本を日本からとりよせ首っ引きになってみたが、翻訳が硬すぎてアタマに入らない。よくあることだ。やむなくパトリス・シェローがバイロイト音楽祭で演出した《指環》四部作のビデオ（一九七六年初演の有名な舞台）を入手して、英語の字幕スーパーを学習した。

こういう仕事では語学も障壁のひとつである。とくにこのプロジェクトでは、レバノン人アウディ、ロシア人のツァイピン、日本人の石岡瑛子、イラン人のコレオグラファー（振付師）がオランダを舞台に呉越同舟している。瑛子さんの耳はいきおい多国籍の蝙《こう》蝠《もり》になっていく。

コスチュームデザインが決まっていくプロセスにはさまざまなヒントが擦過する。この一瞬の擦過を見逃せば、そのアイディアは消えていく。本書にもそのいくつかが説明されているのだが、なかには偶然のインスピレーションもある。ニーベルング族のミーメという嫌われ役の形象では、ホテルに戻ってベッドでうとうとしているときに二匹の蝿が執拗に絡みあっているのを見ているうちに、「そうだ、ミーメは蝿にしよう」と思いついた。ニーベルング族の小人たちのコスチュームは、朝のシャワーを浴びているときにひらめいた。あわてて近くのペーパータオルにスケッチした。

こうしていくつものアイディアが形と素材をともない、決定的な意匠になっていく。けれども、話はそこで終わらない。これらをフィニッシュするにはたくさんの技能や技術が加わっていく必要がある。アムステルダム国立劇場では、その多くをインハウスのスタッフとクラフトマン（職人）が引き受ける。しかしかれらは国家公務員でもあるので、休暇を返上してまで仕事をするわけではないし、時間がくれば帰っていく。瑛子さんはしだいに焦燥と暗渠《あんきょ》を感じながらゴールに達した。

こうして第一部「ラインの黄金」はオープニングを迎えた。絶賛と酷評は五分五分。いつものことだ（しかも絶賛も酷評も、たいていは本人には納得できないものであることが多いのは、ぼくもよくよく知っている）。そのなかに「石岡瑛子はワーグナーの《指環》を日本の《指環》にした」という評があった。ジャパンっぽい表現はいっさい使っていないつもりなのに、自分が日本人であるせいでそのように書かれるのかと瑛子さんは訝った。こう、書いている。

「私は日本人であることに誇りをもっている。私の誇りは昔のサムライに共通しているほど強い。しかし、日本人を売りものにしたくない。だからといって、西洋人になりたいわけではけっしてない。何々風という見られかたから解放されて、自由になりたいだけだ」。

石岡瑛子の半生は「うんざり」と闘ってきた人生だ。日本で活躍しているころは〝女流デザイナー〟と呼ばれ、海外では〝日本人デザイナー〟と呼ばれる。瑛子さんはこの理不尽に立ち向かっていくために、いつも戦闘姿勢をゆるめない。この姿勢は、日本にいたころから「刃物のようだ」とか「勝ち気だ」とか「男勝り」といったありきたりな風聞になっていた。これまたまさにうんざりしたことだろう。男になりたいとも感じたことだろう。けれども、こんな風聞は事態の何事の一端をも伝えない。

ぼくの実感をいうなら、『色っぽい人々』（淡交社）にも書いたことだけれど、瑛子さん本人はどちらかといえば「炬燵《こたつ》のような人」だ。あるいは「風呂敷《ふろしき》の大きさが変えられる人」だ。仕事の現場でも、相手を刃物で斬っているのではなく（よくそのように思われるそうだが）、問題を詰めているのだ。あるいは自身に反問しているのだ。

しかし、世間というものは一筋縄では人間関係がすまないようになっている。《指環》の現場の仕事にもいくつもの魔物が待っていた。このときは、第二部「ワルキューレ」の舞台がオープンしたところで、瑛子さんの情熱が音をたててプツンと切れた。燃え尽きた。

原因はいくつもあったようだが、大きかったのは製作スタッフたちに意思が感じられなかったことだった。報酬はもとより目的なんかじゃない。大作《指環》のような仕事では報酬を度外視して、そこに果てしない努力と労力を費やすことで、かけがえのない成果を生み出せることが唯一の報いなのだ。それには自分が絞り出したプランを実際の現物にしていくプロセスに、石岡瑛子と共振するスタッフの情熱が加味されなければならない。「恋闕」や「熱学」にならなければならない。それがアムステルダムの現場にはなかった。

かくて瑛子さんは、第三部「ジークフリート」の準備を目前にしたある日、マネージング・ディレクターに「このままではすぐれた表現を続けることは不可能だ」と告白した。それで解雇されるならやむをえないと覚悟していた。こう、書いている、「捨て身でぶつかってもわかってくれない相手なら、決別を選ぶほうが賢明だというのが、私の短絡的な考えでもある」と。驚いたマネージング・ディレクターは懸命な説得にとりかかった。瑛子さんはいささか身を引き裂かれる思いで第三部にもとりかかることになった。スタッフたちの態度は居心地が悪いほど変わっていた。

ざっとこのようなドキュメントが、プロジェクトごとに微細にしるされているのが本書なのである。最初に書いておいたように、随所に石岡瑛子の創造哲学の杭のようなものがバチバチ打ちこまれているが、それとともに海外における仕事の仕方も手に取るように案内されている。

こういう本は、かつて一冊もなかった。だいたい海外でこれだけごっつい仕事をしているアーティストがいない。映画や舞台ではワダ エミさんがそれに匹敵する仕事をしているが、エミさんは書かない人だ。

その一方で、本書には海外の文化体質ともいえるものが随所にのべられていて、たいそう参考になる。それらは石岡瑛子の好みと関連して見落とせない。たとえば瑛子さんはミック・ジャガーやデヴィッド・ボウイのプロポーズやオファーも受けたのだが、ポップ・ミュージックのスターたちの周辺悪徳文化に辟易として、二度と「興行」にはかかわらないと決めたそうだ。ぼくにはそういう体験はほとんどないけれど、それでもAYというスター（日本で有名なピアノ弾き語りのポップミュージシャン）を扱う興行マネージャーたちの、あまりに悪質な言動にはほとほと呆れたことがある。殴ってやろうかとおもったほどだ。瑛子さんも書いている、「かれらは、私が住む小さくて地味な創造の宇宙とはまったく異なった惑星に住む派手なバタフライたちなのだ」と。

そういう瑛子さんがマイルス・デイヴィスのジャケットやビョークのミュージック・ビデオを演出したのだから、問題はやっぱり相手なのである。とくにビョークとは、マネージャーを通さずに申し込んできた彼女の姿勢に絆《ほだ》されての仕事になったようで、本書のなかでは相手のアーティストのよさが一番すなおに滲み出ているチャプターになっていた。ビョークならぼくもお手合わせ願いたい。ちなみに神道にも関心をもっているらしい。

まだまだ紹介したいことはいろいろあるが、このくらいにしておく。最終章は、あのソルトレイク冬季オリンピックの場面になっている。そこまで一気に読み干した。ぼくとしては、本書を一人でも多くが読むことを薦めたい。友人のデザイナーは「ちょっと読んだけど、自画自賛ばっかりだよな」と言っていたが、ぼくは自画自賛の意義説明がここまで徹底していれば、逆に万人に向くものになっていると感じた。

こういう本についてデザイン界が沈黙しているのはよくない。クリエイター諸君の参考にもなるだろうけれど、そういうことよりも、石岡瑛子の仕事っぷりを読むことはそのまま日本人がいまかかえている問題を詳《つまび》らかにするからだ。また、どんなところにもギョーカイというものがあって、真の創造性はどんな場合でもギョーカイとは衝突しながら進むものだということも理解できるからだ。

瑛子さんが日本で仕事をしていたころ、ある講演会を企画してスライドで作品制作の経緯を話してもらったことがある。熱情、真摯、ユーモア、セクシャリティ、雄弁、間合い、腕組み、微笑、いずれも完璧だった。が、それよりなにより感心したのは、事前にプロジェクターとスクリーンの関係をコンマ一ミリの狂いもなく合わせるために時間をとったことだった。

それをまことにチャーミングな手さばきでやりとげ、そして長い黒髪をバラッとかきあげ、「はい、これでオーケーね」と言ったあと、「さあ、あとは私の問題ね」とニコッと笑ったことだった。あっ、アスリート、とぼくは思った。一〇〇メートルの疾走のために自身のコンディションを最高にもっていこうとしている一人のアスリートを、アーティスティック・アスリートを、そこに感じたのだ。

ところで、瑛子さんは「あとがき」で自分のことを"fearless"と書いている。「恐れを知らない」という意味だが、さて、そうなのか。石岡瑛子に「畏れ」をもつことをこそ、われわれが差し迫られているのではないか。ぼくは、そう言ってみたい。

第一一五九夜　二〇〇六年十月六日

参照千夜

一一〇九夜：十文字美信『澄み透った闇』　一〇九六夜：ローリー・ライル『ジョージア・オキーフ』　一六〇夜：藤原新也『印度放浪』　一六〇〇夜：ワーグナー『ニーベルングの指輪』　四九夜：マイルス・デイヴィス『マイルス・デイヴィス自叙伝』

靴を脱ぐ日本人の
仕切り感覚

内田繁

インテリアと日本人

晶文社　二〇〇〇

　倉俣史朗とともに世界のインテリアデザインの日本代表格を律しつづけ、早くからドナルド・ジャッドらのミニマリズムやアルド・ロッシらのイタリア建築と拮抗して歩んできた内田繁が、満を持して「日本」を問うた。

　この本に何の前触れもなく出会った者は、きっとそのように思っただろうけれど、実は内田繁はとっくの昔から日本のことを虎視《こし》眈々《たんたん》と眺めてきたデザイナーだった。たとえば山本耀司のブティックや幾多のカフェバーに、それは夙《つと》にあらわれていた。内田はその「日本」を形にするだけではなく、言葉にもするべきだと考えた。

　日本のデザイナーの多くは言葉を磨かない。僅《わず》かに建築家の一部が空間の言語や文化の文法に挑んできたが（白井晟一から磯崎新にいたるまで）、グラフィック、ファッション、インテリア、インダストリアル、いずれのデザイナーも「デザインは言葉じゃないからね」と高笑いして、この彫琢をいちじるしく怠ってきた。先ごろ亡くなった田中一光が晩年に数冊の著書を遺したことが、かえって尊いいぶし銀のような光を放っていると見えるほどなのだ。本当は田中一光のデザインの言葉が、互いに林立する光景の中にときに埋没するほどの状況がほしいのに——。

　意外におもわれるかもしれないが、いまインテリアデザインは危機にある。波及の危機というものだ。そのへんの店舗や書店にいけば世界中のインテリア用品にいくらでもお目にかかれるし、リフォームなどという便利な業種もできていて、家の中や部屋の中などどうとでもなるとタカをくくられている。たしかに店だって、二、三日もあれば新装開店になる。

　インテリアデザインとはそういうものではない。古代の王の墓の奥まるにつれて開かれていく内部構造から、一階を外向きに二階を内向きに仕立てたロンドンのコーヒーハウスまで、東三条殿《ひがしさんじょうどの》の寝殿の仕切り具合と襖絵《ふすまえ》の関係から、七二七夜に紹介したニューヨーク五番街のブックストアに出現した「ウォール」という本棚のありかたにいたるまで、人間と生活と道具と商品と余白たちが、「生死」や「此彼」や「主客」をこえて係わりあう出会いのすべてをデザインすること、それが本来のインテリアデザインなのである。

このようなインテリアデザインを瑞々しく再生するためには、どうするか。そもそも日本中に広がっているインテリアブームの何を捨てて何を残すかという価値基準を、どのようにもてばいいのか。事態の進捗にあたっては、できることなら急ぎたい。

断捨離をやればいいというものじゃない。そんなことからはデザインは生まれない。それよりも断捨離済みの空間に、たとえば一個の火鉢やコピーマシンを置いてみようとすればよい。出来の悪い空間はたちまち火鉢もコピーマシンも排除する。どこに置いてもサマにならないということになる。こんなインテリアデザインなら、断捨離ではなくて、空間ごと早々に捨ててしまうべきである。そんな空間ばかりを残すから、いつまでも「リフォームしつづける日本」が温存されたのだ。

そこで問題は、「日本」から「日本人」に突き進んでいくことになる。日本人の目と手と足にひそむインテリアデザインとは何かということを指摘することが重要になる。本書の意義はそこを果敢に言葉にしていったことだった。

内田繁は柔らかい磊落《らいらく》と屈託のない頑固がいつも体から放たれて、なかなか粋《いき》な人である。酒も好きだし、笑いも好きで、なにより音楽的なシンコペーションが全身に出入りする。けれどもその一方、相当にひたむきな人である。何にひたむきかといえば「仕方」にひたむきだ。

かつてぼくは、そのような内田デザインに「方法の記憶」と「時間の持続」がめざされていると見た。そういう言葉も贈った。持続というのはアンリ・ベルクソンがいう持続のことで、昨今の環境議論にやかましい「サステーナブル」（持続可能性）ということではない。インテリアデザインはサステーナブルであろうとするよりも、ベルクソンが言うように「空間のそのつどの時間化がうまくいっているかどうか」ということのほうがよほどに大切だ。

方法の記憶を持続するには、少なくとも二つのことがデザイナーにとって必要になるだろう。ひとつは、その場にひそむ方法が、民族や地域や業種や家族のなかでどのように記憶されてきたかという文脈を発見することだ。この文脈は擦り減った手摺《てす》りにあらわれていることもあれば、階段の狭さに出入りしていることもあるし、かつて糸車が置かれていたであろう「失われた装置」が無言で訴えていることもある。ただしこれらはたいていはバラバラの状態になっているだろうから、これらを文脈としてつなぐ作業が要求される。ここではデザイナーはすぐれた医師で、バラバラの徴候から一種の物語を構成するほうに歩んでいく作家なのである。文脈を発見して見えるようにすること、それが方法の記憶をデザインすることだ。

もうひとつは、そのような場に対してデザイナーが投企する方法を決定することなのだが、ここではデザイナーは医師であってはならない。処方箋をつくるのではなく、デザイナーとユーザーに共通する「仕方」というものを浮上させるための作業が始まっていくからだ。本書にも案内されているように、イタリアのエットーレ・ソットサスは「椅子のデザインは椅子の坐りかたをデザインすることだ」と言った。まさに、そうなのだ。デザイナーはここからは生活文化や店舗文化に「仕方のデザイン」をもたらすことを企んでいく。

では、この「文脈」と「仕方」をデザイナーはどこで学習し、どのように発見していけばいいのか。むろんどんな場面でもその努力を怠るべきではないけれど、内田繁が本書で示したのは、それを「日本人」という特有の身体を食らいこんだ空間と時間の記憶にこそ学ぼうじゃないかということだった。

本書には内田がながらく凝視してきた書院や茶室や民家のさまざまな特色が抜き出されていて、それだけを読んでも日本のインテリアデザインがもつ独自の水平性や際限性の意味が理解できるようになっている。また、いくつかの視点はぼくの『花鳥風月の科学』や『フラジャイル』からも援用されている。

しかし本書が類書とちがって際立っているのは、そこに「沓脱《くつ》ぎ」という日本人がいまもって譲らない身体感覚が生きていることを強調した点にある。日本人は部屋にソフアをおき、椅子とテーブルで食事をとり、ベッドで寝ているにもかかわらず、玄関を一歩入ってからは必ずといってよいほど沓（靴）を脱ぐ。いったいなぜこんなふうになっているのかということを、内田は本書の根底に据えたのだった。

そもそも日本には「内」と「外」についての独得のインサイド＝アウトサイド感覚が継承されてきた。たとえば神社で内と外を分けるのは標縄《しめなわ》や玉垣・瑞垣《みずがき》で、家屋で内と外を分けるのは軒下や縁側や暖簾《のれん》のようなものである。いずれもヨーロッパの石造家屋や中国の四囲式住宅のようには、壁で隔てられてはいない。それなのに、敷居のような閾（しきい・しきみ）ひとつで、暖簾一枚で、そこには内と外を分ける柔らかい仕切りがあらわれる。場合によって畳の縁《へり》や扇子一本をおくだけで、そこには仕切りがあらわれる。

この不思議な仕切りは何なのか。しかもそれが玄関に入ってからは沓脱ぎというスタイルに徹底されていったのは、どうしてなのか。内田はそこにはきっと日本人独得の「物理の仕切り」「認識の仕切り」「空白の仕切り」が三様に重なっているにちがいないと見た。

かつてバーナード・ルドフスキーと東京を歩きまわっていたときに、日本の空き家は何もなくなっているのがおもしろいと言われたことがある。なるほど欧米の空き家は、いつでもそこに人が住めるように家具や建具が据え置いたままになっている。これに対して日本の家屋では（マンションなどではない一戸建の日本家屋では）、たいていは畳さえ上げてしまっていることが少なくない。つまり日本人にとっては、そこをいったんウツに返すこと、ヴォイドにすることが空き家にするということなのである。それが「空ける」ということなのだ。ルドフスキーはそこをおもしろがったのだが、そこでは、「物理の仕切り」「認識の仕切り」「空白の仕切り」が一挙にウツに返されているとも言える。

　ところが、ところがだ。日本人がいざその空き家に住み始めるとなると、「物理の仕切り」と「認識の仕切り」と「空白の仕切り」はその住人によって独自に切り分けられる。どこが寝間でどこが書斎で、どこに暖簾がかかるかということが、それぞれのライフスタイルをもって変わっていく。襖も取り替えられ、ときに屏風《びょうぶ》も立て回される。それはいってみれば、最初の大工《デザイナー》と最初の住人《ユーザー》が、当初において構案した「仕方」というものが、こうして何度も再生されているということなのである。

　沓を脱ぐ。日本人はそこで「外」とは別れを告げる。茶室における躙口《にじりぐち》もまさしくそのような仕切りであるが、こうして日本人は「内と外」とをつねにあらためつつ、インテリアデザインの再生をしつづけてきた。改まる線というものを意識していたのだ。本書はそこを読むことがおもしろい。収録されている内田繁のインテリアデザイン例とともに、存分に堪能されるとよいだろう。

　では、雑談を少々。

服のために限りなく「ウツなる空間」を志向したYOHJI YAMAMOTOのブティック（写真中）。内田の代表作ともなった可動式・仮設式の茶室《受庵・行庵・想庵》は、日本の時空間をめぐる深い考察から生み出された（右・下）。

内田さんとは仏壇の縁で親しくなった。そんなふうに言うとまるで二人に共通する親戚の不幸でつながったようだが、そうではなくて、まったく新しい仏壇ならぬ仏壇「マインドギア」をデザインしてもらった。他に喜多俊之、川崎和男、アラン・チャン、川辺サチコ、山口小夜子らにも頼んだ。内田さんは立方体に近い大理石を二重に矩形《くけい》に穿った仏壇をつくった。抹香臭い荘厳《しょうごん》をいっさい消去することによって、かえって人間の精神の行方を暗示するにふさわしい象徴力だった。

内田さんという人は、このような心の動きや行方をデザインする人だ。デザインによって何かの「仕方」が生まれていくこと、そこに内田さんの真骨頂がある。去年だったか、内田さんが二十代に工夫したソファに坐ってみたことがある。それはユーザーがその気になればどのようにも形が柔軟に変容するもので、まさに「仕方をゆだねる椅子」というものだった。

それから何度も仕事を一緒にするようになった。岡崎市美術館の構成展示の構造や織部賞授与式の会場構成など、デザインを依頼した仕事も少なくないが、むしろ互いに「日本」を意識した仕事をしてきたといったほうがいい。

最近は桑沢デザイン研究所で、内田さんはその全体のカリキュラムを、ぼくはそのうちの理論や日本文化を多少お手伝いするような仕事もふえてきた。これからもそのような仕事を二人でしていきたい。なにしろ内田さんは司馬遼太郎ではないけれど、「この国のかたち」をデザインしたい人なのである。

日本人のためのデザイン教育や創造教育も一変させることができるだろう。内田さんはデザインの基本は「守・破・離」にあると考えてきた。教育にはそのうちの「守」がどうしても必要だと確信してきた。ねえ、松岡さん、そこを一緒にしてくれないかなあとも言われた。せめて、いずれの自治体や企業や篤志家でもいいのだが、そろそろ内田さんにデザイン・コンビナートかデザイン・コモンズを作ってもらうといいのにねえ。

第七八二夜　二〇〇三年五月二十七日

参照千夜

八九八夜：磯崎新『建築における「日本的なもの」』　七八六夜：田中一光構成『素顔のイサム・ノグチ』　一二一二夜：ベルクソン『時間と自由』　四八六夜：ルドフスキー『建築家なしの建築』　九二四夜：川崎和男『デザイナーは喧嘩師であれ』　九一四夜：司馬遼太郎『この国のかたち』

なぜ川崎和男は
ぶっちぎりな男なのか

デザイナーは喧嘩師であれ

川崎和男
アスキー　一九九九

以前から川崎和男に惚れている。理由はいろいろあるがおっつけわかるだろう。ここでは本書と、ごく最近に出版された『デザインは言語道断！』(アスキー)の二冊を材料にして、川崎和男のどこに惚れたのかを案内する。

一九八五年ころ、ぼくがアップルのパソコンのプロトタイプと出会った直後から川崎の名は聞こえていた。東芝を出て、日本人でアップル社の仕事をしている男がいるらしいという噂だった。プログラマーかソフトウェアの仕事かと想像していたが、やがてそれがインダストリアルデザイナーらしいということが聞こえてきた。Macのシステム感覚は日本人の思考癖にはあっていると見ていたので、そのシステムの外装に日本人の一人がかかわっていることに好感をもった。その後、ジョン・スカリー(当時のアップル社会長）が招いた箱根のコンファランスで川崎本人と出会った。静かな印象であったが、鋭くも凄い発言をしていた。車椅子に乗っていた。

あるとき、仏壇のデザインを仏具協会から頼まれたとき、「マインドギア」という名のもとにデザイナーを選んだ。内田繁や喜多俊之やアラン・チャンや坂井直樹とともに、川崎和男にも依頼した。悦んで引き受けてくれた。川崎のマインドギアは仏壇のコンセプトとイメージを根本から覆すものだった。断乎としてカラフルだったのだ。その後、出会う機会は少なかったのだが、ぼくのアタマから川崎の存在が遠のいたことはない（一昨年、積水化学の「六翔塾」に呼んだのが久々の再会だった）。日本で一番気になるデザイナーの一人だ。

しかし、川崎に惚れているのは、そのデザインワークだけではなくて、その思想やその姿勢や、その社会とのかかわりや、とりわけ日本とのかかわりにある。ぼくは日本人たる川崎和男に惚れている。

最初に川崎と松岡の共通項に触れておく。デザイナーとエディターという立場のちがい、工業と書物という対象のちがい、福井出身と京都出身といったちがいはあるが、かなりの共通点がある。

わかりやすいところからいうと、たとえば二人ともグリコのおまけに目がない。二人とも恋愛を超えるヴァーチャルゲームなんてありえないと思っている。「昔はものを思はざりけり」こそ恋の哲学なのである。二人とも「不易」と「流行」のあいだに日本文化とデザインがあると思っている。二人とも血液型がB型だ。また二人ともメディア社会には四〇四の病気があって、その大半がシンタックス・エラーというよりもコンフィギュレーション・エラーに原因があると思っている。

二人とも「紙墨相発」が好きである。紙と墨が互いに発して一幅の書画になるという意味だ。それから、二人とも「容姿端麗」が大好きだ。『風姿花伝』を生きる気がない連中は、男も女もそういう奴はごめんなのだ。「姿の勢い」がないなんて、お呼びじゃない。「すがた」は、もとより「素・型」なのだ。

もうすこし共通点をあげておく。二人とも白川静にぞっこんである。互いに漢字が好きなのだ。ぼくが漢字や言葉を重視するのは職能上も当然だろうが、川崎も漢字や言葉を大切にしつづけている。本書も「器量相発」「知延常楽」「収集数寄」といった四句熟語をそれぞれのエッセイに冠して書いているし、次著の『デザインは言語道断!』にも「旨趣」「奇特」「界面」「錯落」といった二字熟語が並んでいた。川崎が白川静が好きなのは同じ福井県の出身であることにも関係する。

川崎が、「デザイナーは言葉を駆使できなければデザイナーではない」と断言しているのも、たいそう気持ちよい。一般には言葉に頼るデザイナーは軽視されがちだが、これは日本のアート・デザイン病がもたらした恐るべき症状であって、言葉とデザインは本質を同じうするものなのである。そこを川崎はずばっと突いてきた。

加うるに、実は二人とも道元にもぞっこんなのである。川崎は『正法眼蔵《しょうぼうげんぞう》』の現代語訳を座右においている。そもそも不立文字《ふりゅうもんじ》・以心伝心とはいえ、禅が言語を重視してきたことは有名で、とくに道元においては中国語を歪めてまでも日本語にこだわった。だいたい言語道断は禅林でこそ加速する。川崎のデザインは、一言でいうなら現代社会にデザイン禅林をつくることなのだ。川崎にとっては永平寺が越前にあることも大切な符牒になっている。

二人とも超多忙で、激務が好きなのも似ている。体の酷使こそ発想の源泉だ。ただしお互いに最近は頓《とみ》にこのモットーがしだいに萎えてきた。体がガタガタになっている。体はガタガタではあるが、二人ともあいかわらず喧嘩は辞さない。本書のタイトルは『デザイナーは喧嘩師であれ』なのだから、川崎がぶっちぎりの喧嘩を身上(信条)としていることは明々白々だが、ぼくも売られた喧嘩を避ける気はない。すぐ反撃をする。いったい世の中のコンフリクトを狙い定めて狙撃できなくて、何が「生きる」ということか。

喧嘩だけではない。罵声についても哲学がある。川崎のスタッフが腑抜けをしたときのことだ。川崎は三弾連発をやるそうだ。①まずは忠告する。②反応が悪いと、次に激怒する。③それで辞めていくというのなら、餞《はなむけ》に罵声を浴びせる。辞めていく者にタイミングよく痛罵を浴びせるというのは、なかなかできるものじゃない。しかし、これはぼくにもずっとあった罵倒哲学だ。川崎の気持ちはよくわかる（ぼくのばあいは、最近になってこれをしなくなってから組織が緩んでしまったようだ）。

一方、松岡には乏しくて、川崎に特有のことも、いっぱいある。たとえば倉俣コンプレックスである。ぼくはそこまでではないが、川崎は倉俣万歳だ。これはデザイナーとしてはむしろ誇りとすべきコンプレックスで、このコンプレックスがわからないデザイナーは当分はアホだと断じておいていいのだから、ぼくからすると羨ましいかぎりでもある。川崎はその倉俣史朗についての思索を「ＡＸＩＳ」に「夢の形見に」として連載しつづけた。

またたとえば、大学に寄せる情熱もぼくとは格段にちがう。川崎は新設された名古屋市立大学の芸術工学部で、ほとんど犠牲的ともいうべき学生指導に当たっている。学生に「川崎和男に教わっているというのはとても危険な賭けだ」と思われているらしいのは、ぼくにも共通することで、ここまでは同じなのだが、その投与されたエネルギーとカリキュラムと情熱が格段なのだ。こんな大学人を見たのは、この十年で初めてだ。ほとんどパウル・クレーやモホリ＝ナギである。日本の大学は川崎の存在にこぞって敬意を払うべきである。ほんとうは学生が感謝すべきなのではあるが、学生が大学教授に感謝できるなんてことは稀有のことだろうから、これは、あきらめたほうがいい。ぼくは一年間に三人の学生が松岡正剛についてわかればいいほうだろうと思っている。もっとはっきりいえば、大学の職分にはまったく未練がない（その後、川崎は名古屋から大阪大学に移った）。

川崎は受賞歴も華麗である。毎日デザイン賞を嚆矢に、ほぼ毎年、何かのデザイン賞を受けてきた。ぼくは日本文化デザイン賞と斎藤緑雨《りょくう》賞だけ。愛車メルセデス・ベンツＳＬＫ２３０に乗っているのも、ぼくには手が届かない。ぼくは免許証をもっていないだけでなく、いまはホンダのアコード、その前は十五年近くがレジェンドである。それもスタッフに乗せてもらうだけ。実はあらゆるライセンスに関心がない。ライセンスが社会の一部を狂わせたとおもっているからだ。

それはそれとして、そもそもぼくには車を自分で感じるということが根本的に欠けている。川崎は車だけでなく、あらゆる工業製品を体でも心でも感得できている。

川崎は指輪やブレスレットが好きらしいが、ぼくはまったく身につけない。自分がつけるアクセサリーが嫌いなのだ。カフスボタンもネクタイもピンもしない（二十代後半にはイアリングをしていた）。けれども川崎のシャープな三本の指にある指輪を見て、これは美し

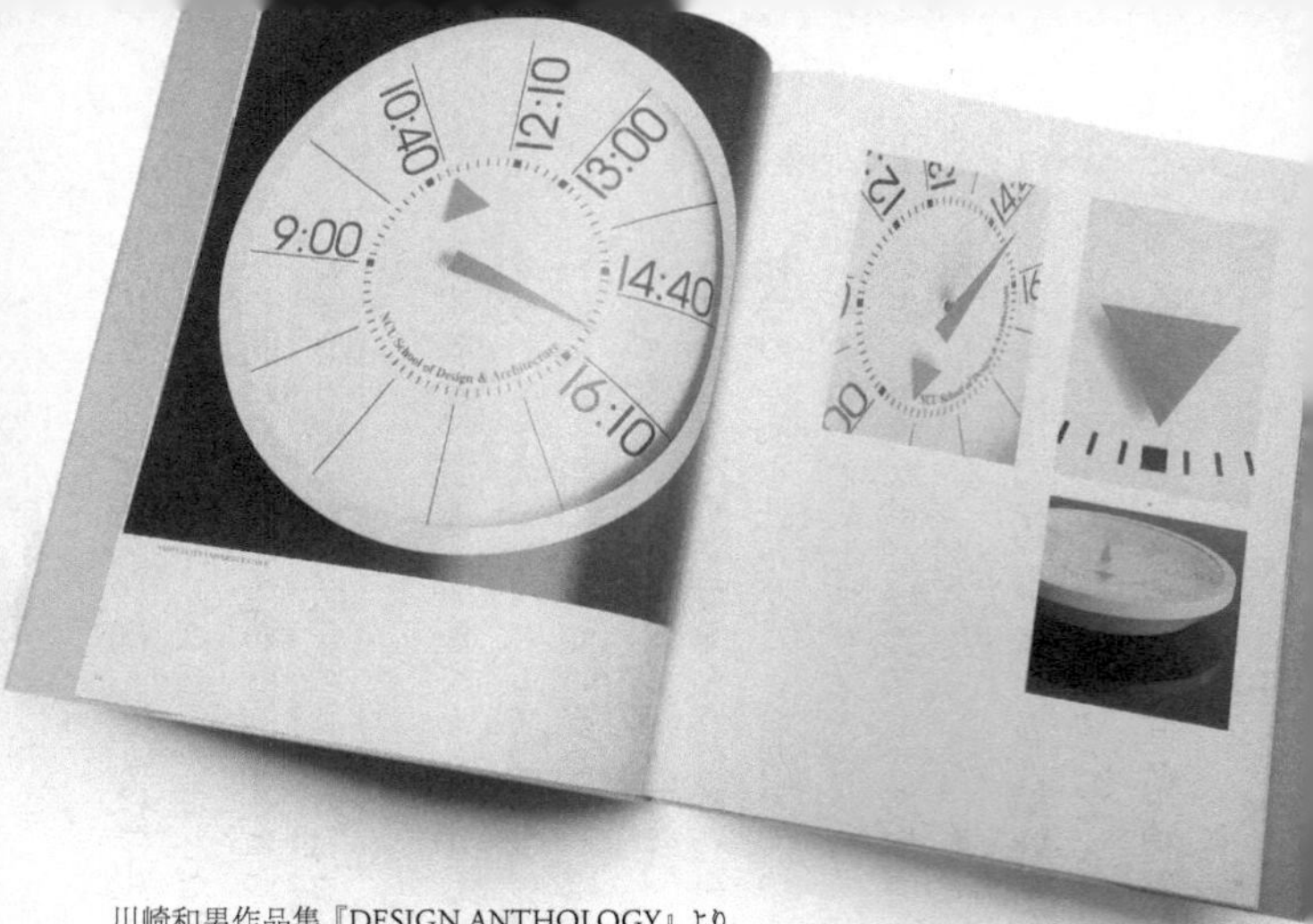

川崎和男作品集『DESIGN ANTHOLOGY』より。
上は名古屋市立大学のためのウォールクロック「制度としての時間分割の計器」、下は「自分のための、自分の身体の一部ゆえに改善し、完成度を高める」車椅子《CARNA》。

いとおもった。

また、犬を飼っているのは共通しているのだが、川崎は日本犬（柴犬）しか飼わないらしい。「彩《かざり》」と「祭《まつり》」という名だ。ぼくのほうは十数年、甲斐《かい》犬（オモチャ）とシーズー（リボン）だったが、いまは死んでいない。猫は四十年間、いなかったことがない。最近は大小の野良猫四匹（ナカグロ・佐助・小麦など）が棲みついている。まだまだいろいろあるが、もうひとつだけ、お母さんが四十代で早逝されたこともあげておく。川崎のお母さんは川崎自身なのである。ぼくの母は数年前に死んだけれど、ぼくというより、わが年長のべアトリーチェだった。

しかしなんといっても、ぼくには想像がつかないほどの川崎に特有の体験は、二八歳のときに交通事故にあい、その後はずっと車椅子生活を余儀なくされていることだろう。脊髄損傷だった。この体験は決定的なのだろうとおもう。ぼくも自動車事故に遭って肋骨を折ったけれど、また、胆嚢《たんのう》摘出で腹筋をタテ二〇センチ近く切断されてしまったけれど、こんなこととは比較にならない。

驚くべきは、川崎が交通事故と手術をきっかけに、自分の体内に埋めこまれたボルトナットのデザインが気にくわなくて、その改良に臨んだことだ。しかも体内の臓器デザインや器具デザインは医療の知識がなければ挑めないと知って、ついに独力で医学博士号を取得してしまったことだ。いまはこれがもっと進んで、いくつもの人工臓器の考案にとりくんでいる。先だってはステレオ・リソグラフィ（光造形システム）の応用による「クラインの壺」の試作を見せてもらったが、これは心臓のトポロジカル・デザインの実験ともいうべきもので、その計画の野心には舌を巻かされた。

体に決定的な障害を負ったということが、川崎の新しいデザイン領域をつくったのではない。川崎の行く先に障害が待っていたことを川崎が乗り越えていったのである。このデザイン方位への意志があったからこそ、川崎はすばらしい車椅子をもプロダクトデザインした。いやこれはデザインというより〝発明〟や〝発意〟に、あるいはむしろ〝決意〟に近いものというべきだ。

これで、ぼくが川崎和男に惚れている理由はあらかた伝わったかとおもうけれど、追伸で、ごくわかりやすい例をお目にかけておく。

ここに写真で掲げたのは、一九九七年に名古屋市立大学のためにプレゼンテーションされたウォール・クロックである（図版参照）。見ればすぐにわかるように、世界でたった一つの時計になっている。この大学の一日の授業に必要な時刻が厳選されて刻まれて、シンプルで完璧なデザインになっている。この時計がすぐれているのは、この世界でたった一つの時計デザインを見れば、だれもがこのデザインに似た時計を発案したくなるだろうということだ。

すでに『遊学』(中公文庫)のアマデウス・ホフマンの項にも書いたことであるが、真の独自性とは「いかに真似されやすいか」ということにある。川崎和男はたった一つの時計でも(メガネでも、人工臓器でも、温度計でも)、このことを実証している。こういう男に惚れないでは、男が廃る。

第九二四夜　二〇〇四年一月二七日

参照千夜

七八二夜：内田繁『インテリアと日本人』　九八七夜：白川静『漢字の世界』　九八八夜：道元『正法眼蔵』　一〇三五夜：クレー『造形思考』　一二二七夜：モホリ=ナギ『絵画・写真・映画』

「もの」とマンガとリバース・エンジニアリング

山中俊治

デザインの骨格

丸尾弘志・太田憲一郎編　日経BP社　二〇一一

坂井直樹という、会った当初からその卓越した目利きセンスと物語性に富むプロダクト感覚を信頼し、向こうもきっとぼくを信頼してくれてきただろう友人がいる。同じ京都生まれで、ぼくのほうが三歳ほどの年上だが、付き合いはかなり長い。わが体調の危機を何度も救ってくれている掛かり付けのお医者さん、中目黒の足高・森クリニックの森センセイも、坂井からの紹介だった。その坂井君を、ある日ぼくの仕事場に連れてきたのは、その後に構想日本を立ち上げた加藤秀樹だ。

坂井直樹は日本で最初に「コンセプター」を名のった男だった。京都の大学を出てすぐにアメリカンヒッピーの渦中に飛び込み、一九六八年にサンフランシスコでタトゥーカンパニーを起こした。いま世界中に出回っている刺青《いれずみ》Tシャツは坂井の発明だ。帰国後はウォータースタジオを設立して（現在はウォーターデザインスコープ）、早くから日産Be-1や沢の鶴の「玉兎」やアルフレックスのAUNなどをつくってきた。ひらめきのデザインではなく、コンセプトに歴史と欲望の出会う穴をドリルであけて、そこにひらめきの翼を付ける。坂井はそういうプロダクトデザインを先行させていた。『デザインの深読み』『デザインのたくらみ』（トランスワールドジャパン）などの著書がある。

坂井が紹介してくれた何人かのクリエイターのなかで、ぼくがさすがだと思った二人に緒方慎一郎と山中俊治がいた。

緒方はHIGASHIYAの和菓子や幾つものレストランでぶっちぎりの店舗展開をしている異才だが、魂と体は根っからのデザイナー、本気で「日本」をつくろうとしているプロデューサーでもある。SIMPLICITYの代表として、その夢は着々と実施に移されている。八雲茶寮など、とくに出来がいい。いまはパリのアート&レストランを準備している最中だ。ぼくは彼の最初の和菓子本『HIGASHIYA』（青幻舎）にちょっと風変わりな緒方論を書いた。坂井と緒方については、いずれ詳しく紹介したい。

インダストリアルデザイナーの山中俊治とは一度出会っただけで、その後は話していないのだが、工学を柔らかく捉《とら》えるデザインポリシーがいいなとおもってきた。日産のインフィニティQ45も、清水行雄が撮った『機能の写像』（リーディング・エッジ・デザイン）

も、OXOの大根おろしも、数々のアスリート用の義肢義足も美しかった。むろん美しいだけではない。

有名なエピソードがある。山中は「ヨミ」がいい。型抜きチョコレートの大半は下のほうに向かって台形になっている。ゼロドラフト（抜き勾配ゼロ）では型がポン抜きできないからだ。まっすぐにするにはコストが大幅にかかる。それでチョコだけでなく、プリンでも蒸しパンでも一口アイスでも、プラスチック成型の容器は末広がりの台形になる。その容器にぴったり合わせた製品も台形になる。

これを嫌ったのがスティーブ・ジョブズだった。ジョブズはなぜか台形が許せない。Macintosh II以前のMacはみんな直角切れだった。ジョブズが追い出されてからMac製品はコストのために台形になったのだが、ジョブズは戻ってくると初代iPodを皮切りに、次々にゼロドラフトにした。ACアダプターでさえ側面が垂直になった。この話を山中がブログに書いたら、たちまち「ジョブズの台形嫌い」として評判になった。みんな膝を打った。

ついでに言うと、計量感覚をめぐるフェルミ推定の話も有名だ。フェルミ推定というのは、或る未知の数量をいくつかの条件から推論して短時間で概算することをいう。山中はこのフェルミ推定が感覚知の中に入っているようなのだ。たとえば、車のバンパーを見るだけで「これは8000Rだな」（曲率半径が八メートル）とか、ケータイ電話のキーを見るだけで「突出量が0・2ミリを切った」とかがわかる。

こんなことがあった。ある公共建築のプロジェクトで、山中に依頼された椅子の試作が届いたとき、山中は肘掛けのエッジが「指示した2・5Rより小さい」とすぐさま言った。メーカー側は「いや、御指示通りにしました」と言うが、山中はそんなことはないでしょうと譲らない。そこで、メーカー側がその場で渋々ゲージ測定をしたところ、二ミリ弱しかなかった。山中には、こういうエピソードがいつも出入りしている。

坂井と山中はいくつも仕事をしている。いまから三十年ほど前の一九八八年のオリンパスのO-Productは、坂井が「ファーブル先生に憧れる少年がもつカメラ」というコンセプトを発想したところから知っていたが、山中はそのボディ外装にアルミニウムを採用してあっと驚かせた。

一九九四年にJR東日本のTRY-Zの先頭車両の運転席《コックピット》をキャノピー型にデザインしたのも、坂井とのディスカッションから生まれたのだとおもう。運転士がどのように正確に周辺状況を感知して発停車を楽にこなせるようになるかというコンセプトでデザインしたものだ。

運転士はさまざまな工夫で操作技能の身体化をはかっている。モーター音に反応する、加速を尻で感じる、周辺の光景をすべて憶えておく、天候との関係を理解できるようにするなど、けっこうな工夫が多い。ぼくはF1レーサーの鈴木亜久里《あぐり》から、F1レーサーに必要なことは動体視認力の訓練から全身の柔らかさの自覚までいろいろあるけれど、体がすべて運転席にロックされた状態なので、最も敏感になるべきなのはお尻の穴なんですと聞いたことがある。

アルフレックスの新ショールームのための椅子も坂井とのプロジェクトだった。ここには井植洋やグエナエル・ニコラや宮本茂紀も加わった。この椅子Kiteは空中に浮かんだ一枚の布のイメージから生まれたもので、軽い素材が空中でかたまってそのまま椅子になっていったというユニークな考え方によっている。FRP（繊維強化プラスチック）と二層ウレタンと綿の四層構造になっていて、風変わりなキャスターが付いている。俗称「一反木綿《いったんもめん》」という。ソファの「ヌリカベ」と一対になる予定だったが（山中はアニメスター派や怪獣派ではなく、妖怪派なのである）、商品化にはいたらなかった。さすがの保科アルフレックスもコストに合わなかったのかもしれない。

ちなみにぼくは藤本晴美が用意したある会合で、アルフレックスの未来は「モノづくりからコトづくりへ、できればモノゴトづくりに向かうべきだ」という話を、保科親子にしたことがある。

山中は愛媛松山の愛光学園の出身だ。ドミニコ会がつくった中学・高校で、灘、ラサールとともに「西の御三家」と呼ばれる。東大では工学を修め、その後は日産自動車に入ったが、数年で独立してインダストリアルデザイナーの道を歩んだ。東大の工学部や慶応のSFCで教えるのはそのあとのことで、いまは東大の生産技術研究所で研究開発室をもっている。

工学派はだれだってそうだが、山中にもリバース・エンジニアリングがある。これを訳せば逆行工学ということだから、仕上がった製品などを分解してその部品の形状や機能や関係や組み立てプロセスを知っていく方法だ。わかりやすくいえば、気になった製品を解体して、また組み立て直すのがリバース・エンジニアリングの基本の基本だ。プロダクトデザインでは、製品の先行イメージとしてのクレイモデルなどから形状データを計測してそれらをもとにCADデータを作成したりする。

ただし山中は分解魔や組み立て魔なのではなく、その内蔵や形姿に惚れたいがためにリバース・エンジニアリングする。本書にもMacBook Airの解体を学生や研究生にさせて、そのツールマーク（コンピュータ制御のマイクロドリルの削り出しの跡）に感心する場面が出てくる。

リバース・エンジニアリングは機械や機器や製品に対してばかりはたらくのではない。自然現象や認知プロセスに対してもはたらく。だから編集工学にもなるのだが、本書には水道の蛇口から出てくる水流がどうして細くなっていくのかを次数推定で突き止めたり（落下速度と断面積の関係で決まるらしい）、青空の半径を突き止めたりする話（晴れた日で約一一〇〇キロ、曇り空で一六〇〇キロくらいらしい）が出てくる。

リバース・エンジニアリングはユーザビリティのためのデザインとも密接な関係をもつ。すでにデンマーク出身のヤコブ・ニールセンが『モバイル・ユーザビリティ』（翔泳社）や『ユーザビリティエンジニアリング原論』（東京電機大学出版局）であきらかにしていることだ。

山中もこの工学とユーザビリティの関係の按配の考察から、有名なSuicaの自動改札機をみごとに完成させた。JR東日本がICカードで改札をする利用者の半数以上がちゃんと通れない、なんとかしてくれと頼みこんできたのがきっかけだった。一九九五年のことで、いまでは考えられないかもしれないが、当時は歩きながらカードをあてる動作と改札処理機のレセプターとしての面処理とがまったくうまくいかず、カードを立てたり深く持ったり、落としたりする利用者が多かったのだ。

さまざまな試行錯誤（リバース・エンジニアリング）をしたようだが、「手前に少し傾いて光っているアンテナ面」をデザインすればいいということが判明した。こうして山中はそこから「傾斜13・5度」を割り出した。「ふれてください」という文字表示をしておくことが有効であることもわかった。のちに平野敬子が松屋で「デザインによる解決——

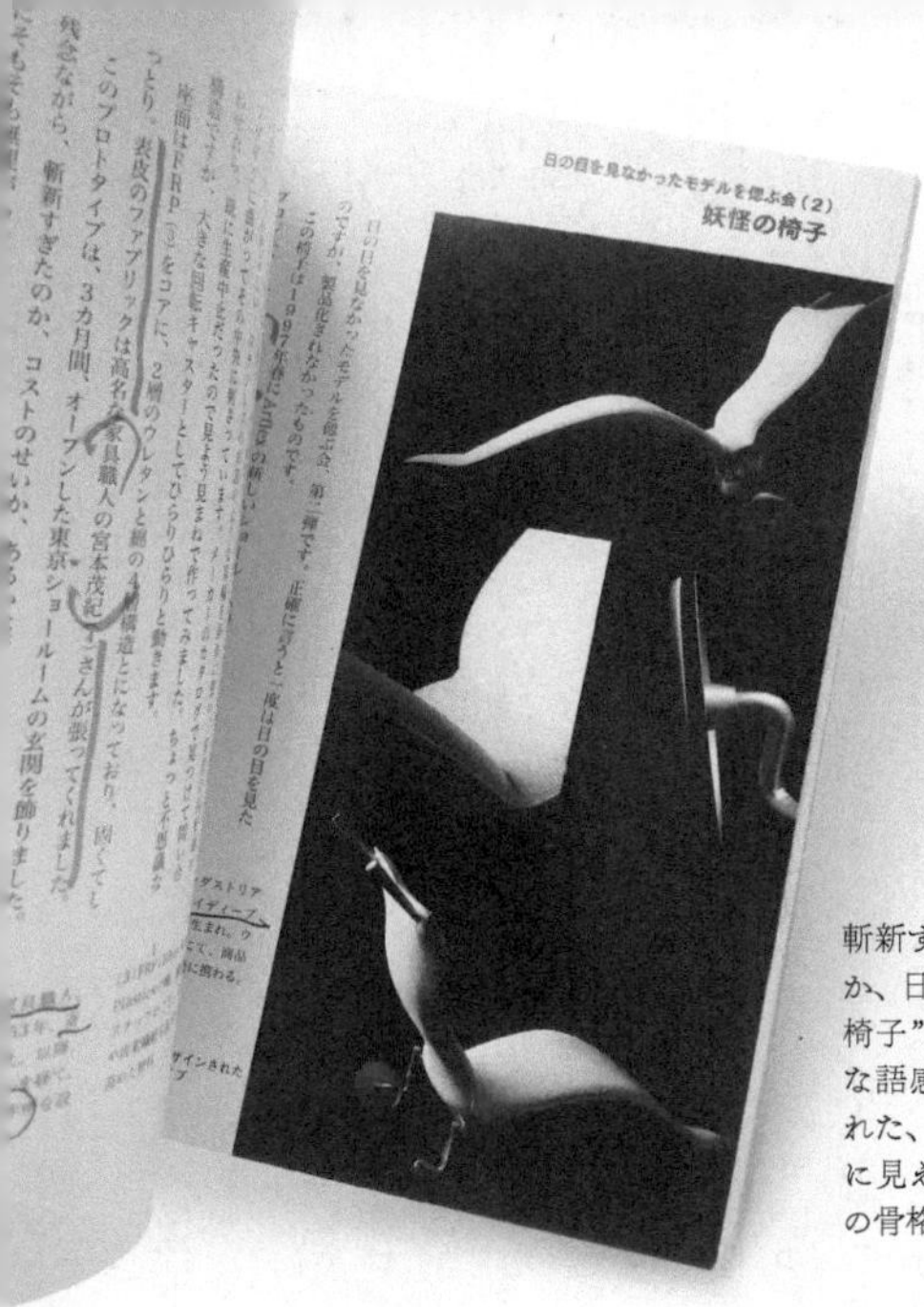

斬新すぎたのかコストのせいなのか、日の目を見なかった“妖怪の椅子”。“ふらげら”という不思議な語感との出会いから生み出された、「柔らかく変形しているように見えるロボット」。山中デザインの骨格はめっぽう編集的だ。

Suica改札機によるわずかな傾き」展（二〇〇四）に仕上げた。

ロボットもつくっている。最初のロボットは二〇〇一年のCyclops（サイクロプス）で、たんに人を視線で追うというだけの怠惰なものぐさロボットだった。二〇〇一年の日本科学未来館の開館展「ロボット・ミーム」展に出品された。藤幡正樹、松井龍哉との三人展で、まだ若かった吉岡徳仁が会場構成をしていた。ぼくは藤幡を学生時代から知っていたので見に行ったのだが、タクラムの田川欣哉とフェリックススタイルの本間淳と組んだ山中の怠惰ロボットに感心した。

山中の発想は「ものロボット」でも作業ロボットのような「ことロボット」でもなく、まさに「ものごとロボット」の原型に向かっていったものである。この発想はその後も続いた。二〇〇七年のEphyra（エフィラ）は人が触るとビクッとするだけのもの、二〇〇九年発表のFlagella（フラゲラ）はのたうちまわるだけのロボットで、こういうもの（ものごとロボット）から試作していくところに山中の「ヨミ」のおもしろさがある。フラゲラは生物用語で鞭毛《べんもう》のことだ。

一方、千葉工業大学の古田貴之と共同制作したmorph3は、いまはソニーコンピュータサイエンス研究所の所長をしている北野宏明からの声がかりで始まったようで、世界初のバック転ヒューマノイド二号機を、どう発展させるかという仕事だ。山中は古田の奇才ぶり変人ぶりにぞっこんになったらしく、その後もHallucigenia01、HallucIIなどをつくっている。古田は古田織部《おりべ》の血を引いているようだ。

古田も変わっているのだろうが、ぼくが若い頃に出会った北野も、当時すでにしてヒューマノイドか怪物か妖怪めいていた。ロボット屋というもの、どうやらみんな怪しい。

山中は東大時代に「まんがくらぶ」に所属していた。本書にもマンガスケッチが何点か掲載されている。いささかきれいすぎるのがつまらないが、ここには山中デザインの秘密が発祥しているともおもう。

プロダクトデザインというもの、その本質は「擬《もどき》」なのである。「擬」はたんなる「ものまね」や「シミュラークル」や「ギミック」のことではない。世阿弥の「物学《ものまね》」やガブリエル・タルドの『模倣の法則』やアウエルバッハの『ミメーシス』が動いている。だから、たんに真似をするのが「擬」なのではなく、「奥をまねる」がモドキの本質である。もっと正確にいえば、擬くことによって、その器物の発生に立ち会い、場合によっては新たな器物発生の生態系の端緒になっていくこと、その覚悟をすることが「擬」なのだ。デザインというものも、できればそうあってほしい。オリジナリティにばかりこだわるなどというのは愚の骨頂である。擬いていけば、そこには当然オリジンの立ち上がりがおこっていく。マンガの真骨頂もその周辺にある。そこで惟《おも》うには、マンガ嫌いのデザイナーはどこかがつまらない。どこかが気取りすぎて、選《よ》り取り見取りをする気がおこらないということだ。

第一六四四夜　二〇一七年七月十四日

参照千夜

一九〇夜：ヤコブ・ニールセン『ウェブ・ユーザビリティ』　一一八夜：世阿弥『風姿花伝』　一三一八夜：ガブリエル・タルド『模倣の法則』

梅田正徳・羽田久嗣・加藤孝志・
坂井直樹・富田一彦・安間邦昭・深澤直人

プロダクトデザインの思想

PDの思想委員会　三原昌平編

ラトルズ　全三巻　二〇〇三〜二〇〇五

第一冊目の冒頭に三原昌平の「はじめに」があって、プロダクトデザインが「売れる」「作りやすい」「クレームがこない」をめざしすぎたことの反省を語り、日本人が一度つくった制度や価値観を見直したり、組み替えることがヘタなことを指摘している。「手段だったものが目的となって居座り、あきらかに形骸化されたものでも、それを壊そうとしない国民性があります」ともある。ここまでは半分だけだが、イー・オリョンの著書を通して、ぼくが指摘したかったことに近い。

半分賛成なのは「壊そうとしない」というところである。たしかに高度成長期以降の日本人は、いったん作ったものがいかに使い勝手が悪いものでも（たとえば多目的ホールやPR誌や人事）、愛着もなくその既存フォーマットに固執する。もう半分は「手段が目的になっていく」というところで、こちらは日本人が美術や工芸や大工仕事では、むしろ得意にしていた長所なのである。蔀戸《しとみど》・障子・壁代《かべしろ》・屏風などの建具の多くは、空間を組み立てる手段の工夫がそのまま自立したものなのだ。床の間はその代表だ。ただ、いつのまにかこの事情を忘れてしまった。

こういうわけでプロダクトデザインと日本人という問題は、けっこう難しい。あまり安易に扱わないほうがいい。しかしもともと、プロダクトデザインがどうあるべきかということ自体が、とうてい一筋縄では語れない。これまで十分にふりかえられてもこなかった。かつてはほとんどがレイモンド・ローウィの掛け声にあわせて、インダストリアルデザインに組み込まれたままだったのだ。

本書はプロダクトデザインに関する最初のニュートラルな案内本である。第一冊目の劈頭にポール・ヘニングセンのPHランプ、柳宗理のセロファンテープカッター、梅田正徳の可動式ユニットキッチンをおいているのだが、これらはいずれも工学的な機能の追求から生まれた有名なデザインで、本書が一応は何を狙っているかを暗示する。そこには機能こそが生んだ新しい形の美しさが、いまも息づいている。

けれども、人間工学の追求や機能美がプロダクトデザインの王道であるかどうかは疑わしい。機能をもたないプロダクトデザインはありえないだろうものの、たとえば倉俣史朗のデザインがそうであったように、「遊び」がデザインの推進力になったっていっこうにかまわない。

プロダクトデザイン（PD）とインダストリアルデザイン（ID）との関係も難しい。かつてソニーの黒木靖夫は「生産性と市場性がないかぎり、プロダクトデザインはインダストリアルデザインにはなれない」と言ったものだ。その黒木のお眼鏡にかなったのが黒川雅之のGOMシリーズだった。

プロダクトデザインははたして一人のデザイナーのものかという議論もある。そこには、メーカーも技術者も販売力も、ときには工業試験場や消費者もかかわっている。喜多俊之の照明器具TAKOは一人の和紙職人との出会いがなかったら生まれはしなかった。美濃和紙の透過性と完全散乱がヤマギワを踏み切らせたのだった。小松誠のクリンクル陶磁器は、瀬戸の鋳込成型の技法とセラミックジャパンの杉浦社長の英断を必要とした。バタフライ・スツールで驚かせた柳宗理は「デザインはワークショップから生まれる」とさえ断言したものだ。

ふりかえってみると、かつての建築界がそうであったように、コンペでしか頭角をあらわせない時代もあった。コンペ地獄に泣いたデザイナーは少なくない。それでも日本のプロダクトデザインは前進しつづけてきた。ともかくもこのような情勢や議論をのりこえて、いま日本のプロダクトデザインが敢然と脚下照顧できるところまでやってきたのだ。黒川雅之のGOMシリーズも宮山廣との出会いがなかったら、さて、どうなっていたか。

本書にはかなりの数のデザイナーの作品と、そのデザイナー自身のコメントと、それぞれのデザイナーについての評者のコメントが掲載されている。ゆきとどいた編集構成だ。もともとはリビングデザインセンターOZONEでの展示会を母体にしている。とりあげられたデザイナーたちの顔触れには、少数を除いて特段の遺漏はないだろう。といって、過剰もない。作り手の目と使い手の目と、そして業界の目がほどよくミックスされている。この手のものとしては気分よく読めた。全体を統括した三原昌平の力量に拍手を贈りたい。

以下、気になるデザイナーの作品を（作品か製品かという議論もあるけれど）、ごく少々ながら紹介しておく。本書は都合三冊になっているので（まだ続くのかもしれないが）、その紹介順でいく。

羽田久嗣のアーキストリアルの三脚まわりの撮影機材、いわゆるユニバーサル・ガンストックは、当人が工業デザイナーであって、かつ写真家であるということが作り出した勝ち星だった。ぼくは桑沢デザイン研究所の写真科で教えていたことがあるのだが、このガンストックを初めて使ってみたときに驚いた。プロであればあるほどに好めるようになっている。釣り道具のようなのだ。

加藤孝志の時計SESSAは、この手のものとしては初めて「和」をとりこんだ。一九七〇年代初期にはまったくなかった黒と白だけの時計が出現したのである。が、時計屋はそっぽを向いた。やむなくそのころ産ぶ声を上げ始めたインテリアショップにもちこんで、やっと火がついた。コムデギャルソンの黒白の「和」と対同する成果だった。その後、加藤は三宅一生や田原桂一のショーイングでも冴えを見せた。登山と三木成夫が好きなデザイナーである。

坂井直樹と山中俊治についてはいまさら説明するまでもないだろうが、二人がオリンパスO-productを開始したころの話は忘れられない。坂井は日産自動車をやめたばかりの山中に、新たなカメラの製作を依頼したのだが、そのとき坂井は二一歳の女性をコンセプトのモデルに選んだのだ。その女性はまだ少女めいていて、まわりからは「うさぎ」と呼ばれていた。坂井はこの「うさぎ」が潜在的に欲しているカメラを山中にIDしてほしいと言った。こんなことを言い出すコンセプターは、ぼくが知るかぎり、まだ坂井しかいない。それを引き受けた山中の存在もPD業界ではあいかわらず希有である。

川崎和男については九二四夜に詳しく書いた。ここでは折り畳み式のすばらしい車椅子CARNAだけをとりあげるが、この「自分だけの必需品」のために作られた車椅子には万人が感動するものがある。不足の個人が普遍の満足に届いたのだ。アルミハニカムコアの車輪と片持ちハブ車輪の取捨選択といい、自分には握力が残っているけれどなんとか指一本でもブレーキがかけられるようにする仕組みといい、この一台の車椅子には人間がいずれ到達せざるをえない「フラジャイルの哲学」の多くが先取りされていた。一人称から三人称へ。これもおそらく今後のPDの新たな王道だ。

富田一彦は千葉大の工業意匠科からロンドンのRCAファニチャー科に進み、その後は主にイタリアを基地として陶磁器や鉄器によって「日本」を発信しつづけている。とくにMILMILシリーズは、日本の紋様によって「違い柄によるソロイ」を堪能させた。そこには長崎に生まれ育ったエキゾチシズムも生きている。アワセ・キソイ・ソロイがよくわかっているデザイナーだ。

一九九七年にイタリア国立ファエンツァ国際陶芸博物館で、「世界の陶磁器デザイナー十人展」が開かれた。日本から森正洋・小松誠・栄木正敏が選ばれた。森正洋が一九五八年に発表したG型醬油《しようゆ》差し（白山陶器社）は、名作である。時代的にはホンダのスーパーカブやソニーのトランジスタラジオ「TR610」と並ぶ名作だ。続いてGKによるキッコーマン卓上醬油（ガラス瓶）も一世風靡した。

こういう名作が陶磁器界に出たのは、板谷波山《いたやはざん》が登場して商業陶器と美術陶器が股裂きにあって以降、初めてのことだった。それまではどんな陶芸家も地元の技法とともに商業も美術も一緒くたに仕事をしていたのに、それが分断されたなか、颯爽と森正洋が登場した。陶器に模様をつけなかったことも斬新だった。無地をいかしたデザインをすること、これはイサム・ノグチが岐阜の尾関提灯の職人を得て作った「あかり」シリーズに匹敵した。

森正洋の登場から十年たった一九六八年、京都の河原町蛸薬師に八坪の小さな店舗が誕生した。たち吉のフラッグストアAdam & Eveである。店内も什器《じゅうき》も真っ白だった。富田敏夫が手掛けた。

富田は同志社大学でたち吉の長女と知り合い、結婚した。たち吉の子会社「京都デザイン」に入ることになった富田は、そこでイタリアのデザイン誌「ドムス」に出会い、そうとうに影響をうける（ぼくも「ドムス」を初めて見たときの衝撃は忘れられない。ただちにバックナンバーを三〇冊ほど入手して見続けた）。こうしてA&Eが生まれた。やがて三島彰の仲人で西武百貨店がA&Eに注目し、店舗が池袋にもローマにも出るようになった。ところが十年後、売上が八五億円を突破したとき、富田は突然に退社を申し渡される。プレジデント社から出した本に、「資本と経営は分離されるべきだ」と書いたことが創業者一族のおかんむりを買ったからだった。それ以降、富田はワコールの塚本幸一と毎日のように遊ぶ。

この話はPDの話というより、富田がかぶった老舗PDの宿命を暗示する。七〇年代、京都の地下クラブ「サタデイ」で夜ごと繰り広げられた遊びは、老舗の業界ではやっぱり嫌われてしまうのだ（「サタデイ」はぼくもツトム・ヤマシタと遊んだことがあるが、毎晩、内田裕也やレッド・ツェッペリンや武満徹といった面々が顔を出していた）。

ぼくは木工がへたくそだが、少年のころからずっと大工さんに憧れをもってきた。鉋《かんな》や鋸《のこぎり》をマジックのように操る手つきは、いつ見ても溜め息が出た。

安間邦昭はグラフィックデザイナーをやめて、突如として木製カトラリーに挑んだ。大分県の日田《ひた》に入って本格的な治具を駆使した製品を作り出した。いや、その製品も温かくってすばらしいのだが、それを作り出す治具はもっといい。安間は次々に複合治具を考案した。鋳型には逆鋳型が必要で、その逆鋳型にこそ最も深部の創造力が関与するものなのだ。

日田で生まれ育ったプロダクトデザイナーには佐々木敏光もいた。子供椅子にこだわりつづけている。安間と似て大学で電気通信工学を専攻していたのに、突如として木製家具にとりくみ、さらには天童木工などとともに子供椅子のヴァージョンアップをしつづけてきた。実はレオ・レオーニの絵本に出会ったことがすべての原体験らしい。

いまでもそうだと思うのだが、そのころビジネスホテルには、たいていスリーラインのホテルグッズが備わっていた。ヤマト加工が量産するプラスチック製（メラミン樹脂加工）

の石鹸入れや灰皿やトレーなどだ。これをデザインしたのが本書の監修者でもある三原昌平である。興味深いのは多くのビジネスホテルがマリオ・ベリーニの電気ポットも併用していることだ。三原はその後は津軽塗・山中漆器・旭川家具・山形鋳物なども交わりを深めている。

その旭川に丹野則雄がいる。日田の安間と並び称された木工職人で、しばしば「箱男」の異名をとるほど箱作りに打ち込んできた。蝶番《ちょうつがい》まで木工で作るのだが、カチッと閉まるときの〝木の音〟も有名になった。だいたいこの人、毎分二万回も回転する騒音のごときルーターマシンの音が大好きだという人なのだ。こうでなくてはプロダクトデザインの職人にはなれない。

本書には川上元美・喜多俊之・川崎和男らとともに、深澤直人が何度も登場する。それはそうだろう、今日のプロダクトデザインのレベルを一挙に「語りやすくした」のは深澤だった。

深澤は原研哉とは早くから交わってデザイン領域を拡張していたし、NHKで最初に本格的に特集されたプロダクトデザイナーだった（二〇〇四）。三宅一生が念願をはたした東京ミッドタウンのデザイン・ミュージアムで、そのオープニングに「チョコレート」をもってきたのも深澤だった（二〇〇七）。そうした鮮やかな最近の活動成果を称えて、二

羽田久嗣のユニバーサル・ガンストックはプロカメラマンの撮影を獲物を追う射撃に見立てるという発想から、深澤直人の「Without Thought」は企業内デザイナーの再教育プロジェクトから生まれた。

年前にはぼくも関与する第五回織部賞の一人に深澤が選ばれた。デザイン批判からデザインを生み出したところを評価したかった。それは「ユーザーたちはそのものを使っているときは、デザインのことなどすっかり忘れている」という思想だ。そこにはアメリカから帰って来た深澤が高浜虚子《きょし》の俳句から教わったことが、生きていた。

こうした発想から“Without Thought”というデザイン活動が生まれた。一見アイディア主義やシンプル主義に見えたこのデザイン活動は、しかしかなり魂胆をもったもので、寿司ではなくて、寿司に必須の醬油のほうに心を致すという、エクスキューションの思想になっている。このエクスキューションの導入はPD思想の大きな転換だったとおもう。これまでほとんどネタを吟味して寿司を握っていたばかりのPDが、またその寿司を巧みに並べてばかりいたPDが、やっと寿司に醬油をつけたまま口元にはこんで食べきるというところまで攻めたのである。

本書はそのような深澤が示した暗示のところまでで終わっている。これからは深澤時代以降のプロダクトデザインをどう見ていくかということ、またそれゆえに、あえて伝統工芸や職人の道具などをどう見直していくかということが問われることになるだろう。デザインというもの、つねにhigh & lowでできている。高すぎればお芸術、低すぎれば萌えである。しかし、この二つを捨ててはデザインはない。いまさら言うまでもないだろうが、藤原隆信の似絵《にせえ》こそが芸術で、鈴木春信の美人画こそ“萌え”だったのだ。デザインはとことん「擬き」を究めるべきである。

第一一九一夜　二〇〇七年七月六日

参照千夜

一一八八夜：李御寧『「縮み」志向の日本人』　二一七夜：三木成夫『胎児の世界』　九二四夜：川崎和男『デザイナーは喧嘩師であれ』　一〇三三夜：武満徹『音、沈黙と測りあえるほどに』　一七九夜：レオ・レオーニ『スイミー』　一五九七夜：高浜虚子『虚子五句集』

エドワード・タフテの暗示と
知恵蔵裁判の顛末

鈴木一誌

ページと力
手わざ、そしてデジタル・デザイン

青土社　二〇〇二

日本の仮名文字の濁点はなぜ二つなのか。一つでもよさそうなのに、どうしてか。こんなことを問い詰めるデザイナーはめったにいないだろうが、鈴木一誌《ひとし》はそういうことをちゃんと考える。

その理由は本書の三二一ページに図示してある。一つの濁点では読点と一緒に見えて紛らわしくなるのだ。濁点は文字のアクセントを示す声点《しょうてん》の発展である。中国漢字には四《し》声《せい》(平声・上声・去声・入声)を分ける声調がある。これをわかりやすくメモするために、漢字の四隅に声点を小さく記した。これが日本ではアクセント符号となって仮名にも振られた。声符《しょうふ》とも言った。当初、仮名の濁音は横並び二点の「:」であらわしていた。それが濁点として「゛」という複数打点になったのは戦国から徳川初期にかけてのことで、それでも地域によって二点だったり三点だったり、また小さな○を二つ打ったりもしていた。慶長以前の伊達政宗文書では三点が打たれている。

濁点に歴史があったことはむろんだが、タイポグラフィとしても見逃せない。ぼくが見るに、濁点をうまくつけるグラフィックデザイナーはたいへん少ない。

こんな話がある。DTPの先駆となったレイアウト組版ソフト「ページメーカー」はアルダス社によって開発された。アルダスはその後、Adobe社に吸収された。

アルダス(Aldus)とは何か。ヴェネチアの印刷職人アルドゥス・マヌティウスに肖《あやか》った社名だ。このアルダスことアルドゥスこそがグーデンベルクが付け忘れたノンブル(ページ番号)を発明した男だった。彼はノンブルだけでなく、グーテンベルクの活版本が大型であったのに対し、八ツ折半を用いて、その後の出版界と読書界に書物の画期的なポータビリティをもたらした。

アルドゥス・マヌティウスのノンブルによって登場したページ付けは、その後は本に「ページネーション」という仕組みを多様に誕生させていった。ページのフォーマットやレイアウトが次々に連打されたり、変容していくのがページネーションだ。ページネーションはたちまち著者と本と読者のあいだを独特のものにしていった。ページネーションはたんなるページ付けではない。本の構想力を印刷史的に立ち上げていったのだ。当然、その中身と見映えをつくるエディターとデザイナーも、ページネーションの工夫をするようになった。

こうしてページが「知の生態系」の基本単位になったのだ。鈴木一誌は「ページネーションは生命の活動に似ている」とさえ考えている。本書はその道程を示した。

ぼくが本づくりをしはじめたころ、組版ルールなら何をさておいても「シカゴ」だった。「シカゴ」というのは『シカゴ・マニュアル』(The Chicago Manual of Style) のことで、出版業界や編集デザイン領域では知らぬ者がいない。本づくりのためのバイブルだ。「シカゴ」はシカゴ大学出版局が英文作成上の大枠から細部までをルール化したもので、タイトリングのルール、キーワードの表示、フォワード(前書)は目次の前にくるべきか後なのか、献辞はどこに載せればいいか、キャプションはどのように付けるといいのか、さらにはイタリックで組んだ文章の末尾の約物はイタリックにすべきかそれともローマンにすべきか、ということまで組み立てている。

同様のものはオックスフォードにもハーバードにもあって、それぞれオックスフォード方式、ハーバード方式と呼ばれる。日本の大学や学術会議の文書はこれらに準じてきた。方式によって細目はさまざまに異なる。たとえばシカゴ方式では「午前八時四八分」

という文中表示は「8:48 AM」だが、オックスフォード方式では「8.48 a.m.」なのである。しかし、こうしたことを英米方式に倣って日本語で準じてばかりいては、どうなのか。情けないじゃないか。つまらないじゃないか。だって日本語には濁点やルビがあるし、なんといってもタテ組が多い。

かくて鈴木一誌はシカゴやオックスフォードに触発されながらも、自分なりの日本文のための組版デザインマニュアルに挑戦した。一行一字の縦書きを横書きと見立てることにした。この「見立て」が、文字を回転させずにタテ書きとヨコ書きを変換させるのに役立った。それまで日本では、たとえば取扱説明書では「ファミリー」のコントロールさえできていなかったのだ。ファミリーとは、そのメディアがもつ基本のフォント・ファミリーのことをいう。たとえば欧文でユニバースとかヘルベチカとかというときは、このファミリーのことをさしている。

エドワード・タフテ(Edward Tufte)を御存知か。タフテは〝情報のレオナルド・ダ・ヴィンチ〟と呼ばれてきた。〝データ・レオナルド〟とも言われる。

日本であまり知られていないのが意外だが、タフテは「本を作ること」と「本を読むこと」と「本を売ること」を一貫したデザインポリシーでつなげ続けた本のグラフィック・イノベーターで、基本的には「三次元のものをどのようにページの中の二次元にするか」を戦略的目標にして、これをEscaping Flatlandと名付けたりもしてきた。

タフテは、デザイナーはたんにヴィジョンを提示するだけでなく、つねにenvisioning(ヴィジョンの再発行為)に徹するべきだという思想の持ち主で、プリントメディアにおける「見え」を追究した。どちらかというとハーバート・バイヤーやリチャード・ワーマンに近い。とくにレイヤー・デザインとセパレーション・デザインを一ページの中に仕込むことをめざした。なかでもsmall multipleの提案は多くのカタログやパンフレットに大きな影響をもたらした。

Tシャツやスニーカーのカタログやパンフレットに、小さな商品写真がきれいに並んでいるのをよく見るだろうが、あれはタフテが提案したsmall multipleだったのだ。鈴木はこのタフテを意識した編集デザインにも挑戦してきた。

さて、ぼくが鈴木一誌を最初に認知したのはいつのことだったのだろうか。渋谷並木橋の秀和レジデンスの三階にあった杉浦康平デザインスタジオには(現在は五階)、六〇年代後半から中垣信夫・辻修平・海保透をはじめ、次々にアシスタントやスタッフが入れ替わり通っていたのだが、そのどこかでいつのまにか若い鈴木がデスクに坐るようになっていた。

ずんぐりむっくりで、すこぶる愛想のよくない青年だったが、十回に一度くらいニヤリとすることがあって、これがなんとも可愛かった。あとで、杉浦さんのところに来たのは造形大学在学中からのことだったということを知った。狙い定めて杉浦さんのアトリエに食らいついたのだろう。

鈴木が生まれ育ったのは立川だったそうである。いつも基地の飛行機が飛び交っていた。鈴木少年はそういう飛行機たちを写真にすることに夢中になった。軍事基地のフライト予定なんて発表されっこない。そこで少年はカメラ片手に基地の町の一隅でひたすら離着陸を待った。高校に入るとベトナム戦争の余波が日本にも届いていた。剣道部に入り、板張りの床に右足踏み込みを何百回何千回とやっていたら、右膝下の骨に腫瘍ができて長期入院の憂目にあった。ところが鈴木はこの憂目がそんなに嫌いじゃなかったようだ。「裏街道でいくのもおもしれえや」と思った。大好きな座頭市《ざとういち》のセリフ「ああ、いやな渡世だなあ」「おれたちゃ裏街道に……」にも惹かれた。

退院のときに主治医から「再発はないだろうけれど、足を使わないですむような職業につきなさい」と言われた。このときなぜかブックデザイナーになりたいと思ったらしい。その理由は本書にも書いてないし、ぼくも本人から聞いたことがない。あまりにも飛躍した願望のようだが、東京学芸大学に入り、ともかく何でも本を見まくる日々をおくったようだ。エログロから左翼まで、何でもページを開いてみた。ついでは学芸大から東京造形大学に移り、ここで杉浦康平の薫陶を受け、その後は大学を中退してそのまま杉浦事務所で十二年間をおくったという順だったようだ。

鈴木が「裏街道」を意識してきたということは、なんとなくよくわかる。彼には社会のどこかで裏側と通じているところもあるし、朝日新聞社と闘った「知恵蔵《ちえぞう》裁判」からもその暗闘ぶりが覗いていた。

知恵蔵裁判はフォーマット・デザインをめぐる裁判だった。鈴木は朝日新聞社の『知恵蔵』を、創刊版から一貫して表紙から本文デザインまで引き受けて四冊を作ってきたのだが、一九九四年版を前に編集長が交代して「リニューアルとデザインの変更」を申し渡された。唐突な通達に対して、鈴木は「レイアウト・フォーマットを流用した上で変更したい」「奥付に本文基本デザイン＝鈴木一誌を入れてほしい」の二点を要請したのだが、朝日はこれを拒否、一方的に交渉が打ち切られた。のみならず、九四年版・九五年版は鈴木のクレジットもなく、支払いもないまま、従来フォーマットのまま刊行された。

ここで鈴木が訴訟をおこしたのが知恵蔵裁判である。長い裁判のうえ、東京地裁は「原告の編集著作権は成立しない」として鈴木の訴えを棄却した。その後、控訴したが、結果は変わらない。知恵蔵裁判のもつ意味は大きい。編集やデザインの権利の所在はとても曖昧だったのだ。

日本における編集権はひどいもので、一九四八年に日本新聞協会が出した編集権声明をずっと踏襲したままになっている。「新聞の編集方針を決定施行し、報道の真実、評論の公正並びに公表方法の適性を維持するなど、新聞編集に必要な一切の管理を行う機能」という定義だ。この定義の何が曖昧かというと、編集権（editorial rights）がどこかでメディアの所有権と交らされているところなのである。会社ごと帰属してしまうのだ。これでは「編集権の独立」（editorial independence）ははっきりしない。一人の編集デザイン権もはっきりしない。このことはウェブ時代の編集デザインのありかたとしても、今後も議論が絶えないものになっていくにちがいない。

ぼくはブックデザインや編集デザインの仕事が「裏街道」とはちっともおもっていない。そう思うのは、編集やデザインには世界観も思想も生存権も官能もブランドさえもあると確信しているからなのだが、世の中ではまだまだ裏街道扱いになっていることが少なくなかったのである。とはいえ、それでもデザイナーや写真家はアーティストとかクリエイターと呼ばれることがあるのに、エディターはなぜかそうは呼ばれないところをみると、エディターが一番の裏街道の道々外在人《みちみちげざいにん》なのかもしれない（笑）。

ともかくこんなこともあって、鈴木の裏街道への思いはだんだん筋金入りになっていったように思う。それは鈴木が写真や映画にぞっこん浸ってきたという趣向にもよくあらわれている。暗い映画、エロティシズムの映像、ドキュメンタリー写真、闘いの記録文書などにめっぽう強いのだ。

鈴木は映画評論でも独特の分析力を発揮して（彼は畏怖すべき映画批評者でもある）、その成果の一端を『画面の誕生』（みすず書房）にまとめた。フレデリック・ワイズマンの取り上げ方が出色だった。ワイズマンはエール大学で法学士の資格をとったドキュメンタリストである。《病院》《エッセネ派》《ストア》《多重障害》《クール・ワールド》、いずれもすばらしい。鈴木を理解するには、ひょっとするとワイズマンの映像を見るのがいいんじゃないかとさえ、おもう。


ひるがえって、ぼくが鈴木のデザインを、カバーや本表紙の装幀だけではなくまるごと一冊分としておもしろいと思ったのは、発行順ではなく入手順になるのだが、『想像力博物館』（作品社）と「昭和」シリーズ（講談社）と『知恵蔵裁判全記録』（太田出版）だったろうか。いずれも表示の交差性と視線の複合性とが巧みにいかされていて、それでいて鮮明に重要度が告示されているので、見やすいし読みやすい。なぜ、そういうことができているのか。その手立てを本書から拾ってみると、次のようなあたりになるだろう。

まずもって、本の一ページを生み出すことが相互の連続性としてのページネーション（あるいはを誕生させるのだという信念があることがいい。鈴木のデザインは必ず一ページ（あるいはダブルページ）から始まっている。

　鈴木にはずっと以前から、言葉は自分の傍らを流れ去っていくだけなのではないかという疑問があって、この疑問はやがて、そう感じるのは言葉が流れていく力をもっているせいなのか、それとも自分が流されているせいなのかという問いに結実していった。ブックデザインをするということは、この問いに向き合って答えていくことになるのだが、この応答から目をそらさないという姿勢が鈴木のデザインをパワフルにさせたのだった。当然のことながら鈴木には、文字に対してのさまざまな観察や洞察も培われてきた。

　そもそも文字にタイポグラフィがあるということ、またさまざまなタイプフェイスを各国各民族の文化が選んできたということは、いったい何を象徴しているのか。杉浦さんもそのことをずっと考え続けた人だったが、鈴木にもこの問題意識がつねに出入りした。そして到達したのは「文字は意味を現実化させるための行為」であるという強い摑《つか》まえかただった。

　そのことを示す概念図が三七ページのダイアグラムとして提示されている。文字はより適確な形と声と義を求めて（形声義）、つねにノイズとの闘いを通過してきたのだが、このダイアグラムには、そのことがうまく示されていた。そのうえで鈴木は言う、「デザインはほとんど言葉に行き着くものである」と。鈴木は形や色ばかりにうつつを抜かすデザイナーではなかったのだ。意味と言葉のデザイナーだったのである。

本書は版面をハンメンではなくハンヅラと読むことから始まっている。だから割付け指定のことから印刷や校正のことまで、エディターにとってもデザイナーにとっても必見の話がいろいろ詰まっている。

完全な「見当」(トンボ)を実現することの難しさや、実は一色刷りのほうが多色刷りよりずっと難しいという話をはじめ、鈴木がとりくんだ約一八〇項目にわたる「ページネーション・マニュアル[pdf]」の一部始終がさまざまな視点から語られていて、本づくりの裏側を知るにももってこいのガイドになっている。

活版印刷文字や電子文字はフォント(font)としてそのタイプフェイスが完成されている。一線一画の線の幅が均一なプロポーショナルフォントと、そうではないノンプロポーショナルフォントがある。

いずれのフォントにも、その線画の端っこにハネやふくらみや支えをつけたセリフ(serif)と、それらをもたないサンセリフ(sans serif)がある。日本文字でいえば明朝体がセリフで、ゴシック体がサンセリフだ。しかし、これらの特徴がどのようにして胚胎《はいたい》してきたかというと、それ以前のさまざまなグリフ(glyph)が組み合わさってきたのである。グリフはもともとは「引っ掻き傷」といったもので、文明の中でどのように文字が生まれてきたかというたいそう重大な痕跡の記憶をのこしている。

鈴木の文字感覚は、このグリフにもとづいているように見える。そして、文字のグリフが光と銀塩を得て「フォトグリフ↓フォトグラフ」になっていったのだとすれば（まさにそうなっていったのだが）、鈴木が文字フェチであるとともに写真フェチである理由も説明がつく。


デザインとはもともと「情報を公開するための技術」であり、したがってそこには必ず制約とアフォーダンスがあるというべきである。このことを知悉《ちしつ》することが鈴木にとってのブックデザイナーの役割であり、仕事のコアコンピタンスだった。

これはそのまま編集にもあてはまることで、編集も情報を社会と個人に再構成していく技能のことをいう。その目で見ると鈴木はかなりすぐれたエディターでもあろう。しかし今日の世情では、エディティングとデザイニングが重なって走るという機会はなかなかない。そうなるには「行《ぎょう》を演出する」という気概と技能が両者になければならないからだ。

情報にはまるごとというものがない。どんな情報であれ（太平洋戦争であれ、ビジネス情報であれ、細胞情報であれ）、必ずチャンクで区切られる。けれども区切った情報は新たにつなげられて解釈可能なものになる。その方法にフィーリングもセンスも、リミックスもアフォ

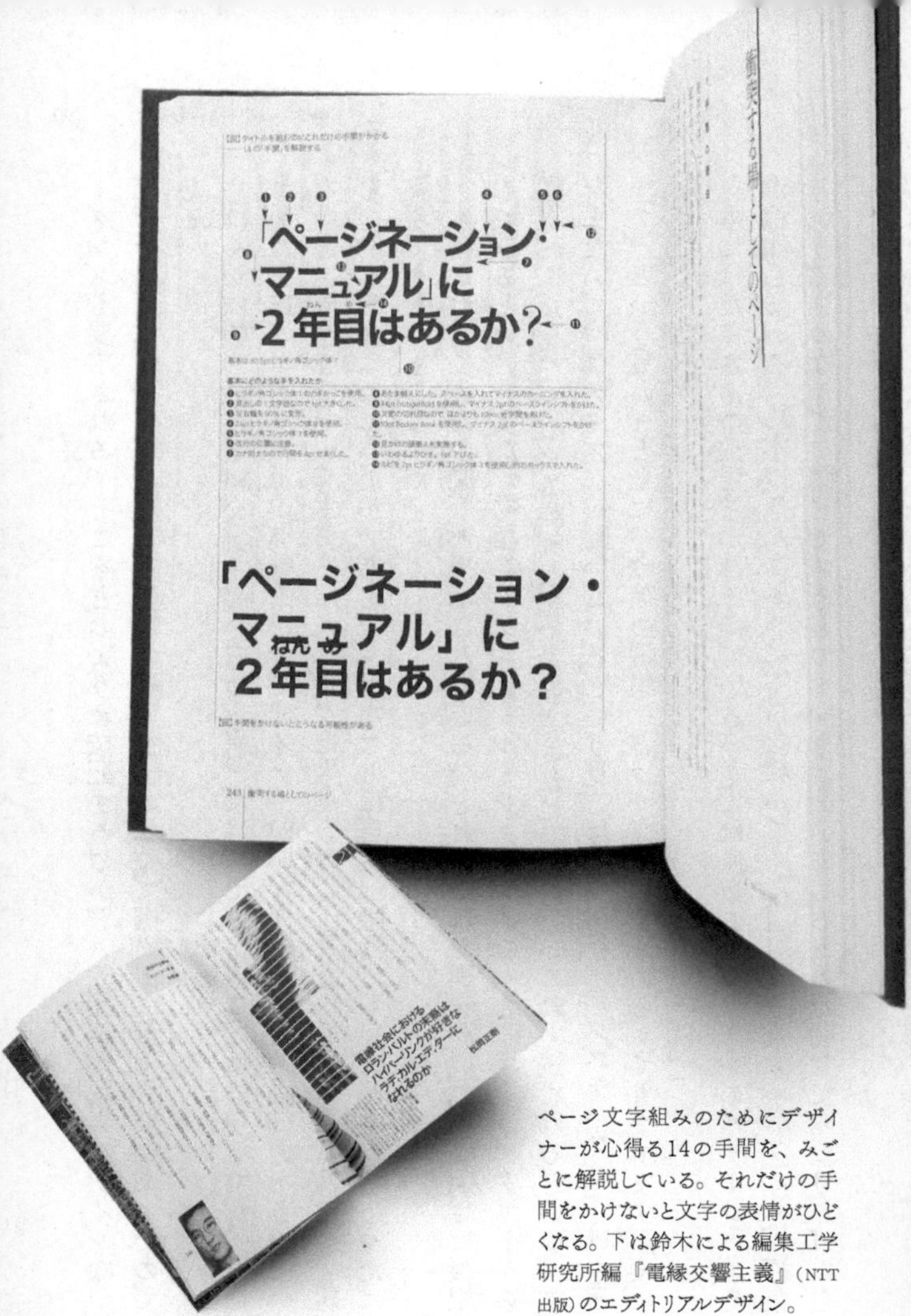

ページ文字組みのためにデザイナーが心得る14の手間を、みごとに解説している。それだけの手間をかけないと文字の表情がひどくなる。下は鈴木による編集工学研究所編『電縁交響主義』(NTT出版)のエディトリアルデザイン。

ーダンスも要求される。そこをどのように按配するのかという仕事が編集デザインなのだ。それには情報を「一行」の単位、「ページ」の単位で摑まえておく必要があったのである。

ぼくが依頼した『電縁交響主義』(NTT出版)では、それがみごとに実現したが、たいていはよほどエディターが実験的か、デザイナーがかなりの牽引力と説得力をもっていないと、成り立たない。本書一八九ページに中島敦の『山月記』を一行二八八字詰で組んだ例が紹介されていたが、あんなふうなことは自主出版物でもないかぎり、めったに実現できないものなのだ。

本書にはたくさんの図版が掲示されている。どれもこれも興味深いのでつぶさに凝視してみるといい。また、物語学のジェラール・ジュネットの『スイユ――テクストから書物へ』(水声社)をめぐる詳細な議論が展開されているので、これも読まれるといい。本をまたいでパラテクストが動いているという見方は、インターテクスチュアリティ(間テキスト)という見方とともに、今後の編集にとってもデザインにとってもますます重要になってくるだろう。

本にはたくさんの敷居学がひそんでいる。本には無数のベンヤミンのパサージュ感覚が躍如している。鈴木はこんなふうに本書を結んでいた。「いまブックデザインは、編集という磁場のなかで、閉じているものを開き、開いているものを閉じてみなければならないだろう」。そう、まさに、その通りだ。編集もデザインも「伏せて、開ける」「開きそうなものを、伏せる」というものなのである。

第一五七五夜　二〇一五年三月十二日

参照千夜

二五夜：ダ・ヴィンチ『レオナルド・ダ・ヴィンチの手記』　一二九六夜：ワーマン『理解の秘密』　九八一夜：杉浦康平『かたち誕生』　一三〇二夜：ジェラール・ジュネット『フィギュール』　九〇八夜：ベンヤミン『パサージュ論』

追伸

デザインは「脱・しるし」

自然はべらぼうだ。生物たちは根っからの天才的なアーティストであって図抜けたデザイナーである。雪の結晶や葉や花や果実、あるいは熱帯魚や昆虫や鳥たちが見せる色彩と形状と装飾は、いまなお人知の及ぶところではない。

なぜ、自然界や生物界にこんなにも豊饒で多様多彩な色や形の組み合わせがおこったのか、いまだ誰も解明していない。これは宇宙論や有機化学やダーウィニズムをいくら追っかけても、解けない問題だ。といってそれらに神々の意図や生物の造形意志を認めるというわけにもいかない。

一方、われわれは古来このかた、それらから知覚のパターンを少しずつ取り出してきた。忍冬唐草文様《パルメット》やケルティック・パターンや月兎《つきうさぎ》や花鳥風月が、こうして姿をあらわした。なぜ、そんなことができたのか。あるいはなぜわれわれは円錐やカテナリー曲線や、まだら模様や丸髷《まるまげ》やシャネルのラインが好きになったのか。そこには自然と知覚のあいだの、転用と借用のあいだの、興味深い「鍵」と「鍵穴」があったのである。そこを、どう説明すればいいか。

そこでフォン・ユクスキュルが「環世界」と「トーン」と「抜き型」という見方を、ヴァイツゼッカーが「ゲシュタルトクライス」という見方を、ジョージ・ドーチが「ディナジー」という見方を提供した。いずれも環境と知覚は抜き合わせになって、その地(グラウンド)と図(フィギュア)の相互関係ゆえの独特のゲシュタルトをわれわれの知覚プロセスの中に形成してきたという仮説だった。この見方は知覚論にとってもデザイン論にとっても、かなりのヒントになる。

われわれの「表現の歴史」の最初には、洞窟画や古代文様や土器があった。陶器や彫塑や絵画や建築や舞台芸術がこれを受け継いだ。その後はそこに写真や映像や音響が、さらには雑誌やテレビやコンピュータが加わった。しかし、これらには一貫した何かが流れてもいた。その何かがデザインである。

ヴィレム・フルッサーが読み解いたように、デザインとは「しるしをつける」ことではなく、「しるしを脱する」ということだ。太古の刺青は皮膚から脱して服飾になり、屋根の「照り」と「起《む》くり」は二つが出会って「てりむくり」になった。パウル・クレーの造形思考やモホリ=ナギの写像感覚はモダンデザインの燭光をもたらすものだとみなされてきたが、実はそうした「しるしを脱するデザイン」の誕生プロセスを追っていたものでもあった。

本書には、以上のような「脱・しるし化」の仮説やプロセスをあらわした本とともに、パリシー、伊東忠太、多田北烏、原弘、ソットサス、杉浦康平、堀内誠一、ムナーリ、石岡瑛子、内田繁、川崎和男、山中俊治、深澤直人といったデザイナーの仕事ぶりを並べてみた。また、そのあいだに大工や大工道具についての本、レンブラントが和紙にこだわったことをめぐる本を挟んだ。

とくに示唆的なのは吉田光邦の東西文様論、パノフスキーのイコノロジー、コフカのゲシュタルト理論、メルロ＝ポンティの間身体性についての見解、ギブソンのアフォーダンス仮説ではないかとおもう。ドナルド・ノーマンのデザイン論は有名だが、読んでもらったとおり、ぼくにはいささか不満なのである。

デザインとは第一にどのように「擬《もどき》」と格闘するかということだ。そこにはアナロギア、ミメーシス、パロディアが口をあけて待っている。第二に「体」と「技」の折り合いをどうつけるかということだ。知覚的身体性とテクノロジーを軽視したデザインは、つまらない。第三にどんな「心地」を提供するかということだ。ぼくがデザイナーと付きあうのが好きなのは、この「心地」の水源に出会えるからなのである。

松岡正剛

千夜千冊
EDITION

「千夜千冊エディション」は、2000年からスタートした
松岡正剛のブックナビゲーションサイト「千夜千冊」を大幅に加筆修正のうえ、
テーマ別の「見方」と「読み方」で独自に構成・設計する文庫オリジナルのシリーズです。

執筆構成：松岡正剛
編集制作：太田香保、寺平賢司
造本設計：町口覚
意匠作図：浅田農
口絵撮影：熊谷聖司
編集協力：清塚なずな、仁禮洋子、編集工学研究所
資料協力：内田デザイン研究所
(株) 平凡社
写真提供：アフロ（p. 161 大阪新歌舞伎座）
ペイレスイメージズ（p. 161 旧開智学校 ©Hiroto_A）
特種東海製紙株式会社（p. 241）
ナカサ&パートナーズ（p. 341）
制作設営：和泉佳奈子

松岡正剛の千夜千冊　http://1000ya.isis.ne.jp/

千《せん》夜《や》千冊《せんさつ》エディション

デザイン知《ち》

松岡《まつおか》正剛《せいごう》

平成30年 5月25日　初版発行
令和7年 2月10日　7版発行

発行者●山下直久

発行●株式会社KADOKAWA
〒102-8177　東京都千代田区富士見2-13-3
電話　0570-002-301（ナビダイヤル）

角川文庫 20956

印刷所●株式会社KADOKAWA
製本所●株式会社KADOKAWA

表紙画●和田三造

●お問い合わせ
https://www.kadokawa.co.jp/（「お問い合わせ」へお進みください）
※内容によっては、お答えできない場合があります。
※サポートは日本国内のみとさせていただきます。
※Japanese text only

ISBN978-4-04-400354-8　C0195

◆◇◇

角川文庫発刊に際して

角 川 源 義

第二次世界大戦の敗北は、軍事力の敗北であった以上に、私たちの若い文化力の敗退であった。私たちの文化が戦争に対して如何に無力であり、単なるあだ花に過ぎなかったかを、私たちは身を以て体験し痛感した。西洋近代文化の摂取にとって、明治以後八十年の歳月は決して短かすぎたとは言えない。にもかかわらず、近代文化の伝統を確立し、自由な批判と柔軟な良識に富む文化層として自らを形成することに私たちは失敗して来た。そしてこれは、各層への文化の普及滲透を任務とする出版人の責任でもあった。

一九四五年以来、私たちは再び振出しに戻り、第一歩から踏み出すことを余儀なくされた。これは大きな不幸ではあるが、反面、これまでの混沌・未熟・歪曲の中にあった我が国の文化に秩序と確たる基礎を齎らすためには絶好の機会でもある。角川書店は、このような祖国の文化的危機にあたり、微力をも顧みず再建の礎石たるべき抱負と決意とをもって出発したが、ここに創立以来の念願を果すべく角川文庫を発刊する。これまで刊行されたあらゆる全集叢書文庫類の長所と短所とを検討し、古今東西の不朽の典籍を、良心的編集のもとに、廉価に、そして書架にふさわしい美本として、多くのひとびとに提供しようとする。しかし私たちは徒らに百科全書的な知識のジレッタントを作ることを目的とせず、あくまで祖国の文化に秩序と再建への道を示し、この文庫を角川書店の栄ある事業として、今後永久に継続発展せしめ、学芸と教養との殿堂として大成せんことを期したい。多くの読書子の愛情ある忠言と支持とによって、この希望と抱負とを完遂せしめられんことを願う。

一九四九年五月三日

角川ソフィア文庫ベストセラー

ジャパノロジー・コレクション
切子 KIRIKO
土田ルリ子

江戸時代、ギヤマンへの憧れから発展した切子。無色透明が粋な江戸切子に、発色が見事な薩摩切子。篤姫愛用の雛道具などの逸品から現代作品まで、和ガラスの歴史と共に多彩な魅力をオールカラーで紹介！

ジャパノロジー・コレクション
琳派 RIMPA
細見良行

雅にして斬新、絢爛にして明快。日本の美の象徴として、広く海外にまで愛好家をもつ琳派。俵屋宗達から神坂雪佳まで、琳派の流れが俯瞰できる細見美術館のコレクションを中心に琳派作品約七五点を一挙掲載！

ジャパノロジー・コレクション
刀 KATANA
小笠原信夫

名刀とは何か。日本刀としての独自の美意識はいかに生まれたのか。刀剣史の基本から刀匠の仕事場、信仰や儀礼、文化財といった視点まで——。研究の第一人者が多彩な作品写真とともに誘う、奥深き刀の世界。

ジャパノロジー・コレクション
若冲 JAKUCHU
狩野博幸

異能の画家、伊藤若冲。大作『動植綵絵』を始め、『菜蟲譜』や『百犬図』、『象と鯨図屛風』など主要作品を掲載。多種多様な技法を駆使して描かれた絵を詳細に解説、人物像にも迫る。これ1冊で若冲早わかり！

ジャパノロジー・コレクション
北斎 HOKUSAI
大久保純一

天才的浮世絵師、葛飾北斎。『北斎漫画』『富嶽三十六景』『諸国瀧廻り』をはじめとする作品群から、独創的な構図や、スケールを感じさせる風景処理などの特色と観賞のポイントを解説。北斎入門決定版。